2

cursodeespañol

esespañol2
intermediatelevel

libro del alumno
student's book

esespañol2
intermediatelevel

libro del alumno
student's book

DIRECCIÓN LINGÜÍSTICA
Santiago Alcoba
de la Universidad Autónoma de Barcelona

ASESORÍA LINGÜÍSTICA Y METODOLÓGICA
José Gómez Asencio y Julio Borrego Nieto
de la Universidad de Salamanca

espasa

DIRECCIÓN GENERAL DE ES ESPASA
Víctor Marsá

DIRECCIÓN EDITORIAL DE MATERIALES EDUCATIVOS
Marisol Palés

COORDINACIÓN EDITORIAL
Alegría Gallardo

EDICIÓN
Ana Prado

ASESORÍA LINGÜÍSTICA Y METODOLÓGICA
José Gómez Asencio y Julio Borrego Nieto
Universidad de Salamanca

CONSULTORÍA DIDÁCTICA Y CURRICULAR
Rafael Sánchez Sarmiento

DESARROLLO DE PROYECTO: MIZAR MULTIMEDIA, S. L.
DIRECCIÓN EJECUTIVA
José Manuel Pérez Tornero
Universidad Autónoma de Barcelona

DIRECTORA DE PLANIFICACIÓN Y COORDINACIÓN
Claudia Guzmán Uribe

DIRECCIÓN LINGÜÍSTICA Y DIDÁCTICA
Santiago Alcoba
Universidad Autónoma de Barcelona

EDITOR LINGÜÍSTICO
Agustín Iruela

COORDINACIÓN LINGÜÍSTICA
Nuria Soriano Cos

EQUIPO LINGÜÍSTICO
Carmen Carbó, Marta Inglés
y Ana Irene García

COLABORADORES
María Cabot Cardoso,
Marta Conesa Buscallà,
Carmen Gómez Aragón,
Mónica Martos Subirana,
Helena Recasens Fontanet
y Gemma Ricós Carné

DIRECCIÓN DE CONTENIDOS
José M.ª Perceval

EDICIÓN DE CONTENIDOS
Diego Blasco y Jan Costa Knufinke

MAQUETACIÓN
Borja Ruiz de la Torre

AYUDANTE DE MAQUETACIÓN
Lidia Bria y Meritxell Carceller

ILUSTRACIONES
Gumersindo Reina Lara
y Valentín Ramón Menéndez

PAGINACIÓN
Tallers Gràfics Alemany

PRODUCCIÓN AUDIOS
Estudis Iguana

INVESTIGACIÓN Y CONTROL DE CALIDAD
Juan Manuel Matos López

DISEÑO INTERIOR Y DE CUBIERTA
Tasmanias, S. A.

**Instituto
Cervantes**

La marca del Instituto Cervantes y su logotipo son propiedad exclusiva del Instituto Cervantes

Este método se ha realizado de acuerdo con el Plan Curricular del Instituto Cervantes,
en virtud del Convenio suscrito el 25 de abril de 2001

© De esta edición: Espasa Calpe, S. A., 2002

DEPÓSITO LEGAL: M-26.577-2002
ISBN: 84-239-2919-1

Impreso en España / Printed in Spain
Impresión: Fernández Ciudad, S. L.

EDITORIAL ESPASA CALPE, S. A.
Carretera de Irún, km. 12,200
28049 Madrid

INDEX

Bienvenido al mundo del español

Welcome to the world of Spanish

Con este nuevo libro vas a continuar tu aprendizaje de español. Solo o con ayuda de tu profesor, pero siempre de forma amena y divertida. Otra vez vamos a aprender juntos.

¡Bienvenido al nivel Intermedio!

You will continue learning Spanish with this new book. Whether alone or with the help of a teacher, you'll always have fun learning. Once again we're going to learn together. Welcome to the Intermediate level!

With this new book you're going to continue learning Spanish. You may do it alone or with the help of your teacher, but either way it will be easy and fun. We're going to learn together again. Welcome to the Intermediate level!

In this book we've provided you with all the material you'll need to learn even more Spanish and consolidate everything you've learned up until now. You'll find new activities, readings and listenings, and plenty of vocabulary and grammar resources to help you learn Spanish, consolidate your ability to communicate with others in everyday contexts, and communicate your feelings and opinions.

This book is comprised of **12 lessons** divided into **four parts**, each with the same organization in sections as in the basic level. In each section you'll find the exercises grouped according to their objectives. Unlike the basic level, however, you'll see that in addition to falling clearly within a certain section, the majority of these activities have one or several icons which relate them to other sections as well. These icons will help you know what grammar, functional or cultural content is also being dealt with. Below is a description of the icons for each section.

En portada (Headlines). This is the section which introduces the topic and lists the objectives of the lesson, which you'll find in the section *En esta lección vas a aprender...* (In this lesson you're going to learn....). We recommend that you look at this section before beginning the lesson.

Escenas (Scenes). This section is designed to provide you with practice of the communicative functions. It usually contains listening activities, and they are accompanied by an icon which tells you exactly when you should do the listening. If you wish, you can refer to the *Apéndice de Transcripciones* (Appendix of Transcripts) and read the corresponding text either before or after doing the listening activity.

Primer plano (First Look). In this section you'll find and practice the vocabulary and grammar found in the previous sections.

Recursos (Resources). This section presents the main grammatical and functional content found in the lesson. You can refer to it as many times as necessary: before beginning the lesson or an activity, to remind yourself of a particular point, or at the end. The symbol §, which appears at various points in this section, will point you to the corresponding section in the *Apéndice gramatical* (Grammar Appendix) where these points appear with more detailed explanations.

La lengua es un juego (Language is a Game). In this section you'll review some of the vocabulary and grammar from the lesson in a fun and relaxing way.

Encontrarás actividades, lecturas, audios y suficientes recursos para avanzar en tu aprendizaje de español.

You'll find new activities, readings and listenings, and plenty of resources to help you progress in your Spanish.

La lengua es un mundo (Language is a World) offers you the opportunity to learn about the culture of the Spanish-speaking world, enabling you to compare it with the culture closest to you.

The *Evaluación* (Evaluation) section, which you'll find at the end of every lesson, will help you keep track of your progress in learning Spanish. If you want to take a more comprehensive test, you can go to the *Evaluación del Bloque* (Evaluation of the Part), which appears after every three lessons. Within the evaluation you will find two parts, *Así puedes aprender* (This is how you can learn) and *Reflexión* (Thinking it over), which will provide you with ideas and techniques for learning Spanish.

Redes de Palabras (Word Webs). These are maps in which words with similar meanings or the same roots are grouped together. This tool will help you in memorizing vocabulary.

Apéndice Gramatical (Grammar Appendix). This contains all the resources you'll need to do the activities, with detailed, understandable information and explanations.

Icons

You'll find a series of **icons** alongside the activities which will provide you with useful suggestions:

 Indicates that the exercise has a corresponding listening.

 Reminds you that you can use your dictionary.

 Indicates when there are related activities in the **Cuaderno de recursos y ejercicios** (Resource and Activity Book).

Methodology

If you're studying in a group or with a teacher
Follow the teacher's instructions and the sequences of activities that he sets for the class.

If you're studying on your own
This book will help you relate your personal experiences and interests with the topics and situations which appear in it.

Crea tu propio itinerario de aprendizaje, en función de tu tiempo y tus preferencias, o déjate conducir por tu profesor.

Establish your own study plan depending on the amount of time you have and your personal preferences, or let the teacher guide you.

In addition, thanks to its flexibility, you will be able to establish your own study plan, depending on the amount of time you have and your personal preferences. In order to ensure steady progress, follow the order of the lessons, beginning with those activities that are the most comfortable and easiest for you, and then continuing with those that require a greater effort. Review previous activities whenever you want, and take advantage of the resources found in the book: the listening transcripts, the contents of the Resources section, the Grammar Appendix, and so on. You can find the answers to the activities in the **Answer Key**, although keep in mind that it's more productive to try to do the activity before referring to the Answer Key. Don't be afraid of making mistakes; correcting them will help you consolidate your language learning.

As a complement to this book, you can use the **Cuaderno de recursos y ejercicios** (Resource and Activity Book) if you'd like even more activities.

Our suggestion is that you organize your own learning according to your conditions and your situation. Feel free to go from one section to another in the order that most appeals to you. For example, you can read the **Resources** section or the **Grammar Appendix** before doing the activities in a lesson, as you do them, or even after having done them. Many different learning styles are possible and equally valid. We're confident that the method you have in your hands is so well-structured and offers you so many different possibilities that you can organize your own learning yourself.

To learn even more quickly

So, this is your book and you'll find it to be a complete tool to help you continue learning Spanish. But *Es español* offers you more materials to help you learn even more quickly and easily:

 Two videotapes, which include 13 chapters related to the lessons in the book. These contain a lively soap opera-style show, reports on daily life and reinforcement activities.

 Two totally interactive CD-ROMs, with new activities, grammar, pronunciation and vocabulary exercises, games, and more.

Complementary materials
Two collections to round out your learning: *Es para leer* (graded readers) and *El español es fácil* (exercises on theme-based linguistic resources).

Dictionaries
A comprehensive collection of multilingual or Spanish-only dictionaries.

A Website (www.esespasa.com)
 To practice, make contacts and friends and find out about the Spanish-speaking world, and to have fun, play and learn more Spanish.

Es español te acompañará en tu aprendizaje para avanzar más rápido y con más facilidad.

Es español is here to help you learn more quickly and easily.

En relación con los otros
About other people

Lesson 1

TOPICS AND SITUATIONS	COMMUNICATIVE FUNCTIONS	GRAMMAR	VOCABULARY
Describir a las personas Describing People	• Expresar si sabes algo o si conoces a alguien. Expressing if you know something or someone. • Expresar certeza y desconocimiento. Expressing certainty and lack of knowledge. • Hablar de los demás: el físico, el carácter y los gustos. Talking about other people: their physical appearance, their personality and their likes and dislikes.	• La sistematización del *presente de indicativo*. Chart of present indicative. • La sistematización de los interrogativos. Chart of question words. • La sistematización de los posesivos. Chart of possessives. • Las oraciones interrogativas indirectas. Sentences with indirect questions. • Las concordancias entre los elementos del grupo nominal. Agreement within the noun phrase.	• La ropa, el físico, el carácter y los gustos. Clothes, physical appearance, personality, and likes and dislikes

Lesson 2

TOPICS AND SITUATIONS	COMMUNICATIVE FUNCTIONS	GRAMMAR	VOCABULARY
Viajes y turismo Traveling and Tourism	• Prevenir y advertir. Preventing problems and warning people. • Dar instrucciones. Giving instructions. • Expresar posibilidad e imposibilidad. Expressing possibility and impossibility.	• Las frases de agente indefinido. Sentences with impersonal subjects. • La sistematización del imperativo, imperativo negativo. Chart of the imperative and negative imperative. • La sistematización de los pronombres personales y su colocación. Chart of personal pronouns and their order within a sentence. • La colocación del adjetivo. Adjective order.	• Ubicación geográfica. Geographic location. • Medios de transporte. Means of transportation. • Accidentes geográficos. Geographic features.

Lesson 3

TOPICS AND SITUATIONS	COMMUNICATIVE FUNCTIONS	GRAMMAR	VOCABULARY
Cómo aprender una lengua How to Learn a Language	• Pedir y dar consejos. Asking for and giving advice. • Orientarte sobre cómo aprender una lengua. Guidelines on how to learn a language.	• Las oraciones dubitativas. Sentences expressing doubt or uncertainty. • Las expresiones de frecuencia temporal. Frequency expressions.	• Los centros de enseñanza y los materiales de trabajo. Schools and working materials.

EVALUATION OF PART 1

En relación con tu ambiente
About your environment

Lesson 4

COMMUNICATIVE FUNCTIONS	GRAMMAR	VOCABULARY	TOPICS AND SITUATIONS
• Relacionar la información de causa y de consecuencia. Relating information on cause and effect. • Llamar la atención hacia algo. Calling attention to something. • Pedir y dar opinión. Asking for and giving opinions.	• Los adverbios y las locuciones adverbiales frecuentes. Adverbs and frequent adverbial expressions. • Los casos especiales de concordancia de sustantivos. Special cases of noun agreement.	• Los espectáculos, el ocio y el arte. Entertainment, free time and art.	Tiempo libre Free Time

Lesson 5

COMMUNICATIVE FUNCTIONS	GRAMMAR	VOCABULARY	TOPICS AND SITUATIONS
• Hablar del pasado. Talking about the past. • Controlar la comunicación. Directing a conversation. • Decir algo con otras palabras y sacar conclusiones. Saying something using other words (paraphrasing) and drawing conclusions.	• La sistematización del pretérito perfecto, del pretérito indefinido y del pretérito imperfecto. Chart of the past tenses: present perfect (pretérito perfecto), simple past (pretérito indefinido) and past continuous (pretérito imperfecto). • El pretérito pluscuamperfecto. The past perfect (pretérito pluscuamperfecto). • La relación de los diferentes momentos del pasado. The relationship between different past tenses.	• Cuentos. Stories • Historias pasadas. Past events.	Relatos y épocas pasadas Stories and Past Times

Lesson 6

COMMUNICATIVE FUNCTIONS	GRAMMAR	VOCABULARY	TOPICS AND SITUATIONS
• Encuentros sociales informales y formales. Formal and informal social gatherings. • Invitar a reuniones sociales. Inviting people to social gatherings. • Aceptar o rechazar una invitación. Accepting or rejecting an invitation. • Entregar o recibir un regalo. Giving or receiving a gift. • Elogiar y recibir un elogio. Giving or receiving praise. • Concertar una cita. Making appointments. • Despedirse formulando buenos deseos. Wishing someone the best when saying goodbye • Preguntar por la forma de tratamiento. Asking how formally to address someone. • Conversaciones telefónicas. Telephone conversations.	• El presente de subjuntivo. The present tense of the subjunctive. • Las oraciones desiderativas. Sentences expressing wishes. • Las oraciones exhortativas. Sentences expressing exhortation (urging someone).	• Las celebraciones, las invitaciones y las fiestas. Celebrations, invitations and parties.	Reuniones sociales Social Gatherings

EVALUATION OF PART 2

En relación con el mundo
About the world

Lesson 7

TOPICS AND SITUATIONS	COMMUNICATIVE FUNCTIONS	GRAMMAR	VOCABULARY
Fiestas populares Traditional Festivals	• Expresar probabilidad y formular hipótesis. Expressing probability and formulating hypotheses. • Hablar de planes de futuro. Talking about future plans. • Hacer predicciones. Making predictions.	• El futuro imperfecto. The future imperfect. • La sistematización de los indicadores de localización espacial. Chart of words describing the physical location of objects. • Las formas reducidas de algunos adjetivos. Reduced forms of some adjectives. • Los demostrativos neutros. Neutral demonstratives.	• Las tradiciones. Traditions. • San Fermín. San Fermín. • Semana Santa. Holy Week. • La Feria de Abril. La Feria de Abril (April Fair). • La verbena de San Juan. La verbena de San Juan (the eve of Saint John's Day). • San Isidro. San Isidro.

Lesson 8

TOPICS AND SITUATIONS	COMMUNICATIVE FUNCTIONS	GRAMMAR	VOCABULARY
La salud y el cuerpo humano Health and the Human Body	• Hablar del estado de salud. Talking about one's state of health. • Expresar temor. Expressing fear. • Expresar preocupación. Expressing concern. • Expresar finalidad. Expressing purpose.	• Las oraciones temporales en indicativo y subjuntivo. Time clauses in indicative and subjunctive. • La sistematización de indefinidos y cuantitativos más frecuentes. Chart of the most frequent indefinite and quantitative pronouns.	• Centros de salud. Health care. • Partes del cuerpo. Parts of the body. • Enfermedades. Illnesses.

Lesson 9

TOPICS AND SITUATIONS	COMMUNICATIVE FUNCTIONS	GRAMMAR	VOCABULARY
Medios de comunicación The Media	• Transmitir las palabras de otros. Transmitting what others have said (reported speech). • Expresar alegría. Expressing happiness. • Expresar sorpresa. Expressing surprise. • Expresar pena. Expressing dismay.	• La correlación de tiempos en estilo indirecto. Time correlation in reported speech. • La estructura: **Lo que + [verbo]** The structure: **Lo que + [verbo]** • Las reglas generales de presencia / ausencia de artículo. General rules on the presence and absence of articles.	• Programas de radio y de televisión. Radio and TV programs. • Internet. Internet. • Prensa. The press.

EVALUATION OF PART 3

Lesson 10

COMMUNICATIVE FUNCTIONS	GRAMMAR	VOCABULARY	TOPICS AND SITUATIONS
• **Introducir un tema u opinión.** Introducing a new topic or opinion. • **Poner ejemplos.** Giving examples. • **Organizar partes del discurso.** Organizing parts of a speech. • **Destacar ideas.** Emphasizing ideas. • **Finalizar una intervención.** Finishing your turn in a conversation. • **Expresar acuerdo y desacuerdo.** Expressing agreement and disagreement.	• **Las oraciones en indicativo y subjuntivo para expresar opiniones.** Indicative and subjunctive sentences for expressing opinions. • **La sistematización de números cardinales y partitivos más frecuentes.** Chart of cardinal numbers and the most frequent fractions. • **La sistematización de oraciones coordinadas.** Chart of sentences with conjunctions.	• **Edificios públicos.** Public buildings. • **Parques.** Parks.	**La ciudad y los barrios** The City and its Neighborhoods

Lesson 11

COMMUNICATIVE FUNCTIONS	GRAMMAR	VOCABULARY	TOPICS AND SITUATIONS
• **Redactar cartas habituales.** Writing everyday letters. • **Expresar condición.** Expressing condition. • **Expresar decepción.** Expressing disappointment. • **Disculparse por algo que uno ha hecho y reaccionar ante una disculpa.** Apologizing for something one has done and reacting to apologies.	• **La sistematización de indicadores temporales de uso frecuente.** Chart of most frequent time indicators. • **Los pronombres personales con verbos recíprocos.** Personal pronouns with reciprocal verbs. • **Las perífrasis verbales frecuentes.** Frequent compound verbs. • **Las oraciones subordinadas adjetivas con verbos en indicativo.** Subordinate adjective clauses with indicative verbs. • **Las abreviaturas más frecuentes.** Most frequent abbreviations. • **Los signos de puntuación.** Punctuation symbols.	• **Las comidas y las bebidas.** Food and drink. • **Recetas.** Recipes. • **Pesos y medidas.** Weights and measures.	**La alimentación** Food

Lesson 12

COMMUNICATIVE FUNCTIONS	GRAMMAR	VOCABULARY	TOPICS AND SITUATIONS
• **Expresar juicios y valores.** Expressing judgments and evaluations. • **Expresar sentimientos y preferencias.** Expressing feelings and preferences. • **Mostrarse a favor o en contra de una idea.** Showing oneself to be in favor of or against an idea. • **Justificar y argumentar una opinión.** Justifying and arguing an opinion. • **Corregir lo que uno mismo ha dicho.** Correcting what one has said. • **Mantener activa la comunicación en caso de dudas.** Keeping communication active when in doubt. • **Asegurarse de que se ha entendido lo que ha dicho otro.** Making sure that something has been understood correctly	• **El superlativo de superioridad e inferioridad relativa.** The relative superlative. • **Las locuciones prepositivas.** Prepositional phrases. • **Las formas para indicar duración.** Forms for indicating duration. • **Las perífrasis verbales frecuentes.** Frequent compound verbs.	• **Empleo.** Work.	**Las profesiones y el mundo laboral** Professions and the Working World

EVALUATION OF PART 4

bloque**uno**1

part**one**1

lección 1
lección 2
lección 3

Índice

 Index

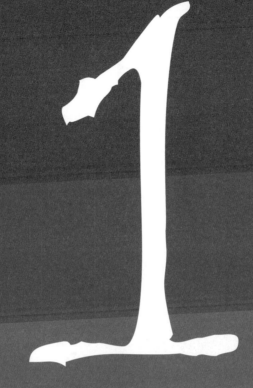

lecciónuno 1
lessonone 1

¡Cada uno es
como es!

People are
the way they are!

En portada

Headlines

¡Cada uno es como es!

People are the way they are!

¿Quieres conocer a los amigos de Begoña, Julián y Andrew? En esta lección vas a conocer más detalles sobre su carácter, sus gustos y su estilo de ropa. Si tú también quieres explicarnos cómo son tus amigos, toma buena nota.

Do you want to meet the friends of Begoña, Julián, Lola and Andrew? In this lesson you're going to find out more about their personalities, their likes and dislikes, and their styles of dressing. If you'd like to be able to explain what your friends are like, take good notes.

In this lesson you're going to learn:

- To express if you know something or somebody
- Ways to express things known and unknown
- To speak about others: their physical features, personality and likes

1 **¿Conoces bien a nuestros amigos Andrew, Toni, Begoña, Julián y Lola?**
Mira bien la foto de la página anterior y relaciona las preguntas
y las respuestas.

11, 12, 13, 14

1 ¿A que no sabes quién está enfadada?

2 ¿Sabes quién está nervioso?

3 ¿A que no sabes cómo están Lola y Andrew?

4 ¿Sabes quién está tranquilo?

5 ¿Sabes que Antonio es el director de una escuela de teatro?

a Estoy seguro de que es Antonio.

b Sí, sí lo sé. Están muy contentos.

c Sí, sí lo sé. Es Begoña.

d ¿Ah, sí? Yo creía que era estudiante de teatro.

e Sí, es Julián.

2 **Aquí están de nuevo nuestros amigos Lola, Begoña, Julián, Andrew
y Toni. Mira otra vez la foto. ¿Te atreves a responder a estas preguntas
sobre ellos?**

11, 12, 13, 14

1 ¿Qué ropa lleva Begoña?
Begoña lleva una ___chaqueta___ negra estampada, una ___camiseta___ azul
y un ___pantalón___ blanco.

2 ¿Y Lola?
Lola lleva un ___jersey___ estampado, una ___falda___ lila
y unas ___medias___ verdes.

3 ¿Cómo va vestido Toni?
Toni lleva una ___camiseta___ blanca, un ___jersey___ beige
y un ___pantalón___ negro.

4 ¿Y Julián?
Julián lleva una ___camiseta___ a rayas blancas, rojas y azules.

5 ¿Y Andrew?
Andrew lleva una ___camisa___ negra.

Lección 1
Lesson 1

Escenas

 Scenes

  11, 12, 13, 14

3a Le han robado la cartera a Andrew. Ha ido a una comisaría y ahora está hablando con un policía. ¿Quieres leer la conversación y completarla con las palabras del cuadro?

> canoso • mejilla • medía • cómo • qué • unos
> afeitar • ~~treinta y cinco~~ • seguro • finos

POLICÍA: ¿Sabe cómo era el ladrón? ¿Puede describirlo?
ANDREW: Sí, sí, por supuesto. Lo vi muy bien. Era un chico joven, tenía entre veinticinco y **1** _treinta y cinco_ años.
POLICÍA: ¿Recuerda cómo era físicamente?
ANDREW: Era alto, **2** _medía_ sobre un metro ochenta y pesaba **3** _unos_ 70 kilos. Tenía el pelo corto y un poco **4** _canoso_. La cara era larga, la piel morena, iba sin **5** _afeitar_ y tenía ojeras.
POLICÍA: ¿Sabe si tenía alguna marca o cicatriz?
ANDREW: Sí, estoy **6** _seguro_ de que tenía una cicatriz en medio de la **7** _mejilla_ derecha.
POLICÍA: ¿Sabe cómo era su boca o su nariz?
ANDREW: Sus labios eran **8** _finos_ y la nariz chata.
POLICÍA: ¿Sabe de **9** _qué_ color eran sus ojos?
ANDREW: Sí, eran verdes.
POLICÍA: ¿Sabe **10** _cómo_ iba vestido?
ANDREW: Con vaqueros y una camiseta.
POLICÍA: ¿Algún dato más?
ANDREW: No, ninguno.

b Ahora fíjate en cómo pregunta el policía lo que Andrew sabe y recuerda. Escribe las diferentes estructuras que usa.

1 _¿Sabe cómo era el ladrón?_
2 _¿Recuerda cómo era físicamente?_
3 _¿Sabe si tenía alguna ..._
4 _Sabe cómo era ..._
5 _Sabe de qué color era ,..._
6 _Sabe cómo iba ..._
7 _¿Algún dato más?_
8 _____

4a Begoña va a salir con un chico, pero todavía no lo conoce muy bien. Escucha atentamente y completa la información.

 11, 12, 13, 14

Físico: _guapísimo_
Edad: _____
Carácter: _____
Residencia: _____

Procedencia: _____
Aficiones: _____
Profesión: _____
Coche: _____

b Ahora clasifica la información.

Begoña sabe	Begoña no está segura	Begoña no sabe
físico	_profesión_	_procedencia_
_____	_____	_____
	_____	_____
		_____

5a Lola habla con Chema y luego con Julián. Aquí tienes algunas de las frases que dicen. Escucha atentamente y numéralas según el orden en que aparecen.

 1, 2, 3

☐ Segura.
☐ Sí, ya me acuerdo, está en clase.
☐ ¿Estás segura?

1 No lo sé. No sé dónde está.
☐ ¿Sabes si está Ana?
☐ Ah, ¿sí? No lo sabía.

b Responde a las preguntas.

1 Chema pregunta a Lola si sabe dónde está Begoña. ¿Lo sabe Lola? ¿Con qué frase lo dice?
No lo sé. No sé donde está.

2 Chema dice a Lola algo inesperado que ella no sabe. ¿Con qué frase responde Lola?
_____

3 Julián le pregunta a Lola si está segura de que se va a la tele. ¿Cómo responde Lola?
_____

Hola Chema…
Sí, soy Lola.

c Responde a la pregunta.

¿Qué dice Julián del carácter de Lola?
_____
_____
_____

  10

6a Begoña, Julián y Andrew han ordenado sus habitaciones y han encontrado ropa que no es de ellos. Están intentando descubrir de quién es esa ropa. Completa el diálogo con ayuda del cuadro.

> mías • vuestras • tuyos • mío • suyas • mía • nuestras
> ~~tuya~~ • su • mi • tuyas • míos

BEGOÑA: Julián, ¿esta camiseta es **1** _____tuya_____ ?
JULIÁN: No, no es **2**_____. Creo que es de Andrew.
ANDREW: Sí, esa es **3**_____ camiseta.
BEGOÑA: ¿Y de quién son estos zapatos?
ANDREW: **4**_____ no. ¿Son **5**_____, Julián?
JULIÁN: Sí, son míos.
ANDREW: ¿Y este vestido? ¿Es tuyo, Begoña?
BEGOÑA: No, no es **6**_____. Debe de ser de Lola.
JULIÁN: Sí, es de Lola. Es **7**_____ vestido preferido.
ANDREW: ¿Y estas sandalias son **8**_____, Begoña?
BEGOÑA: Sí, son **9**_____.Y estas chaquetas, ¿son **10**_____, chicos?
JULIÁN: No, no son **11**_____.
BEGOÑA: Entonces, ¿de quién son?
ANDREW: Creo que son de los amigos de Lola. Aquellos chicos que estuvieron ayer aquí.
JULIÁN: Sí, son **12**_____.

b Ahora busca en el diálogo cinco palabras relacionadas con la ropa y el calzado.

1 _camiseta_   2 _____   3 _____
   4 _____   5 _____

11, 12, 13, 14

7 ¿Qué cosas crees que son necesarias para…? Subraya la respuesta correcta.

1 Para ser presidente de un país hay que ser **inteligente** / **imbécil**.

2 Para estudiar un idioma hay que ser **vago** / **constante**.

3 Para ser escritor hay que ser **creativo** / **antipático**.

4 Para ser feliz hay que ser **optimista** / **pesimista**.

5 Para viajar solo por el mundo hay que ser **aventurero** / **pobre**.

8 Una amiga de Begoña se casa y le ha enviado la invitación de boda, pero le faltan algunas palabras. Léela y completa el texto con las preguntas del cuadro.

 4,5

¿Por qué? • ¿Cómo? • ¿Dónde? • ¿Cuándo? • ¿Para qué?

Después de muchas aventuras y desventuras… de largos kilómetros y de un sinfín de excusas, ahora sí, nos hemos decidido, ¡NOS CASAMOS!

1 _¿Cuándo?_ El día 3 de junio de 2000 a las 7 de la tarde.
2 _____ En la Parroquia de San Pedro.
3 _____ Con un SÍ QUIERO.
4 _____ Para que seáis testigos de nuestro gran amor.
5 _____ Porque queremos invitaros y celebrarlo en el restaurante *Las Palmeras*.

9 Andrew está escribiendo una carta a una amiga, pero tiene dudas con algunas palabras. ¿Quieres ayudarle a completar la carta? Elige una opción de las que aparecen al final para cada espacio.

 7, 8, 9

¡Hola Carmen!

¿Qué tal estás? Yo estoy muy bien. Mi impresión de España es muy 1 __buena__. Todos los días paseo por la ciudad y, cuando vuelvo a casa, siempre estoy cansado y me 2 _____ los pies. Descanso un 3 _____ y después salgo con mis nuevos amigos. He conocido a 4 _____ gente y tengo muchos amigos. Como muy bien. En general, me gusta mucho la comida de aquí, pero no 5 _____ los platos, hay 6 _____ que odio.

El tiempo también me 7 _____ mucho. 8 _____ encuentro muy cálido. Normalmente hace buen tiempo y puedo realizar muchas actividades. Ayer, por ejemplo, hizo un día espléndido y me fui con mis amigos Lola, Begoña y Julián a la playa. Nos lo pasamos muy bien. Después fuimos a tomar el aperitivo. Pedimos tapas y cerveza. 9 _____ tapas me gustaron mucho, pero no 10 _____. Algunas las encuentro muy 11 _____. El día era fantástico hasta que me di cuenta de que no tenía la cartera. Sí, Carmen, ayer me robaron. No me 12 _____ los ladrones. Tuve que ir a la comisaría. Allí le expliqué a un policía cómo era el ladrón.

Ahora me tengo que despedir porque me voy a cenar. Ya sabes que si te apetece venir a visitarme, sólo tienes que decírmelo.

Un beso,
Andrew

1 ~~bueno~~ / buena 4 mucho / mucha 7 gusta / gustan 10 toda / todas
2 duele / duelen 5 toda / todos 8 Lo / Los 11 fuerte / fuertes
3 poco / pocos 6 alguno / algunos 9 Algunos / Algunas 12 gusta / gustan

  11, 12, 13, 14

10a Aquí tienes cuatro billetes de algunos de los países en los que ha estado Julián. ¿Sabes qué billete corresponde a cada país? Escribe el número al lado del nombre del país.

1

2

3

4

Venezuela: _3_   Nicaragua: _2_   Colombia: _1_   Perú: _4_

b Ahora, ¿quieres escribir la descripción física de los hombres que aparecen en los billetes?

Billete de Venezuela. El 1 _señor_ de la izquierda tiene la 2 _cara_ alargada y delgada, la 3 _nariz_ larga y unas largas 4 _patillas_ . El de la derecha no lleva 5 _barba_ ni 6 _bigote_ .

Billete de Nicaragua. Tiene el 7 _pelo_ rizado y las 8 _cejas_ grandes. Lleva 9 _bigote_ pero no lleva barba.

Billete de Colombia. Tiene la 10 _nariz_ larga, la 11 _boca_ pequeña, y los 12 _ojos_ grandes. No lleva 13 _barba_ ni bigote.

Billete de Perú. Tiene el 14 _pelo_ liso, lleva 15 _bigote_ , perilla y largas 16 _patillas_ . Tiene la nariz pequeña y las 17 _cejas_ finas.

11 ¿Recuerdas cómo describió Andrew al ladrón ante la policía? Escribe una descripción de un hombre con estas características. Observa que en una descripción en pasado se usa el *pretérito imperfecto*.

11, 12, 13, 14,

Edad: 20-30.
Ropa: jersey amarillo, pantalones rojos, zapatos negros.
Peso: 70 kg.
Estatura: 1,60 m.
Cuerpo: bajito, gordito.
Color de pelo: rubio.
Forma y tipo del pelo: largo, liso, con bigote y barba.
Forma de la cara: redonda.
Color de piel: pálido.
Señales en la cara: pecas y cicatriz en la nariz.
Boca: pequeña.
Nariz: ancha.
Ojos: azules.
Cejas: muy gruesas.

El ladrón tenía... entre veinte y treinta años y llevaba un jersey amarillo, pantalones rojos y zapatos negros. Pesaba unos 70 kilogramos y medía 1.6 metros. Era bajito y gordito. Tenía pelo rubio largo y liso conrado y con era rubio. Llevaba bigote y barba. Tenía una cara redonda y con piel pálido. Tenía pecas y una cicatriz en la nariz. Tenía boca pequeña, nariz ancha, ojos azules y cejas muy gruesas.

12a Lola y Begoña están hablando de tres amigos: Juan, Paco y José. ¿Quieres conocerlos? Escucha la conversación y escribe debajo de cada foto el nombre de la persona.

11, 12, 13, 14

Nombre: José   Nombre: _____   Nombre: _____

b Ahora escucha de nuevo y escribe cómo son Paco, Juan y José. Usa las palabras que describen el carácter de cada persona.

Juan es *tímido...* _____.

Paco es _____.

José es _____.

Recursos

¿A que no sabes con quién sale Marta?

Ni idea.

ASK IF SOMETHING IS KNOWN OR IF SOMEONE IN WELL-KNOWN

- No information is missing:

¿Sabe/s que + [oración]?

> ¿**Sabes que** a José le encanta bailar?
> ¿**Sabes que** Juan ha venido?

¿Te has
¿Se ha
¿Os habéis
¿Se han
} + enterado + de que + [oración]?

> ¿**Te has enterado de que** a José le encanta bailar?
> ¿**Te has enterado de que** Juan ha venido?

- The listener's interest is aroused before giving him information:

¿A que no + { sabe / sabes / saben / sabéis } + { **quién** ha venido? / **con quién** sale Marta? / **dónde** ha estado Pedro? / … }

- Some element of information is missing:

¿Sabe / ¿Sabes / ¿Saben / ¿Sabéis } + { **si** a Pepe le gusta el cine? / **dónde** vive María? / **cuándo** viene Juan? / **cómo** es el novio de Ángela? / **cuál** es el vestido de Andrea? / **en qué** ciudad vive Santiago? }

EXPRESS IF SOMETHING IS KNOWN OR IF SOMEONE IN WELL-KNOWN

- **Affirmative answers:**

> Sí, **sí lo sé**.
> Sí, **ya** lo sabía.

- **To show lack of knowledge:**

> No, **no lo sé**.
> **Ni idea.**

  - **When finding out about something unexpected:**

  > ¿**Ah, sí?** No lo sabía.

  Yo **creía que** + [oración]

  > Yo **creía que** María no tenía novio.

- **Expressions for showing certainty:**

Estar seguro + de que + [oración]
Seguro que + [oración]

> **Estoy seguro de que** Juan trabaja en el campo.
> **Seguro que** Pedro trabaja en la televisión.

IRREGULAR VERBS SUCH AS CONOCER §18-§23

Yo cono**zco**
Tú conoces
Él conoce
Nosotros conocemos
Vosotros conocéis
Ellos conocen

Other verbs with the same irregular form:

conducir:
   condu**zco**, conduces,…
traducir:
   tradu**zco**, traduces,…
agradecer:
   agrade**zco**, agradeces,…
parecer:
   pare**zco**, pareces,…

CONCORDANCES §32

- Gustar, encantar, interesar:

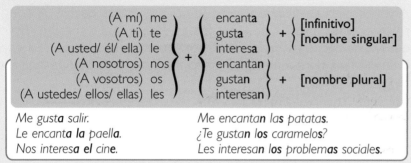

(A mí)	me		encanta	
(A ti)	te		gusta	+ [infinitivo]
(A usted/ él/ ella)	le	+	interesa	[nombre singular]
(A nosotros)	nos		encantan	
(A vosotros)	os		gustan	+ [nombre plural]
(A ustedes/ ellos/ ellas)	les		interesan	

Me gusta salir.   Me encantan las patatas.
Le encanta la paella.   ¿Te gustan los caramelos?
Nos interesa el cine.   Les interesan los problemas sociales.

- Encontrar:

(Este jersey) **Lo** encuentro caro.   (Esta falda) ¿**La** encuentras cara?
(Estos pantalones) **Los** encontramos caros.   (Estas gafas) **Las** encuentran caras.

- Parecer:

Este cuadro me parece caro.   ¿Esta falda te parece cara?
Estos cuadros le parecen caros.   Estas faldas le parecen caras.

INTERROGATIVE PRONOUNS

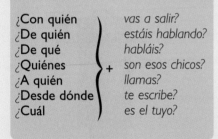

¿Con quién	vas a salir?
¿De quién	estáis hablando?
¿De qué	habláis?
¿Quiénes	+ son esos chicos?
¿A quién	llamas?
¿Desde dónde	te escribe?
¿Cuál	es el tuyo?

ADJETIVES AND POSESIVE PRONOUNS

🔊 Éste es **mi** libro.

　　　💬 No, éste es **mío**. El **tuyo** es ése.

INDIRECT INTERROGATIVE SENTENCES

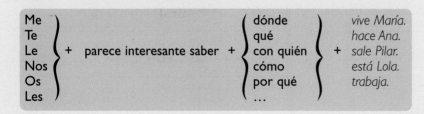

	si		le gusta bailar.
	quién		va a la fiesta.
No sé +	dónde	+	vive Juan.
	cómo		está Pedro.
	qué		hace Pablo.

Me			dónde			vive María.
Te			qué			hace Ana.
Le	+	parece interesante saber +	con quién	+		sale Pilar.
Nos			cómo			está Lola.
Os			por qué			trabaja.
Les			…			

No sé a quién escribir.

 Lección 1
Lesson 1

La lengua es un juego

 Language is a game

 A 11, 12, 13, 14

13 A veces, para calificar a alguien utilizamos frases hechas. A continuación te ofrecemos algunas de estas frases, ¿sabes qué significan? Escribe debajo de cada ilustración la expresión correspondiente. La expresión que escribas tiene que significar lo mismo que la que ya aparece.

> estar de buen año • ~~estar en paños menores~~
> ir de punta en blanco • estar hasta el moño

estar desnudo
estar en paños menores

ir muy bien vestido
ir de punta en blanco

estar en el límite de la paciencia
estar hasta el moño

estar algo gordo
estar de buen año

14 ¿Cuál de las siguientes frases hechas significa *parecerse mucho* o *ser idénticos* y cuál significa *no parecerse* o *ser diferentes*?

Ser como dos gotas de agua significa ___*ser idénticos*___
_____.

Parecerse como un huevo a una castaña significa ___*ser diferentes*___
_____.

15 ¿Puedes completar el siguiente poema de Pablo Neruda? Al final te damos algunas definiciones que te pueden ayudar.

1 Puedo escribir los versos más 2 *tristes* esta noche.
Escribir, por ejemplo: "la noche está estrellada,
y tiritan, 3 *azules*, los astros a lo lejos". [...]

En las noches como ésta, la tuve entre mis 4 *brazos*.
La 5 *besaba* tantas veces bajo el cielo infinito.

Ella me quiso, a veces yo también la 6 *quiero*.
7 *Cómo* no haber amado sus grandes 8 *ojos* fijos. [...]

Como para acercarla mi 9 *mirada* la busca.
Mi 10 *corazón* la busca, y ella no está conmigo. [...]

Ya no la quiero, es cierto, pero cuánto la quise.
Mi 11 *voz* buscaba el viento para tocar su 12 *oído*.

De otro será. Será de otro. Como antes de mis besos.
Su voz, su 13 *cuerpo* 14 *claro*. Sus ojos infinitos.

Ya no la 15 *quiero*, es cierto, pero tal vez la quiero.
Es tan 16 *corto* el amor, y es tan largo el olvido.

Porque en noches como ésta, la tuve entre mis brazos,
mi alma no se contenta con haberla perdido.

Aunque éste sea el último dolor que ella me causa,
y éstos sean los últimos versos que yo le escribo.

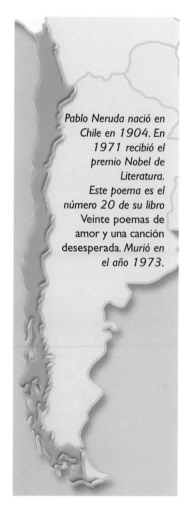

Pablo Neruda nació en Chile en 1904. En 1971 recibió el premio Nobel de Literatura. Este poema es el número 20 de su libro Veinte poemas de amor y una canción desesperada. Murió en el año 1973.

1 Presente del verbo *poder*, primera persona del singular.

2 Lo contrario de *alegre*. Fíjate en que la palabra se refiere a *versos* y por tanto va en masculino plural.

3 Nombre del color del cielo. Fíjate en que la palabra se refiere a *astros* y por lo tanto debe aparecer en masculino plural.

4 Parte del cuerpo humano que acaba en la *mano*. Fíjate en que el determinante posesivo que le precede, *mis*, está en plural.

5 Pasado (pretérito indefinido) de *besar*, primera persona del singular.

6 Pasado (pretérito imperfecto) del verbo *querer*, primera persona del singular.

7 Pronombre interrogativo que se utiliza para preguntar por el modo o la manera.

8 Órganos de la vista.

9 Acción y efecto de mirar.

10 Parte del cuerpo que simboliza el amor.

11 Conjunto de sonidos que se producen al hablar.

12 Parte del cuerpo que permite oír. Tiene cuatro letras.

13 Conjunto de las partes físicas que forman el hombre.

14 Lo contrario de *oscuro*, va en singular.

15 Presente del verbo *querer*, primera persona del singular.

16 Lo contrario de *largo*. Fíjate en que se refiere a *amor*, que es masculino singular.

Editorial Espasa Calpe:
www.espasa.es

Biblioteca electrónica:
www.analitica.com/bitbiblioteca

Libros electrónicos:
www.veintinueve.com

1 Aquí tienes una serie de frases a las que les faltan unas palabras. Señala la respuesta correcta.

1 Martín, ¿_____ a la madre de Julián?
☐ conoce   ☑ conoces   ☐ conozco

2 ¿A vosotros os _____ este hotel?
☒ gustáis   ☐ gustan   ☑ gusta

3 Estoy _____ de que María trabaja en la TV.
☐ seguros   ☑ seguro   ☐ sabes

4 Todas mis faldas son _____.
☑ rojas   ☐ rojos   ☐ roja

5 A María y a mí nos encantan _____.
☐ la joya   ☑ las joyas   ☐ el reloj

6 Estoy muy contenta. Os _____
vuestra visita.
☐ agradece   ☐ agradecéis   ☑ agradezco

7 Señor, ¿esta cartera es _____?
☑ suya   ☒ tuya   ☐ suyas

8 ¿Te has _____ de que Juana tiene
otro novio?
☐ conocido   ☐ creía   ☑ enterado

9 A María la encuentro muy _____.
☐ simpático   ☐ simpáticas   ☑ simpática

10 _____ los lápices son nuestros.
☑ Todos   ☐ Todo   ☐ Todas

11 ¿Sabes _____ viene a cenar
esta noche?
☑ quién   ☐ qué   ☒ quien

12 ¿Esta camiseta te parece _____?
☐ bonitas   ☐ bonito   ☑ bonita

13 No sé _____ es María.
☑ cómo   ☐ cuándo   ☐ dónde

14 José, limpia tú _____ que yo limpio
el mío.
☑ el tuyo   ☐ tuyo   ☐ el mío

15 No sé _____ le gusta la tortilla.
☐ quién   ☑ si   ☐ sabe

16 _____ ir a la playa cuando llueve.
☑ Me gusta   ☐ Me parece   ☐ Me gustan

2 ¿Quieres conocer a la vecina de Begoña? Pues lee el texto y complétalo con las palabras del cuadro. ¡Atención! Los verbos están en infinitivo y hay que elegir la forma conveniente.

> gustar • tímido • atractivos • su • tener • sociable
> sus • cerrar • construir • encantar • todo • empezar

Ésta es la señora Cortés que viene de Córdoba y **1**_____ 53 años, pero desde los 15 vive en Madrid. De lunes a sábado trabaja en una carnicería. **2**_____ a las 8 de la mañana y **3**_____ a las 2 de la tarde. Llega cansada a su casa y lo primero que hace es sentarse en el sofá porque le duele **4**_____ el cuerpo. Los domingos, su día de fiesta, le **5**_____ mucho ir al cine y a pasear. En verano, durante las vacaciones, huye a la montaña. Es una señora muy **6**_____, le gusta estar rodeada de gente. **7**_____ marido, en cambio, es un señor un poco **8**_____ y prefiere estar solo en casa. Le **9**_____ las motos y **10**_____ maquetas de barcos en su tiempo libre. Entre **11**_____ aficiones, además de las motos, están los libros de viajes, que los encuentra muy **12**_____.

Now I can:

☐ To express if you know something or somebody.
☐ Ways to express things known and unknown.
☐ To speak about others: their physical features, personality and likes.

Also I learned:

_____
_____
_____
_____
_____

leccióndos2

lessontwo2

¡Buen viaje!

Have a
good trip!

En portada

Headlines

¡Buen viaje!

Have a good trip!

Las vacaciones de verano ya están aquí. Nuestros amigos están preparando un viaje. Todavía no saben adónde van a ir. ¿Quieres ayudarles a decidir? Anímate, tu ayuda les será muy útil.

Summer vacation is here. Our friends are getting ready for a trip. They still don't know where to go. Do you want to help them decide? Come on! They could really use your help!

In this lesson you're going to learn:

- To prevent and warn
- Ways to express possibility and impossibility
- To give instructions

1a Fíjate bien en la fotografía. ¿Qué crees que pueden estar haciendo nuestros amigos?

☐ Están organizando una fiesta.

☐ Están preparando un viaje.

☐ Están ensayando la última obra de teatro.

b Hay muchas maneras de informarse sobre un país. ¿Sabes cómo lo hace cada uno de nuestros amigos? Escribe sus nombres en el lugar correspondiente.

1 _____Lola_____ consulta una revista de viajes.

2 _____ habla con un amigo que conoce el país.

3 _____ busca en Internet.

4 _____ se prepara para ir a una agencia de viajes.

Escenas

 1, 2

2a ¿Qué te parece ir de vacaciones a Grecia? Julián habla con un amigo griego para informarse sobre su país. Lee el texto e indica si las siguientes frases son verdaderas (V) o falsas (F).

NIKO: Así que te vas de vacaciones a Grecia, ¿no? Y ¿con quién? ¿Con alguien de la escuela de teatro?

JULIÁN: Bueno, aún no hay nada seguro. De momento los compañeros de piso, Begoña, Lola, Andrew y yo estamos buscando información. No sabemos adónde ir. Yo pensé en Grecia y por eso quería hablar contigo.

NIKO: Estupendo, Grecia es un país fantástico, con muchos lugares interesantes para visitar. ¿Qué quieres saber exactamente?

JULIÁN: Pues no lo sé, tú que eres griego, ¿qué nos puedes decir?

NIKO: Podéis hacer un crucero por las islas griegas o coger *ferrys* en cada isla, pero ¡ojo!, **los cruceros son muy caros y van a las islas más turísticas. Si tenéis poco dinero, podéis coger un *ferry* en cada isla.** Es más económico y tenéis más libertad para viajar.

JULIÁN: Oye, Niko, y ¿qué isla visitamos? ¿Todas?

NIKO: Todas las islas tienen su encanto. Si no habéis estado nunca allí, todas son interesantes. Podéis ir a Santorini o a Mikonos, pero **si vais a Mikonos, cuidado, porque ¡está llena de turistas! Y si buscáis paz y tranquilidad, allí no las vais a encontrar.**

JULIÁN: ¿Y la comida? ¿Qué tal?

NIKO: Buenísima. En Grecia, se come muy bien. Pero **¡ojo con la cantidad! En los bares y restaurantes son muy atentos y sirven mucha cantidad; si coméis demasiado, os podéis poner enfermos.** Probad el *soublaki*, que son unos pinchos de carne muy buenos.

JULIÁN: Y en Atenas, ¿qué podemos visitar?

NIKO: Id a ver el Partenón. No os perdáis el anfiteatro, allí podéis ver obras de teatro clásico.

JULIÁN: ¡Qué buena idea! A los chicos seguro que les encanta ir a ver una obra de teatro clásico griego.

NIKO: ¡Ah! y **¡cuidado con los taxis! Algunos conductores sólo hablan griego y tenéis que dar las direcciones muy claras.** Llevad las direcciones escritas.

	V	F
1 Julián, Begoña, Lola y Andrew todavía no saben adónde ir de vacaciones.	✓	☐
2 Según Niko, Grecia es un país fantástico.	☐	☐
3 Si no tienen mucho dinero, es mejor hacer un crucero.	☐	☐
4 Mikonos es una isla tranquila y sin turistas.	☐	☐
5 Según Niko, en los bares y restaurantes sirven mucha comida.	☐	☐
6 A mis compañeros no les gusta el teatro clásico griego –dice Julián.	☐	☐

b Ahora fíjate en las intervenciones de Niko que están destacadas. En todas ellas le hace una advertencia a Julián. ¿Puedes completar las siguientes frases?

a Niko advierte a Julián que los **1** ___cruceros___ son muy caros y van a las **2** _____ más **3** _____. También dice que si tienen poco **4** _____, pueden **5** _____ un ferry en cada isla.

b También le advierte que Mikonos está **1** _____ de **2** _____, y que si buscan **3** _____ y tranquilidad, allí no las van a **4** _____.

c Respecto a la comida, le advierte de la **1** _____, y que si comen demasiado, **2** _____ ponerse **3** _____.

d Por último, le advierte que **1** _____ conductores sólo hablan **2** _____.

3a Escucha atentamente y completa el diálogo con ayuda del cuadro. Fíjate en que todas estas frases son de agente indefinido.

> y si uno quiere divertirse • no se puede hablar • se pueden organizan muchas actividades • cuando eres joven y no tienes • ~~dicen que~~

BEGOÑA: Chicos, ¿conocéis Portugal?

JULIÁN: Yo no lo conozco, pero **1** *dicen que* es muy bonito.

ANDREW: Yo, de Portugal, sólo conozco el vino. ¡Qué bueno es!

LOLA: Sí, lo más famoso son el vino y los fados; también en Oporto
2 _____ culturales: ópera, danza, teatro,…

BEGOÑA: Sí. Y además Portugal es muy barato. **3** _____ mucho dinero, es un buen lugar para ir de vacaciones.

LOLA: Es verdad. **4** _____, en Oporto y Lisboa hay muchos bares y discotecas para disfrutar de las *noites longas*.

ANDREW: ¿Las qué?

BEGOÑA: Las *noites longas*, que en español significa las *noches largas*. No se sabe a qué hora vas a acabar de bailar.

ANDREW: ¡Qué bien! Yo quiero ir de vacaciones a Portugal.

JULIÁN: ¿Y qué os parece si nos vamos de vacaciones en septiembre?
5 _____ encontrar mejores ofertas porque la mayoría de la gente viaja en agosto. ¿Qué os parece? Podemos viajar más tranquilos, sin prisa.

LOLA: Yo, en septiembre, trabajo; no puedo viajar.

JULIÁN: Vaya. ¿Y tú, Begoña? ¿Puedes viajar en septiembre?

BEGOÑA: Sí, claro. En agosto voy a ver a mi familia, pero en septiembre ya estoy aquí.

JULIÁN: Andrew, ¿tú puedes venir o no?

ANDREW: Claro que puedo.

JULIÁN: Estupendo. Lola, ¿estás segura de que no puedes pedir una semana de vacaciones? Es sólo una semana.

LOLA: No lo sé, tengo que hablar con mi jefe. Pero últimamente **6** _____ de este tema porque hay mucho trabajo.

En agosto voy a ir al País Vasco.

b Ahora vuelve a escuchar el diálogo y contesta a las preguntas. Fíjate en que todas ellas indican posibilidad o imposibilidad.

 3

1 ¿En qué mes se pueden encontrar mejores ofertas para viajar, en agosto o en septiembre? ¿Por qué? En _*septiembre*_. Porque la mayoría de la _*gente*_ viaja en agosto.

2 Lola no puede viajar en septiembre. ¿Por qué? Porque _____.

3 ¿Y Begoña? ¿Pueden contar con ella? Sí, _____ contar con ella.

4 ¿Puede Andrew ir de vacaciones o no? _____, puede _____ de vacaciones.

5 ¿Puede Lola pedir una semana de vacaciones? No lo _____, tiene que _____ con su _____.

Lección 2
Lesson 2

Primer plano

First look

 4, 5

4a Ana ha desaparecido. Escucha la conversación entre Lázaro y los chicos. ¿Han avisado a la policía?

_____, _____ han avisado a la policía.

Yo llevo la dirección.

b Ahora vuelve a escuchar la conversación, fíjate en esta intervención de Lázaro. ¿Qué hace?

Yo llevo la dirección. Vosotros organizaos por parejas. Llamad a los hospitales y después acercaos a todas las estaciones y observad.

☐ Organiza una fiesta para Ana.
☐ Da instrucciones para buscar a Ana.
☐ Avisa a la policía.

  6, 7

5a Aquí tienes una lista de consejos para viajar. ¿Puedes completarlos con el cuadro siguiente? El ejemplo te puede ayudar.

> hace falta ir • no se puede conducir • hace falta consultar
> no se puede salir • ~~hace falta llegar~~ • no se puede hacer

1 *Hace falta llegar* pronto al aeropuerto, como mínimo una hora antes de la salida del vuelo, para tener tiempo de recoger la tarjeta de embarque y facturar las maletas.
2 _____ la maleta el último día porque con las prisas podemos olvidar algo importante en casa.
3 _____ de casa sin pasaporte y sin la documentación que piden en muchos países, visados, permisos, certificados médicos…
4 Si viaja a algún país exótico, _____ al médico antes para vacunarse.
5 _____ muchas horas seguidas sin descansar. Si mientras conduce se siente cansado o tiene sueño, pare en el área de servicio más cercana.
6 _____ el estado de las carreteras y autopistas antes de hacer un viaje largo. También es aconsejable revisar el coche.

 3

b Ahora, observa con atención las frases que aparecen en el ejercicio. ¿Cuál de estas formas verbales crees que completa la regla?

Infinitivo (*cantar*)

Gerundio (*cantando*)

Participio (*cantado*)

> Hace falta
> No se puede } + _____

6 Julián va a la agencia *Viajes Granada*. Éstas son las notas que toma de la información que le dan. Están incompletas. ¿Podrías completarlas con la ayuda del cuadro?

> hace mucho calor • llevar ropa muy fresca • está todo incluido en el precio
> es mejor el hotel *Caribean* • ~~reservar pronto los billetes~~ • tener visado
> el servicio de habitaciones es excelente

1 Hace falta _*reservar pronto los billetes*_, o nos quedaremos sin plaza.

2 Para viajar a Punta Cana no hace falta _____. Con el pasaporte español podemos entrar sin problemas.

3 Dicen que _____ que el hotel *Tropical*.

4 Se supone que _____. Luego, no tienes que pagar nada allá.

5 Dicen que _____. Pero no importa, las habitaciones tienen aire acondicionado.

6 Hace falta _____, muchos pantalones cortos y ropa de algodón o de lino.

7 Se dice que _____. Las habitaciones siempre están limpias.

7 Éstos son los anuncios de agencias de viaje que aparecen en la revista de Lola. ¿Puedes completar los anuncios como en el ejemplo?

a

(Viaja, usted) **1** _*Viaje*_ ahora. Por sólo 660 euros. (Disfrutar, usted) **2** _____ de unas magníficas vacaciones en Punta Cana, República Dominicana. (Llamar, usted) **3** _____ ya al 93 429 36 56. No (perderse, usted) **4** _____ nuestras fantásticas ofertas. *Viajalejos*.

b

(Conocer, tú) **1** _____ las mejores ofertas en viajes nacionales e internacionales. (Bañarse, tú) **2** _____ en las playas del Caribe en un viaje inolvidable. No (esperar, tú) **3** _____ más y (venir, tú) **4** _____ a vernos a la calle Guatemala, n.º 25. *Viajaexótico*.

c

No (ir, usted) **1** _____ al mismo sitio de siempre. Cancún está a su alcance. (Conocer, usted) **2** _____ nuestras ofertas, es la mayor garantía de éxito. (Viajar, usted) **3** _____ con nuestra compañía y no se arrepentirá. (Disfrutar, usted) **4** _____ de playas salvajes, (comer, usted) **5** _____ en los mejores restaurantes, (bailar, usted) **6** _____ toda la noche… (Llamar, usted) **7** _____ al 93 379 49 52. *Viajacómodo*.

8, 9

8 Una chica se va de viaje. Su madre, muy preocupada, la llama por teléfono. ¿Quieres saber qué le dice? Escucha la conversación y completa el diálogo con las palabras del cuadro.

> ~~no olvides~~ • recuerda • diviértete • no descuides • recuerda
> no olvides • agradece • vigila • cuídate • llama • ni lleves

HIJA: ¿Diga?
MADRE: ¡Hola! Soy mamá. ¿Cómo va todo?
HIJA: Bien, preparando las vacaciones.
MADRE: ¿Y qué tal?
HIJA: Muy bien mamá. Estoy haciendo las maletas.
MADRE: **1** *No olvides* llevar un bronceador, **2** _____ que allí el sol es muy fuerte.
HIJA: Sí, mamá…, ya lo he metido. Me tratas como a una niña.
MADRE: Sólo me preocupo por ti, nada más. ¡Ah! **3** _____ la cartera,
   4 _____ mucho dinero en ella.
HIJA: Sí, mamá. Recuerda que ya he viajado antes y **5** _____ que tengo diecisiete años.
MADRE: **6** _____ que tienes una madre que se preocupa por ti.
   7 _____ también lo que comes, porque te puedes poner enferma.
HIJA: ¡Ay, mamá! Me parece que estás exagerando.
MADRE: Bueno, bueno. Está bien. Ya no digo más. Sólo **8** _____ que tus padres te
   quieren, **9** _____ mucho, **10** _____ por teléfono de vez en cuando y
   11 _____ con tus amigos.
HIJA: Muchas gracias, mamá. Si puedo, llamo, pero no te aseguro nada. ¡Adiós!
MADRE: ¡Adiós, hija! ¡Buen viaje!

10, 11

9 ¿Qué le dirías a alguien que está en alguna de estas situaciones? Primero, transforma el verbo, y luego, sustituye la palabra destacada por alguno de los pronombres del cuadro. Mira el ejemplo, te va a ayudar.

> lo • la • los • las

1 Mañana se va de viaje y todavía no ha hecho la maleta. (*Hacer*) **la maleta.**
   a *Haz la maleta. / Haga la maleta.*   b *Hazla. / Hágala.*

2 Está en su casa y necesita un taxi para ir al aeropuerto. (*Pedir*) **el taxi** ya.
   a _____   b _____

3 Quiere hacer un viaje con el coche, pero últimamente ha tenido algunos problemas mecánicos. (*Llevar*) **el coche** al taller.
   a _____   b _____

4 Quiere mandar muchas postales a sus amigos, pero no tiene todas las direcciones. (*Buscar*) **las direcciones.**
   a _____   b _____

5 Quiere comprar una guía de Venezuela para preparar las próximas vacaciones. (*Comprar*) **la guía de Venezuela.**
   a _____   b _____

6 Todavía no ha entregado los trabajos. (*Entregar*) **los trabajos** lo antes posible.
   a _____   b _____

10 ¿Puedes completar estos diálogos con los pronombres que aparecen en los cuadros? Hay frases en que sólo necesitas un pronombre y otras en las que tienes que combinar dos, uno de cada cuadro.
Observa los ejemplos:

| lo • la • los • las | me • te • se(le) • nos • os • se(les) |

1 🗨 ¿Cuándo van a venir a revisar el ascensor?
  🗨 A finales de septiembre. Tengo que hablar con **los chicos de la compañía**.
  🗨 Sí, sí, lláma*los* para quedar un día.

2 🗨 Chicos, ¿queréis que **os** lea **este artículo** sobre Portugal?
  🗨 Sí claro, lée*noslo*.

Ahora tú:

3 🗨 ¿Qué tal **las facturas**?
  🗨 Estoy repasándo_____. Hay un vecino que no me ha entregado la copia del mes pasado.
  o bien
  🗨 _____ estoy repasando. Hay un vecino que no me ha entregado la copia del mes pasado.

4 🗨 ¿Recuerdas que **me** ibas a dejar **la maleta**?
  🗨 No te preocupes, _____ _____ traigo mañana por la mañana.

5 🗨 ¿Qué pasa con las luces del comedor?
  🗨 Nada grave, tienen algún problema con **la instalación eléctrica** y por eso estoy revisándo_____.
  o bien
  🗨 Nada grave, tienen algún problema con la instalación eléctrica y por eso _____ estoy revisando.

6 🗨 ¡Julián ya le ha contado **a Begoña el problema de su amigo Niko**?
  🗨 No, está contándo_____ ahora.
  o bien
  🗨 No, _____ _____ está contando ahora.

7 🗨 Ana, ¿en septiembre va a haber algún piso vacío?
  🗨 Sí, los del segundo segunda se cambian de piso. Creo que voy a poner un anuncio en la escalera.
  🗨 Llama **al encargado de la agencia inmobiliaria**, es más rápido.
  🗨 Es verdad, llamar_____ es lo mejor.

8 🗨 Mirad, chicos, en Internet he encontrado mucha información sobre Madagascar.
  🗨 ¿Por qué no **nos la** cuentas? Sí, sí, explíca_____.

9 🗨 Este verano tengo que pintar **la escalera**.
  🗨 Pues pinta_____ pronto porque si no, después empiezan a llegar los vecinos de vacaciones y se acabó la tranquilidad.

10 🗨 Lázaro, quédate un momento aquí que yo voy a regar **las plantas** de los vecinos.
  🗨 ¿Cada cuánto las riegas?
  🗨 Dicen que regar_____ una vez a la semana ya es suficiente.

¿Cuándo van a venir a revisar el ascensor?

Recursos

HOW TO WARN AND PREVENT

¡Cuidado, que eso está muy alto!

Si + [verbo en presente] + poder [en presente] + [infinitivo]	*Si él come tanto, puede enfermar.*
¡Ojo! / ¡Cuidado! + [oración]	*¡Ojo! / ¡Cuidado! el suelo está mojado.*
¡Ojo con ¡Cuidado con { + [objeto] !	*¡Ojo con / Cuidado con las tormentas tropicales!*
Tener cuidado con + [objeto]	*Ten cuidado con las calles poco iluminadas.*
Imperativo (afirmativo o negativo)	*Id a ver el Partenón, no os lo perdáis.*

HOW TO GIVE INSTRUCTIONS

No + hace falta + [infinitivo]	*No hace falta correr. Tenemos tiempo.*
No + tener + que + [infinitivo]	*No tienes que estar nerviosa. Estamos de vacaciones.*
Imperativo (afirmativo o negativo)	*Relájate Lola, no corras tanto.*

EXPRESS POSSIBILITY AND IMPOSSIBILITY

- To ask whether or not something is possible:

¿Poder + [infinitivo]?	¿Se + puede(n) + [infinitivo]?
¿Puedo coger tu chaqueta?	*¿Se puede ir en tren hasta allí?*

- To answer in the affirmative:

Sí, + [imperativo]	Claro, + [imperativo]
Sí, cógela, cógela.	*Claro, cógela.*

- To answer in the negative:

No, + [imperativo negativo]	(No) se + puede + [infinitivo]
No, no la cojas.	*(No) se puede ir en tren.*

(No) + poder + [infinitivo]	
(No) podéis quedaros aquí.	

THE ADJECTIVE §5-§6

The adjective usually appears after the noun; nevertheless, in some cases it can go before the noun as a stylistic device.

> **Las blancas arenas** *en lugar de* **las arenas blancas**

Sometimes putting an adjective before or after the noun not only conveys stylistic nuances, it also changes the meaning of the adjective.

> **Pobre** *hombre* / *Hombre* **pobre**

THE IMPERATIVE §27

• To give permission:

> 💬 *¿Puedo ir a la fiesta?*
> 💬 *Claro,* **ve.**

• To give instructions:

> **Suba** *a la segunda planta*

• To answer the telephone:

> **¿Diga?**
> *Eléctrica Control,* **díga**me.

• To offer someone something:

> **Sírve**te *más tortilla de patata.*

• To draw someone's attention to something: *Mira / Oye / Oiga / Perdone*

> **Perdone,** *¿la calle Angustias dónde está?*

PERSONAL PRONOUNS

yo	**me**
tú	**te**
él, ella, usted	**lo, la / le**
nosotros, nosotras	**nos**
vosotros, vosotras	**os**
ellos, ellas, ustedes	**los, las / les**

me + lo, la, los, las = **me lo, me la, me los, me las.**
te + lo, la, los, las = **te lo, te la, te los, te las.**
nos + lo, la, los, las = **nos lo, nos la, nos los, nos las.**
os + lo, la, los, las = **os lo, os la, os los, os las.**

But **PLEASE NOTE**:

le + lo, la, los, las = **Se** lo, **Se** la, **Se** los, **Se** las.
les + lo, la, los, las = **Se** lo, **Se** la, **Se** los, **Se** las.

SENTENCES OF INDETERMINATE AGENT §44

• These are used to present information without mentioning who carried out an action, or by mentioning it without directly relating the action to the doer. Sometimes the person who carried out the action is not known, and other times he is known but the speaker does not want to say who it is.
See Grammar appendix.

¿Quién te regaló la chaqueta estampada?

Me la regaló Julián.

  13

11 ¿Te atreves a buscar las palabras que corresponden a estas definiciones? Fíjate que todas contienen alguna letra de la palabra estación.

```
1  A E ROPUERTO
2    - S - - - -
3    - T - - -
4    A - - - -
5    - C - - -
6  - - I - - -
7    - O - -
8    N - - - -
```

1 Lugar desde el que despegan y en el que aterrizan los aviones.
2 Punto cardinal opuesto al Oeste.
3 Medio de transporte que circula por vías.
4 Medio de transporte marítimo.
5 Parte de la calle por la que andan las personas.
6 Medio de transporte aéreo.
7 Palabra sinónima de automóvil.
8 Punto cardinal opuesto al Sur.

 12

12 Julián lee un folleto turístico de las islas griegas. ¿Quieres leerlo con él? ¿Por qué no completas los espacios en blanco con los adjetivos del cuadro?

> pequeñas • tranquilas • magníficas • antiguos • primera
> ideal • buena • amable • ~~grande~~

Creta es la isla más **1** _grande_ de Grecia y la quinta del Mediterráneo. Allí apareció la **2** _____ civilización mediterránea. Tiene unos restos arqueológicos muy **3** _____. Frente a la ciudad Elounda, hay dos **4** _____ islas con **5** _____ playas, a las que sólo se puede llegar mediante barcas que salen del puerto.
Creta es un destino **6** _____ para todos los que quieren unas vacaciones **7** _____ pero también interesantes. Hay monumentos, **8** _____ comida y gente muy **9** _____ con los turistas.

13 ¿Sabes quién dijo los siguientes enunciados? Para ayudarte en el cuadro te ofrecemos los nombres de los personajes, y a continuación de cada enunciado te damos una pista.

> Benjamín Disraeli • ~~Francis Bacon~~ • George W. Curtis
> Miguel de Cervantes • René Descartes

1 "Los viajes en la juventud son una parte de la educación, y en la vejez, una parte de la experiencia". Filósofo y político francés: _Francis Bacon_

2 "El andar en tierras y comunicar con diversas gentes hace a los hombres discretos". Escritor español, autor de *El Quijote*: _____

3 "Cuando uno emplea demasiado tiempo en viajar llega a ser finalmente extranjero en su propio país". Filósofo y científico francés: _____

4 "La imaginación sirve para viajar y cuesta menos". Escritor estadounidense: _____

5 "Los viajes enseñan la tolerancia". Político inglés: _____

14a ¿Ya tienes plan para las vacaciones del verano? Si necesitas algún consejo, 📝 13 🔤A
puedes leer este artículo. Hay seis medios de transporte y seis lugares
donde alojarse. Subráyalos.

Millones de españoles preparan las vacaciones de verano

Decidir cuál es el mejor medio de transporte para viajar provoca algunas discusiones familiares. Si coge el _coche_, ¡cuidado con el tráfico! Hay miles de personas como usted conduciendo por las carreteras y autopistas del país: solos, con la familia, con los amigos... Por eso durante estos días puede ser muy pesado conducir, pero siempre puede coger el tren o el autocar. El tren es un poco más caro, pero va más rápido y es más cómodo. El autocar es más barato pero, como el coche, puede tener problemas con el tráfico. Dicen que el avión es el medio de transporte más seguro, pero nunca se sabe.

Si viaja en familia siempre puede alquilar una caravana. Puede ser muy divertido viajar con la casa a cuestas. Ahora bien, si usted no es animal ni de tierra ni de aire y prefiere el agua, coja un barco para hacer un crucero por el Mediterráneo.

Una vez decidido cómo viajar surge el segundo problema: ¿dónde alojarse? Para los que no tienen problemas de dinero los paradores nacionales siempre son una buena elección. Después están los hoteles de estrellas, para todos los gustos. Para los que quieren ahorrar existen las pensiones y los cámpings, siempre muy económicos. Y para los más jóvenes, los albergues, donde es necesario presentar el carné de alberguista.

En España, últimamente, se han puesto de moda las casas de turismo rural. Se puede ir con la familia o un grupo de amigos. No hace falta llevar nada porque se puede utilizar todo lo que hay en la casa. Normalmente, uno está muy tranquilo y puede disfrutar de la naturaleza.

b Ahora, ¿por qué no completas las frases con los nombres de transporte y los lugares donde alojarse, que has encontrado en el texto?

1 Las carreteras y las autopistas estos días están llenas de ___coches___ .
2 Si no le apetece coger el coche, puede ir de vacaciones en _____ o en _____ .
3 Dicen que el medio de transporte más seguro es el _____ .
4 Si viaja con la familia y quiere divertirse, puede alquilar una _____ .
5 Si usted prefiere el agua coja un _____ .
6 Los que no tienen problemas con el dinero, pueden ir a los _____ .
7 Después de los paradores, están los _____ como opción más barata.
8 Las _____ y los _____ son para los que no quieren o no pueden gastar mucho dinero.
9 Los más jóvenes pueden ir a los _____ .
10 Si quiere estar a la moda, visite este año alguna de las _____ que hay en nuestro país.

Trenes de España:
www.renfe.es

Aerolíneas Argentinas:
www.aerolineas.com.ar

LAN Chile:
www.lanchile.cl

Evaluación

Evaluation

1 Después de los ejercicios de la lección, lee las frases que tienes a continuación. ¿Puedes elegir la respuesta correcta?

1 _____ Estos días de vacaciones las carreteras están llenas de coches.
☐ ¡Cuidado con el tráfico!
☐ ¡Ojo con la comida!
☐ Tened cuidado con el avión.

2 Sobre todo acuérdate. _____ el pasaporte en casa.
☐ No te olvidas
☐ No te olvides
☐ No te olvidar

3 🔊 ¿Le has contado a Carlos mi problema?
　🔊 Sí, ya _____.
☐ lo se he contado
☐ le se he contado
☐ se lo he contado

4 Julián, ¿sabes a qué hora tenemos que estar en el aeropuerto?
☐ Eso no se dice.
☐ Hace falta llegar antes de las cinco.
☐ No hagas eso.

5 No se _____ usar aparatos eléctricos dentro del avión.
☐ puede
☐ puedes
☐ puedo

6 🔊 Por favor, ¿la puerta de embarque del vuelo B1266?
　🔊 _____ al primer piso y _____ en Información.
☐ Suba / pregunte
☐ Subir / preguntar
☐ Corres / pregunte

7 Cuando viajas, hay que estar preparado para todo. _____ nunca sabe lo que puede pasar.
☐ Ella
☐ Unos
☐ Uno

8 🔊 Chicos, ¿os apetece ir a Grecia?
　🔊 No sé, ¿qué _____ nosotros en Grecia?
☐ podemos hacer
☐ pueden hacer
☐ se puede hacer

9 🔊 Lola, todavía no he hecho la maleta.
　🔊 Pues _____ esta tarde porque mañana nos vamos muy temprano.
☐ hazlos
☐ hazla
☐ hazlo

2 Julián sueña con un viaje a Madagascar. Mira la información que ha encontrado navegando por Internet. ¿Puedes completar el artículo con las palabras del cuadro?

> exótico • información • moneda • transporte • visado • vacuna
> permisos • coches de alquiler • parques • enfermedades

MADAGASCAR INSÓLITO: LA GUÍA

El *taxi-brousse* es el **1** _____ por tierra más común. Tenga cuidado con los
2 _____ porque son muy caros.
La **3** _____ nacional es el franco malgache, pero es necesario llevar dólares americanos.
En Madagascar hay que extremar las precauciones contra el paludismo y la malaria.
Puede consultar un centro especializado en **4** _____ tropicales. Además, la
5 _____ contra la fiebre amarilla es obligatoria y la del tétanos, recomendable.
Para entrar en la República Malgache es necesario solicitar un **6** _____. Pídalo en
el Consulado de Madagascar. Es conveniente viajar con seis fotos tipo carné, para
autorizaciones especiales y **7** _____ de entrada en los 36 **8** _____ naturales.
Al visitar un país **9** _____ es aconsejable ir con una buena **10** _____ previa. Se
pueden consultar los libros *Guía a Madagascar,* y *Madagascar & Comores.*

lección tres 3
lessonthree 3

¡Aprender
una lengua!

Learn a
language!

En portada

Headlines

Andrew ya ha aprendido mucho español. En esta lección, Begoña quiere aprender inglés. ¿Quieres saber algunos consejos para aprender una lengua?

¡Aprender una lengua!

Learn a language!

Andrew has learned a lot of Spanish. In this lesson, Begoña wants to learn English. Do you want some advice on how to learn a language?

In this lesson you're going to learn:

- To ask for and give advice
- Focusing on how to learn a language
- To express short-term frequency

1a Como ya has podido comprobar, se puede aprender y practicar una lengua de muchas formas. Observa en la foto que Lola y Begoña quieren enseñar a Andrew más español. Después lee estas frases. ¿Cuáles se pueden relacionar con la foto?

7, 10

Formas de aprender una lengua:
- Estudiar gramática. ☐
- Ir a una escuela de idiomas. ☐
- Tener un profesor particular. ☐
- Escuchar y cantar canciones, como en un *karaoke*. ☐
- Tomar notas en una libreta. ☐
- Ver películas en versión original. ☐
- Estudiar en casa. ☐
- Tener amigos que hablan el idioma que quieres aprender. ☐
- Hacer un curso por Internet. ☐
- Hacer ejercicios. ☐

b Ahora dinos: ¿todas estas formas de aprender y practicar una lengua son para ti igual de importantes? Haz una lista ordenándolas de mayor a menor importancia.

1 _____

2 _____

3 _____

4 _____

5 _____

6 _____

7 _____

8 _____

9 _____

10 _____

A 📝 7,10

2 ¿Qué problemas tienen nuestros amigos cuando aprenden una nueva lengua? Lee los diálogos y completa el cuadro.

1
ANDREW: ¿Qué haces, Begoña?
BEGOÑA: Mis deberes de inglés.
ANDREW: ¿Necesitas ayuda?
BEGOÑA: No, gracias, son ejercicios de gramática. Son fáciles.
ANDREW: Pues ¿por qué dices siempre que el inglés es tan difícil?
BEGOÑA: No me refiero a la gramática. Es fácil; ¡lo difícil es hablar! Mira, chico, sé mucha teoría, pero en la práctica…
ANDREW: ¡Paciencia mujer! ¡A mí también me cuesta mucho hablar! La pronunciación española es muy difícil, con las eRRRRes y las elles.
BEGOÑA: ¿Ah, sí? Pues yo pensaba que para ti lo más difícil eran los verbos.
ANDREW: ¡Uy, sí! ¡Los verbos españoles son terribles! Para mí, lo más fácil es el vocabulario.

2
LOLA: Lo que yo no entiendo es cómo sin abrir nunca un libro, puedes hablar tantos idiomas diferentes.
JULIÁN: Es que hablar es fácil, en cualquier idioma. Sólo tienes que aprender a entenderte con los demás.
LOLA: Pero si no sabes la gramática, ¿cómo hablas?
JULIÁN: Pues con la mirada, los gestos, la entonación, con palabras…
LOLA: ¿Sí? ¡Pues mis amigos alemanes no me entienden ni con mímica! Si no estudio un poco de gramática… ¡y es tan difícil! Para mí, lo único fácil de la lengua alemana es la pronunciación, pero la gramática es dificilísima, imposible de dominar al cien por cien.
JULIÁN: ¡Bah, tonterías! Para hablar no es necesario dominar una lengua. Ahora bien, escribir… ¡Escribir sí que es difícil!

¿Quién habla?	¿De qué lengua habla?	Es fácil	Es difícil
Begoña	*De la inglesa.*		
Andrew			
Julián			
Lola			

3a Begoña sigue obsesionada con aprender lenguas. Escucha la conversación entre Begoña y Julián e indica si estas frases son verdaderas (V) o falsas (F).

Estoy contenta porque...

	V	F
1 Begoña está contenta porque sabe ruso.	☐	☑
2 Begoña tiene un profesor particular de inglés.	☐	☐
3 Julián cree que todo el mundo tiene facilidad para las lenguas.	☐	☐
4 Begoña pide consejo a Julián.	☐	☐
5 Begoña va a practicar inglés por Internet.	☐	☐

b Vuelve a escuchar la conversación y ordena estas frases según el orden en que las dicen.

☐ Intenta no obsesionarte.

[1] No sé si es la solución.

☐ Procura divertirte.

☐ ¿Tú qué crees?

☐ ¿Por qué no intentas ir a Gran Bretaña?

☐ Ten paciencia.

☐ ¿Tú qué me recomiendas?

☐ Disfruta aprendiendo.

c Ahora clasifica las frases anteriores en estos tres grupos.

Indica una duda	Pide consejo	Ofrece consejo
_____	*¿Tú qué crees?* _____	_____ _____ _____ _____

10

5

1, 2, 3, 4, 6, 8

1, 2, 3,
4, 6, 8

4a Ana ha desaparecido y nuestros amigos hablan de ella. Escucha y relaciona la primera parte con la segunda.

No hace falta   decirlo ahora.

No conviene   precipitarse.

No hace falta   hay que actuar rápido.

Cuando se tiene un problema   precipitarse.

1, 2, 3,
4, 6, 8

b Escucha de nuevo el diálogo y fíjate en cómo, al final del diálogo, Lola pide a Lázaro un consejo. Escribe la frase.

_____

5a Begoña quiere aprender inglés y escribe una carta a Cati, una amiga suya. Lee la carta y responde a las preguntas.

Hola Cati:

¿Qué tal? Mira, te escribo porque estoy un poco deprimida. Necesito hablar en inglés y no hay manera. Hace tres años que estudio este idioma. Voy a una escuela dos veces por semana, pero cuando tengo que hablar con alguien, no sé cómo empezar.

A veces practico con Andrew, pero ya sabes que habla muy deprisa. Tengo que decirle cincuenta veces "¿qué?" y, claro, el pobre se cansa. Además cuando hablo yo, él no me entiende. ¿Qué hago?

Tú, que eres traductora, seguro que me puedes dar algún consejo. Seguro que sí, ¡eres increíble!

Escríbeme cuanto antes, ¡estoy desesperada!

Muchos besos,

Begoña

1 ¿Por qué está deprimida Begoña?
Porque necesita hablar en inglés.

2 ¿Cuánto tiempo hace que Begoña estudia inglés?
_____

3 ¿Cuántas veces va a la escuela de inglés?
_____

4 ¿Cómo practica la conversación en inglés?
_____

5 ¿Cuál es la profesión de Cati?
_____

5 Imagina que eres Cati y explicas a Begoña cuál es la mejor manera de aprender inglés. ¿Podrías escribir frases con las palabras de las tres columnas? Fíjate en el ejemplo.

 1, 2, 3, 4, 6, 8

Intenta	escribir	con gente de habla inglesa.
	leer	en *chats* en inglés.
	ver	libros adaptados a tu nivel de inglés.
Procura	hablar	a países de habla inglesa.
	viajar	películas en versión original.
	~~participar~~	correos en inglés.

1 *Intenta / Procura participar en chats en inglés.* _____

2 _____

3 _____

4 _____

5 _____

6 _____

Intenta ver películas en versión original.

6 Lola empieza a trabajar hoy en una empresa. Imagina que tú también trabajas en la misma empresa. ¿Qué consejos le das? Forma frases como la del ejemplo, utilizando *Yo que tú / Yo en tu lugar* y con el verbo en *pretérito imperfecto*.

 1, 2, 3, 4, 6, 8

1 *Yo que tú / Yo en tu lugar* (escuchar) *escuchaba* los consejos de los veteranos.

2 _____ (preguntar) _____ todo lo que no sabes.

3 _____ no (tomar) _____ café de la máquina, ¡está malísimo!

4 _____ (llegar) _____ puntual.

5 _____ (apuntar) _____ todo lo que no sabes.

6 _____ no (estar) _____ nerviosa. Todos sabemos que eres nueva.

 7, 10

7a Begoña tiene estas opiniones sobre aprender una lengua en casa. Léelas y marca las opiniones de Begoña que coinciden con las tuyas.

Cuando estudias en casa…

1 Si no estás seguro de algo, lo adivinas. ☐

2 Escuchas mucho y hablas poco. ☐

3 Estudias las reglas gramaticales. ☐

4 Si no entiendes algo, preguntas a tu tutor. ☐

5 Lees mucho. ☐

6 Escribes mucho. ☐

7 Hablas tanto como puedes. ☐

8 Intentas hablar aunque no lo haces correctamente. ☐

9 Procuras no cometer errores. ☐

10 Intentas identificar tus errores e inventas sistemas para no hacerlos. ☐

b Ahora puedes consultar una forma de interpretar tus opiniones anteriores.

1 Aunque no es agradable cometer errores, es útil para hacer suposiciones sobre lo que sabes de español. También es útil comprobar si lo que has dicho está bien o mal.

2 Es muy importante escuchar y fijarte en cómo hablan las otras personas. Poco a poco hablarás. La mejor manera de aprender a hablar es hablando.

3 Si piensas mucho las reglas antes de hablar, pierdes espontaneidad; busca la palabra más correcta que puedas y ¡prueba suerte! Di que corrijan tus errores.

4 Confía en la ayuda de tu tutor. Si no le entiendes cuando te explica algo, pídele que te lo repita. Verás cómo te lo dice de una forma más fácil.

5 Lee todo tipo de textos: periódicos, publicidad, cómics, etc. Te ayudará a ampliar tu vocabulario.

6 Toma notas de todo lo que lees. Crea tu libreta de aprendizaje.

7 Intenta hablar correctamente pero no tengas miedo a equivocarte. Pensar antes de hablar no es suficiente. Tienes que practicar sin miedo.

8 Mira 1 y 7.

9 Mira 7.

10 Intenta identificar tus problemas con el español y usa las técnicas que te ayuden a mejorar tu aprendizaje.

8 La gente tiene pequeños problemas en su vida cotidiana. Aquí tienes algunos consejos, ¿por qué no los relacionas con los problemas?

1, 2, 3, 4, 6, 8

1 ¡Estoy demasiado débil!
2 ¡Mis amigos ven demasiado la tele!
3 ¡Mi nivel de inglés es horrible!
4 ¡No tengo dinero!
5 ¡Ya tengo cinco multas por exceso de velocidad!

a Practica más.
b ¡No gastes tanto!
c ¡Haz deporte!
d ¡No corras tanto!
e ¡Regálales algún libro!

9 A continuación tienes una encuesta sobre un curso de autoaprendizaje de español. ¿Te apetece responder al cuestionario?
Luego mira en las soluciones cuántos puntos has conseguido, súmalos y descubre qué tipo de estudiante eres.

7, 10

1 Para ti, ¿qué es lo más importante de un curso de español?
   a Hablar mucho.
   b La gramática.
   c No cometer errores.

2 Tu mejor curso de español es:
   a un curso intensivo.
   b un profesor particular.
   c tus amigos hispanohablantes.

3 Cuando viajas a países de habla hispana, ¿lees algún periódico?
   a Sí, en español.
   b Sí, en mi lengua materna.
   c No, porque me mareo.

4 Prefieres las películas de cine hispanoamericanas:
   a en versión original.
   b dobladas a tu lengua.
   c nunca ves películas.

5 Además del curso de español, en tu tiempo libre...
   a ves programas españoles de televisión.
   b escuchas música española.
   c no haces nada más.

6 Lees libros en español...
   a de vez en cuando.
   b casi nunca.
   c a menudo.

7 Si viajas a un país donde hablan español...
   a intentas hablar en español.
   b hablas en inglés.
   c hablas en tu lengua materna (diferente al inglés).

8 ¿Para qué quieres aprender español?
   a Para tus estudios.
   b Para tu trabajo.
   c Para hacer turismo.

10 ¿Cómo aprendió Andrew a hablar en español? Escucha la conversación entre Begoña y Andrew y después responde a las preguntas.

12

1 ¿Cuándo estudia Andrew español?
   ☐ Algunos días.   ☑ Todos los días.   ☐ Casi nunca.

2 ¿Cuándo escucha Andrew música española?
   ☐ Siempre.   ☐ A menudo.   ☐ Nunca.

3 Andrew se ha comprado un karaoke y _____ canta.
   ☐ nunca   ☐ casi nunca   ☐ a veces

4 ¿Cuándo va al cine Andrew a ver películas españolas?
   ☐ De vez en cuando.   ☐ Muy a menudo.   ☐ Frecuentemente.

5 Begoña _____ entiende a su profesor de inglés.
   ☐ a veces   ☐ regularmente   ☐ casi siempre

SENTENCES EXPRESSING DOUBT §41

- These are used to express uncertainty or lack of knowledge:

¿Cuál creéis que me queda mejor?

| No sé + | si
cuándo
dónde
cómo
… | + | va a la fiesta.
ha salido.
está.
puedes estar tranquilo. |

- To express indecision with respect to two options or possibilities:

No sé si + {[verbo] + [nombre]}/{[verbo]} + o + {[nombre]}/{[verbo]}

No sé si ha ido a casa de Juan **o** de Enrique.

FREQUENCY

(More frequently)

Siempre
Todos los días
Casi siempre
Frecuentemente
Con frecuencia
A menudo
Regularmente
De vez en cuando
A veces
Casi nunca
Nunca

(Less frequently)

Siempre intenta practicar su español.
Casi nunca hago ejercicios de gramática.
Todos los días practica un poco de español.
De vez en cuando hace ejercicios.
Casi nunca voy a la playa.
¡**Nunca me escuchas cuando te hablo!**

TO ASK FOR SOME ADVICE §40

¿Usted / tú qué cree(s) que es mejor? ¿Ir en tren o en avión?

¿Qué me recomienda(s)?

TO GIVE SOME ADVICE

¿Por qué no + [presente de indicativo]?

*¿**Por qué no estudias** un poco más?*

Intenta
Procura } + [infinitivo]

***Intenta / Procura** + estudiar más.*

Si [contexto], { + [imperativo]
(no) debes } + [infinitivo]

***Si** estás muy cansado, **descansa**.*
***Si** tienes colesterol, **no comas** huevos fritos.*
***Si** estás muy cansado, **no debes trabajar** más.*

Cuando [contexto], { (no) es conveniente
(no) hay que
(no) conviene } + [infinitivo]

***Cuando** se tiene colesterol, **no es conveniente comer** huevos.*
***Cuando** se tiene colesterol, **hay que comer** verdura.*
***Cuando** se tiene colesterol, **no conviene comer** muchas grasas.*

Es + [adjetivo] + [infinitivo]

Es bueno   Es recomendable
Es necesario   Es conveniente } *trabajar en grupo.*
Es interesante Es aconsejable
Es importante   …

Te aconsejo + [infinitivo]

***Te aconsejo tener** un poco de paciencia.*

Yo que tú / vosotros
Yo en tu lugar / vuestro lugar } + [imperfecto]

***Yo que tú, hacía** más deporte.*

Procura tener cuidado.

La lengua es un juego

 13, 14

11 Lee las definiciones e intenta resolver el crucigrama. ¡Suerte!

Horizontales

- Cuando una persona aprende un idioma, pasa por un proceso de…
- ¿Qué acción realizas cuando lees hasta aprender?
- ¿Cómo se llama la persona que enseña a los alumnos?

Verticales

- Para demostrar que has aprendido tienes que hacer un…
- Cuando tienes dudas sobre cómo construir una oración, consultas la…
- Libro en el que buscas una palabra cuando no la conoces.
- Interpretar un texto escrito.

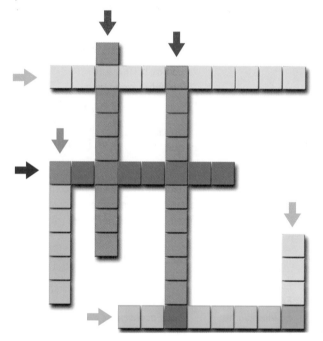

13, 14

12 Andrew está aprendiendo español, como tú. Se ha hecho una lista con algunos verbos que indican acciones importantes en el proceso de aprendizaje pero se le han desordenado las letras de las palabras, ¿le ayudas a ordenarlas? Para ayudarte te damos la última sílaba.

1 e e l r : *leer*

2 a d e i r s t u : _____diar

3 a c c e h r s u : _____char

4 e e i p r r t : _____tir

5 a a b h l r : _____blar

6 b c e i r r s : _____bir

7 a e i m m o r r z : _____zar

8 a a c c i p r r t : _____car

13a Relaciona cada palabra con su definición.

13, 14

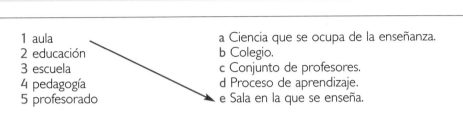

1 aula
2 educación
3 escuela
4 pedagogía
5 profesorado

a Ciencia que se ocupa de la enseñanza.
b Colegio.
c Conjunto de profesores.
d Proceso de aprendizaje.
e Sala en la que se enseña.

b ¿Qué palabras de las que aparecen en el ejercicio anterior significan lo mismo que centros escolares?

c Lee el siguiente texto y luego contesta a las preguntas.

1 ¿Cómo se ha metido la Red en la educación? (párrafo 1)
Por la multitud de información a la que tienen acceso los alumnos.

2 Según el texto, ¿Internet cambiará la educación? (párrafo 2)

3 ¿Cuáles son las herramientas que cambiarán el papel del profesor y del alumno? (párrafo 3)

La Red entra en la educación

Los profesionales reclaman programas para introducir Internet en el aula y para formar al profesorado.

La preocupación por introducir las nuevas tecnologías con fines pedagógicos en los centros escolares es prácticamente unánime entre el profesorado. La prisa por encontrar una respuesta sobre cómo se puede llevar a cabo se debe a que la Red se ha metido en la educación por la multitud de información a la que tienen acceso los alumnos.[...]

Internet puede no cambiar nada la educación si sólo se traslada la forma de enseñar actual y no se ponen las nuevas tecnologías al servicio de una pedagogía adaptada a la nueva situación. Así ocurrió con otras tecnologías que se han acercado a ella como el ordenador, la televisión o la videoconferencia.

El diseño de la nueva pedagogía se debe hacer desde la práctica educativa. La información de Internet, la conexión entre aulas de diferentes escuelas en tiempo real y el uso de videoconferencias en las propias pantallas del ordenador son algunas de las herramientas que cambiarán el papel del profesor y del alumno, su relación y el tipo de clase que se puede impartir. [...]

Adaptado de *El País*, Madrid (22-01-01)

d Aquí tienes diferentes expresiones verbales que han aparecido en el texto. ¿Conoces su significado? Escribe al lado de cada definición la expresión que corresponda.

> Llevar a cabo • ~~Dar tiempo~~ • Impartir

Dar tiempo : conceder a alguien el tiempo necesario para que haga algo.

_____ : hacer, realizar, ejecutar.

_____ : dar una clase.

Nuestra web:
www.esespasa.com

Ministerio de Educación de España:
www.mec.es

Instituto Cervantes:
www.cervantes.es

Evaluación

Evaluation

Now I can:

☐ To ask for and give
advice.
☐ To express short-term
frequency.
☐ To give instructions.

Also I learned:
*I thought about
learning a language.*

_____

_____

_____

_____

1 Completa las frases con la opción correcta.

1 Begoña _____ inglés en una escuela.
☐ va   ☐ aprende   ☐ practica con

2 Si no te gusta el café, _____ té.
☐ toma   ☐ beber   ☐ comerás

3 ¡No _____ tanto! ¡La velocidad máxima es de 80 km por hora!
☐ conducir   ☐ iba   ☐ corras

4 _____ textos es más difícil que escribir.
☐ Leer   ☐ Leyendo   ☐ Leído

5 _____ importante cuidar nuestra dieta.
☐ Está   ☐ Es   ☐ Ser

6 Soy vegetariana. _____ como carne.
☐ Siempre   ☐ A menudo   ☐ Nunca

7 Yo en _____ lugar, iba de vacaciones a Mallorca.
☐ ti   ☐ tu   ☐ que

8 Si quieres hablar con fluidez, _____ practicar mucho.
☐ tienes   ☐ deben   ☐ intenta

9 Los alumnos no saben _____ el examen será el lunes o el martes.
☐ si   ☐ cuando   ☐ cuantos

10 Marta no sabe _____ su madre ha hecho un pastel o un flan.
☐ si   ☐ por qué   ☐ cuándo

2 Rellena los diez huecos de este artículo periodístico con las palabras del cuadro de abajo.

> lenguas • idioma • camarero • sabía • significados • conocer • significa
> hablar • explica • decir

EL LENGUAJE DE LOS GESTOS

Los europeos se diferencian por aspectos que van más allá de la geografía, las razas y las **1** _____: sus gestos expresivos.

El verano pasado, en un café parisino fui testigo de una escena que **2** _____ perfectamente la intención de este artículo. Un caballero inglés, después de probar con mucho gusto su café, al no dominar el **3** _____ del país, hizo un gesto aprobatorio al **4** _____: juntó el dedo índice y el pulgar indicando *okay*. Inmediatamente, se hizo un silencio en toda la cafetería; lo que el caballero inglés no **5** _____ es que en Francia ese gesto **6** _____ cero y sin valor.

En Malta equivale a acusar a un hombre de homosexual y en Grecia y Cerdeña se utiliza para insultar a alguien. El mismo gesto, pues, tiene cuatro **7** _____ diferentes.

El viajero, si lo es de verdad, no sólo tiene que poder **8** _____ un poco el idioma del país, sino también **9** _____ el lenguaje gestual. Y es que los gestos son una cuestión peligrosa. Porque al movernos, aunque no queremos **10** _____ nada, ya decimos algo.

*Texto adaptado de *El País*, *Babelia*, 11 de enero de 1992.

1 Lola visita a su médico de cabecera porque no puede dormir. ¿Puedes escribir las palabras que faltan en su diálogo?

innecesario • dicen • recomienda • cree • puedo • procure
cuidado • bueno • intenta • lugar • recomendaciones

LOLA: Últimamente estoy muy nerviosa y no puedo dormir. ¿Qué me **1** _____?

DOCTOR: ¿Por qué no **2** _____ hacer algo de gimnasia antes de acostarse?

LOLA: ¿**3** _____ usted que es bueno hacer eso? **4** _____ que hacer deporte antes de dormir es malo.

DOCTOR: Bueno, eso depende de cada persona. Si no le apetece hacer ejercicio o cree que va a ponerse más nerviosa, **5** _____ relajarse y cenar algo ligero. La lechuga y la leche ayudan a dormir.

LOLA: De acuerdo, ¿puedo hacer algo más?

DOCTOR: Intente no pensar en temas que le preocupen. También es **6** _____ escuchar música clásica o leer algo agradable antes de dormir.

LOLA: ¿**7** _____ tomar somníferos?

DOCTOR: Creo que es **8** _____ tomar cualquier tipo de medicamentos por ahora. Yo en su **9** _____, primero probaba por la vía natural. Las pastillas son el último recurso. Si uno no tiene **10** _____, acaba acostumbrándose a ellas.

LOLA: De acuerdo, doctor. Gracias por sus **11** _____.

DOCTOR: De nada. Espero que se mejore.

2 ¿Por qué no completas estas frases?

1 El otro día te portaste muy mal.
¿_____ hablas?
☐ De quién
☐ De qué
☐ Con qué

2 _____ voy en autocar. Normalmente voy en tren.
☐ Casi nunca
☐ Casi siempre
☐ Casi frecuentemente

3 Eso no _____. No hace falta ser desagradable.
☐ se dices   ☐ dice   ☐ se dice

4 Yo que tú _____ en avión, es más rápido.
☐ voy   ☐ vas   ☐ iba

5 ¡Ojo! ¡_____ con el escalón, señora!
☐ Intente cuidado
☐ Procure cuidado
☐ Tenga cuidado

6 ¿_____ a preparar tu viaje?
☐ Puedo ayudarte
☐ Puédote ayudar
☐ Puedo te ayudar

7 ¿Qué me _____ para aprender español?
☐ recomendas
☐ recomiendas
☐ andas

8 ¿Te _____ los dedos del pie?
☐ duelen   ☐ duele   ☐ dueles

9 No _____ tanto chorizo. Es malo para el colesterol.
☐ tienes comer
☐ debes comer
☐ es necesario

10 ¿Qué regalo prefieres?
☐ La roja bolsa grande.
☐ La bolsa roja grande.
☐ La grande bolsa roja.

Learning query

I think so ☐ / I don't think so
☐ I have met my objectives.

I have had to read the texts
___ times in order to
understand them.

What I've liked most about
this part is _____
_____.

But there are some things I
haven't liked as much, such as
_____
_____
_____

In this part I've learned
_____ things, but I
especially want to remember
these expressions _____
_____
_____
_____

and these words _____
_____
_____
_____

and _____.

---

3 ¿Puedes señalar la opción correcta?

1 ¿Te has enterado de que quieren abrir un parador nacional al lado de tu pueblo?
☐ Estoy seguro de que mi pueblo no es un parador.
☐ No, no me había enterado de que querías trabajar en un parador nacional.
☐ No, no lo sabía. ¿Sabes si lo van a construir pronto?

2 ¿Sabes con quién cené ayer?
☐ ¡Cuidado! La cena está envenenada.
☐ Si comes tanto, puedes enfermar.
☐ No lo sé. Ni idea. ¿Con José Sacristán?

3 Los paradores nacionales son parecidos a los hoteles.
☐ ¿Ah, sí? Yo creía que eran una especie de parques.
☐ Si vas a Cuenca, alójate en el parador nacional.
☐ Este parador se construyó el año pasado.

4 No sé dónde está la agencia de viajes que me recomendaste.
☐ Si los turistas no tienen cuidado, les abren el coche y les roban todo lo que llevan dentro.
☐ ¿Qué dices? Habla más alto, que no te oigo.
☐ No corras tanto, que pueden atropellarte.

5 Quiero invitar a Begoña a mi piscina, pero no sé si le gusta nadar.
☐ Estoy segura de que le gusta. Le encantan todos los deportes.
☐ No sé dónde vive.
☐ Hace falta llegar pronto, si no se llena de gente y el agua se calienta demasiado.

6 ¿Puedo bañarme después de comer?
☐ Después de comer, es mejor no bañarte.
☐ Después de comer, es mejor no bañarse.
☐ Después de comer, es mejor no bañarme.

This is how you can learn

To help you learn Spanish better, it's important to be aware of what kind of student you are, your environment, and the resources available to you.

What type of Spanish student are you? You're... organized, disorganized, reflective, impulsive, analytical, dedicated, curious, independent....
Do you have a good place to study alone? If so, is it comfortable, quiet, well-lit, cozy, spacious...?
Do you have a grammar reference and a dictionary handy? Do you have a notebook in which to take notes?

Try to complete a list like this one:

Things that help me learn:	Things I should improve:
I'm _____	I'm _____
I have _____	I don't have _____

bloquedos2

parttwo2

lección4
lección5
lección6

lesson 4
lesson 5
lesson 6

lección cuatro 4
lesson four 4

Ya llega el fin de semana

The weekend is finally here!

En portada

Headlines

Ya llega el fin de semana

The weekend is finally here!

Mira qué bien se lo pasan nuestros amigos en su tiempo libre. Prepárate para acompañarles al cine, al teatro, de excursión... ¡Empieza la diversión!

Look at how much fun our friends have in their free time. Get ready to go with them to the movies, to the theater, on a trip.... The fun starts now!

In this lesson you're going to learn:

- To relate information to cause and effect
- How to call someone's attention to something
- Ways to give an opinion

1a Observa la foto y lee las frases. ¿Quién crees que dice cada frase? Recuerda que los nombres de nuestros amigos, de izquierda a derecha en la foto, son: Begoña, Lázaro, Julián, Ana, Andrew y Lola. Escribe el nombre al lado de cada frase.

1 _Ana_ : ¡Eh, muchachos! ¿Habéis visto el importe de esta factura?

2 _____: Oye, mira aquí detrás, por favor, que me molestan los pantalones.

3 _____: ¿Has visto que están rotos?

4 _____: Fíjate en cómo cambio la bombilla.

5 _____: Mira cuánto polvo hay. ¿Nadie limpia aquí?

b ¿Has visto que cada uno está llamando la atención sobre cosas diferentes? ¿De qué habla cada persona?

1 _Andrew_ habla de su espalda.

2 _____ habla de la lámpara.

3 _____ habla de la factura de teléfono.

4 _____ habla de los pantalones.

5 _____ dice que la habitación está sucia.

2a Lola, Begoña y Julián están opinando sobre una película. Lee el diálogo y responde a las preguntas.

LOLA: ¿Habéis visto la última película de Almodóvar?
BEGOÑA: Sí.
JULIÁN: La vimos el otro día. ¿Y tú? ¿La has visto?
LOLA: No, todavía no.
JULIÁN: Pues tienes que verla.
LOLA: ¿Sí? ¿Por qué? ¿Qué os ha parecido?
JULIÁN: Genial. ¡Es fantástica!
BEGOÑA: ¿Fantástica? ¡Pues para mí es malísima! No me gustó nada.
LOLA: ¡Pero si todo el mundo dice que es muy buena!
BEGOÑA: ¡Que no! ¡Me pareció horrible!
JULIÁN: Yo creo que es la mejor película que he visto en mucho tiempo. Almodóvar me parece un genio.
LOLA: Sí, a mí también me gusta mucho.
BEGOÑA: Pero, ¿cómo puedes decir que es un genio, si siempre hace lo mismo?
LOLA: ¡Qué va! Todas sus películas son diferentes y los actores que trabajan con él son maravillosos.
JULIÁN: A mí también me gustan mucho.
BEGOÑA: Pues a mí, no. A este director lo encuentro aburrido.

1 ¿Quién de los tres ha visto la última película de Almodóvar?
  Julián y Begoña.

2 ¿Qué piensa Julián sobre la película?
  Julián piensa que _____

3 ¿Y Begoña?
  _____

4 Según Lola, ¿qué dice todo el mundo de la película?
  _____

5 ¿Qué piensa Begoña de Almodóvar?
  _____

6 ¿Qué opina Lola sobre los actores?
  _____

b Estas frases sirven para expresar opiniones. Búscalas en el diálogo e indica a qué se refieren.

1 ¿Qué os ha parecido? *A la película.*
2 ¡Es fantástica! _____
3 ¡Es muy buena! _____
4 ¡Me pareció horrible! _____
5 Son maravillosos. _____
6 Lo encuentro aburrido. _____

3a Lola, Julián y Begoña están planificando su próximo fin de semana. Escucha y completa las frases.

1, 2, 3, 4

1 **¿Cómo es que** _no quieres venir_ ?
2 **Es que** _____.
3 ¡Venga, Lola! Dinos la verdad. **¿Por qué** _____?
4 Es que no tengo bici, **por eso** _____.
5 Eso no es problema. Yo conozco una tienda donde alquilan bicicletas, **de manera que** _____ para no venir con nosotros.
6 **Como** _____, lo más importante son los bocadillos y las bebidas.
7 También necesitamos sacos de dormir y una linterna, **porque** _____.

b Escucha otra vez el diálogo sobre sus planes e indica si las siguientes frases son verdaderas (V) o falsas (F).

	V	F
1 Lola no tiene bici, **por eso** dice que no puede ir a la excursión.	✔	
2 Julián le deja su bicicleta a Lola.		
3 En la montaña no pueden comprar ni comida ni bebida; **por lo tanto,** tienen que llevarla con ellos.		
4 **Como** pasarán la noche en una casa, no necesitan una tienda de campaña.		
5 Por la noche no se ve nada, **de manera que** tienen que llevar una linterna.		
6 Julián no va a hacer ningún reportaje sobre la excursión, **así que** deja su cámara en casa.		

c Observa que en *3a* y *3b* hay frases con palabras destacadas. ¿Sabes para qué sirven estas palabras?

☐ Para prevenir y advertir sobre algo a alguien.
☐ Para aconsejar y reaccionar ante un consejo.
☐ Para preguntar y hablar sobre la causa y la consecuencia de algo.

4a Ahora vas a escuchar cuatro diálogos en los que las personas llaman la atención hacia algo. ¿Puedes relacionar cada diálogo con un dibujo?

5

b Selecciona la opción más correcta según los diálogos.

1 Mira…   ✔ cuántas personas   ☐ cuánto ruido
2 El edificio es…   ☐ horrible   ☐ precioso
3 El cuadro es…   ☐ raro   ☐ maravilloso
4 El libro es…   ☐ fascinante   ☐ aburrido

Primer plano

First look

  9, 10, 11

5 ¿Quieres leer la cartelera de un diario de Buenos Aires? Descubre si estas afirmaciones son verdaderas (V) o falsas (F).

Teatros

Babilonia. Guardia Vieja 3360. Tel.: 4862-0683 *La mano en el frasco, en la caja, en el tren*, de Pedro Sedinsky. Con Diego Peretti, Roberto Castro y Mariana Arias. Dir.: Roberto Castro. Domingo: 20.30 h. Ent.: $12

Del centro. Sarmiento 1249. Tel.: 4978-7097. *El espermatozoide alienado*. Con Pablo Misatancano. Para reírse de todo. Miércoles y jueves: 21.30 h., viernes: 22.30 h. y 0.30 h., sábado: 21.00 h., 23.00 h. y trasn. 1.00 h., domingo: 21.00 h. Entradas numeradas: $5 (Miércoles y jueves: $3,50, sábado: $7 y $5).

Cines

Cines del paseo. Diag Pueyrredón y Rivadavia. 4961100. 13.00 h., 15.40 h., 17.50 h., 20.00 h., 22.10 h. Pl.: $7. Lunes a miércoles 50% descuento. *El ocaso del amor*. Miércoles y sábado trasn. 0.40 h.

Village Avellaneda. Autopista La Plata Km. 6 (alt. Mitre 3300- Parque/ Com. Auchan). Tel.: 4353-0133 Pl.: $7 (Miércoles todo el día y lunes a domingo 1.ª Función: $ 3,50). Menores: $4 *Stuart little* (*Un ratón en la familia*): 13.00 h., 14.50 h. y 16.40 h. (En castellano). S/R

	V	F
1 La dirección del teatro *Babilonia* es Guardia Vieja 3360.	✓	
2 El jueves cuesta $5 ver la obra del teatro *Del centro*.		
3 *El ocaso del amor* empieza a las siete de la tarde.		
4 Los menores tienen descuento para ver *Un ratón en la familia*.		

  9, 10, 11

6a Aquí tienes un cuadro en el que aparecen palabras relacionadas con espectáculos y con el arte. ¿Sabrías clasificarlas? Algunas palabras pueden estar en más de un grupo.

el escenario • ~~la pantalla~~ • la película • la actuación musical • los subtítulos • la obra
el piano • la exposición • los musicales • los instrumentos • las palomitas • el coro
la orquesta • el cuadro • la butaca • la ópera • la taquilla • el decorado • la entrada

Cine	Teatro	Concierto	Museo
la pantalla			
___	___	___	___
___	___	___	___
___	___	___	___
___	___	___	___
___	___	___	___
___	___	___	___
___	___	___	___

b Antes has clasificado las palabras en cuatro grupos. Escucha la conversación entre Andrew y Begoña y responde a las preguntas.

1 ¿De qué grupos de los cuatro anteriores hablan? ____*cine*____ y _____

2 ¿Qué palabras del cuadro del apartado anterior aparecen en la conversación?
coro _____ _____ _____ _____ _____
_____ _____

7a ¿Conoces estas palabras? ¿Puedes clasificarlas según expresen una opinión positiva o negativa?

extraordinaria • fatal • aburrida • una birria • genial • horrorosa • maravillosa estupendamente • porquería • buena • fabulosa

Opinión positiva	Opinión negativa
extraordinaria	_____
_____	_____
_____	_____
_____	_____
_____	

b Lee estos diálogos y conocerás las opiniones de nuestros amigos. ¿Podrías escribir qué palabras utilizan para manifestar su opinión?

1 ● ¿Qué tal la exposición sobre Lorca?
   ● Me ha parecido fabulosa, es extraordinaria.
2 ● ¿Qué te ha parecido la obra de teatro?
   ● La he encontrado aburrida. No es tan buena como creía.
3 ● ¿Qué tal el concierto?
   ● Una birria, una verdadera porquería.
4 ● ¿Cómo te ha ido la excursión?
   ● Fatal, ha sido horrorosa.
5 ● ¿Qué tal la película?
   ● Genial, me ha encantado. ¿Y a ti, te ha gustado?
   ● ¿Gustarme? ¡Me ha parecido maravillosa!

Las palabras que utilizan los personajes son:

fabulosa   _____   _____   _____   _____

_____   _____   _____   _____

8a ¿Sabes si estas expresiones tienen un significado afirmativo o negativo? Marca el cuadro que corresponda.

	Afirmativo	Negativo
Cómo no	✓	☐
Por supuesto	☐	☐
Desde luego	☐	☐
De ninguna manera	☐	☐
Claro que sí	☐	☐
Sin duda	☐	☐

9, 10, 11

♭ Anímate a leer este diálogo y responde *sí* o *no* a las frases siguientes.

JULIÁN: Oye, Lola, ¿tú has visitado alguna vez el Museo del Prado?
LOLA: ¡Cómo no! Varias veces.
JULIÁN: ¿Y tú, Begoña?
BEGOÑA: Por supuesto.
JULIÁN: ¿Y qué tal? Es que pienso ir a Madrid el mes que viene y no sé si visitarlo.
LOLA: A mí me pareció un museo fascinante. Es enorme y puedes ver muchísimos cuadros magníficos.
BEGOÑA: A mí me encantó. Y no sólo hay cuadros maravillosos; también puedes disfrutar de la escultura.
JULIÁN: ¿Sí? ¿También hay esculturas?
BEGOÑA: ¡Desde luego! Pero menos.
LOLA: Sí, hay muchas más pinturas.
JULIÁN: Todas las obras son de artistas españoles, ¿no?
BEGOÑA: De ninguna manera. También hay obras de pintores flamencos e italianos.
JULIÁN: ¿Así que pensáis que me va a gustar?
LOLA: ¡Claro que sí! Seguro.
BEGOÑA: Sin duda, te va a gustar muchísimo.

	Sí	No
1 ¿Lola ha visitado el Museo del Prado?	✓	
2 ¿Y Begoña ha visitado el Museo del Prado?		
3 ¿Hay esculturas?		
4 ¿Todas las obras son de artistas españoles?		
5 ¿Le va a gustar el museo a Julián?		

8

9a Lee estos datos sobre los hábitos que la gente tiene los fines de semana. ¿Te atreves a completar estas frases?

1 Los domingos por la mañana mucha gente (pasear) **1** _*pasea*_ por el centro de la ciudad porque no hay tráfico.
2 La mayoría de los jóvenes (quedar) **2**_____ con sus amigos el sábado por la noche para ir de copas.
3 El domingo por la mañana, muchas personas (levantarse) **3**_____ tarde, ya que no (tener) **4**_____ que trabajar.
4 Casi todo el mundo (ir) **5**_____ al cine varias veces al año.
5 Como muchas personas no (trabajar) **6**_____ el fin de semana, (echarse) **7**_____ la siesta después de comer.
6 El domingo por la tarde mucha gente (ir) **8**_____ al cine a ver una película.

♭ Reflexiona ahora sobre el singular y el plural y completa la regla escribiendo las palabras *singular* o *plural*.

Mucha gente
Todo el mundo } + verbo en _____.

Muchas personas + verbo en _____.

10 Una forma de aprovechar el tiempo libre es ir de excursión. Begoña fue a una la semana pasada. ¿Quieres saber cómo le fue? Completa la carta colocando las frases del cuadro donde están los números. Como ya sabes, las palabras destacadas sirven para indicar causa y consecuencia.

> **a causa de** los nervios y las prisas • **porque** ~~el autocar salía a las seis~~
> **como** sabía que no tenía mucho tiempo • y **por eso** salimos tan temprano
> **que** hice muchas fotos

Querida Ainhoa:

¿Qué tal estás? Te escribo para contarte que la semana pasada fui de excursión. ¡Menuda excursión! ¡Me lo pasé genial! Fui al Monasterio de Piedra, en Zaragoza. Me tuve que levantar a las cinco de la mañana 1 *porque el autocar salía a las seis*. Pensarás que es muy temprano, pero es que el viaje dura cinco horas 2 _____. Llegamos sobre las once.

No desayuné nada porque preferí preparar un bocadillo para comer en el autocar. Pero 3 _____ me lo olvidé en casa, así que no comí nada.

Pero te cuento. Visité el monasterio, que es fantástico, un lugar maravilloso. El paisaje es extraordinario. Hay una cascada preciosa llamada *Cola de Caballo*. Te metes por una cueva y sales al interior de la cascada. Me gustó muchísimo. ¡Es muy bonito!

Y eso no es todo. Hay una iglesia y una muralla. De manera que puedes disfrutar de un paisaje maravilloso y también de la historia. Me gustó tanto, 4 _____. Me dio tiempo a verlo todo.

5 _____, aproveché el viaje al máximo.

¿Quieres verlo? Cuando quieras, ven a verlo.
Muchos besos.
Begoña

---

11 ¿Te atreves a buscar las palabras que corresponden a estas definiciones? Fíjate en que todas contienen alguna letra de la palabra *entrada*.

1	**E** *SCENARIO*
2	_ _ **N** _
3	_ _ **T** _ _ _ _ _ _ _
4	_ _ _ _ **R**
5	**A** _ _ _ _ _
6	**D** _ _ _ _ _ _ _
7	_ **A** _ _ _ _ _ _

1 Espacio dentro de un teatro en el que se desarrolla la obra.
2 Local en el que se proyectan películas.
3 Personaje principal en una obra de teatro o película.
4 Hombre que actúa en una obra de teatro o en una película.
5 Mujer que actúa en una obra de teatro o en una película.
6 Hombre que dirige una obra de teatro o una película.
7 Lugar en el que se compra la entrada.

---

12 ¿Puedes completar la siguiente cita del autor del *Guernica*, Pablo R. Picasso?

"Un 1 _____ es un hombre que pinta lo que vende. Un 2 _____, en cambio, es un hombre que vende lo que pinta".

1 Persona que pinta cuadros.   2 Persona que hace obras de arte.

Recursos

DRAWING ATTENTION

- Drawing someone's attention:

Oye (tú) **Oiga** (usted)	**Oye**, ¿puedes cerrar la puerta? **Oiga**, ¿puede cerrar la puerta?

Oye, ¿puedes dejarme el móvil?

- But when we think we might be bothering someone we use:

Perdona / Disculpa **Perdone / Disculpe**	**Perdona / Disculpa**, ¿tienes hora? **Perdone / Disculpe**, ¿tiene hora?

- Drawing attention to something or someone:

¡Fijarse en + cosa / persona! **¡Mira** + [nombre]! **¡Qué** + [nombre / [adjetivo]!	**¡Fíjate en** ese edificio / ese chico! **¡Mira** mi espalda! **¡Qué** foto / grande!

- Drawing attention to an amount:

¡Mira +	cuánto cuánta cuántos cuántas	+ cosa / persona!

¡Mira cuánto polvo!
¡Mira cuánta gente!
¡Mira cuántos libros!
¡Mira cuántas personas!

- Drawing attention to a quality or feature:

¿Has visto + qué + [nombre] + tan + [adjetivo]?	**¿Has visto qué** cuadro **tan** raro?

ASK FOR AN OPINION

¿Qué tal + [nombre]?	**¿Qué tal** la exposición sobre Lorca?

¿Qué +	te le os les	+ parecer (en 3.ª persona singular o plural)?	**¿Qué te ha parecido?** **¿Qué os parecieron?**

¿Cómo +	te le os les	+ ir (en 3.ª persona singular o plural)?	**¿Cómo te ha ido** el fin de semar **¿Cómo os fue?**

GIVE AN OPINION §42

Es **Me parece** **Pasarlo** **Lo** **La** **Los** **Las**	encontrar	+ [adjetivo]

Es preciosa / muy interesante / divertido.
Me parece / **me pareció** maravillosa.
Lo pasé / **lo hemos pasado** muy bien.
Lo encuentro aburrido / divertido.

No + [verbo] + tan + [adjetivo] + como creía / esperaba / pensaba.

No ha sido **tan** divertida **como** esperaba.

ASK FOR THE REASON FOR SOMETHING §51

¿Por qué
¿Cómo es qué } + [consecuencia]?

*¿**Por qué** no vienes al cine?*
*¿**Cómo es que** no quieres salir?*

TO EXPLAIN THE REASON AND TALK ABOUT THE COMSEQUENCES §52-§53

[consecuencia] + { es que / porque / ya que } + [causa]

*No voy a la fiesta { **es que** / **porque** / **ya que** } estoy cansada.*

Como
Debido a
A causa de
Ya que } + [causa], [consecuencia]

Como me duele la cabeza, no voy a salir.
Debido a un apagón, no pude ver la película.
A causa de la lluvia, suspendieron la excursión.
Ya que has cobrado, invítame al cine.

☞ **Debido a, a causa de,** and **ya que** are used in written or formal spoken language and can go at the beginning or in the middle of the sentence:
*Suspendieron la excursión **a causa de** la lluvia.*

[causa] + { de manera que / por lo tanto / así que / por eso / que } + [consecuencia]

Hace mucho frío { de manera que / por lo tanto / así que / por eso } no voy.
*Hace tanto frío **que** no voy.*

Hace tanto frío que me quedo en casa.

SOME ADVERBIAL PHRASES §13

• To fully confirm information mentioned previously, emphasizing that it is an obvious answer, we use one of the following expressions:

Claro que sí / Cómo no / Desde luego / Por supuesto / Sin duda

💬 *¿Vendrás al teatro?*   💬 *Claro que sí / Cómo no / Desde luego / Por supuesto / Sin duda.*

• To fully deny or reject something, we use the expression:

De ninguna manera

💬 *¿Quedarás con Juan esta noche?*
💬 *De ninguna manera.*

CASES OF NOUN AGREEMENT §32

La gente
Todo el mundo
Mucha gente } + [verbo] (en 3.ª persona del singular)

Muchas personas + [verbo] (en 3.ª persona del plural)

*Aquí **la gente cena** a las nueve.*
Todo el mundo se acuesta tarde.
Mucha gente pasa el fin de semana fuera.
Muchas personas disfrutan de la playa en verano.

  9, 10, 11

13 ¿Sabes quién es quién? Para ayudarte, te damos los nombres.

Luis Buñuel • ~~Fernando Trueba~~ • José Luis Garci • Pedro Almodóvar

1 Director de cine español que obtuvo el Oscar a la mejor película de habla no inglesa por la película *Belle Epoque*: *Fernando Trueba*.

2 Director de cine español que obtuvo el Oscar a la mejor película de habla no inglesa por la película *Todo sobre mi madre*: _____.

3 Director de cine español que obtuvo el Oscar a la mejor película de habla no inglesa por la película *El discreto encanto de la burguesía*: _____.

4 Director de cine español que obtuvo el Oscar a la mejor película de habla no inglesa por la película *Volver a empezar*: _____.

14 ¿Te apetece leer el siguiente texto sobre el actor español Javier Bardem? Después contesta a las preguntas que aparecen al final.

9, 10, 11

Javier Encinas Bardem nació el 1 de marzo de 1969 en Canarias. Creció en una familia de grandes actores, su madre es la actriz Pilar Bardem, y sus abuelos son los también actores Rafael Bardem y Matilde Muñoz Sampedro. Su tío es director de cine y sus hermanos también se dedican a la interpretación y a la dirección. Por eso, no es de extrañar que Javier, ya desde pequeño, se interesara por esta profesión. Cuando tenía seis años participó en la serie *El pícaro*, aunque no reaparece ante una cámara hasta 1985, cuando interviene en dos series televisivas.

Además de su pasión por la interpretación, estuvo muy interesado por el deporte y por el dibujo. Su gran afición por el rugby le llevó a formar parte de la selección española con tan sólo trece años. Posteriormente, estudió en la Escuela de Artes y Oficios y trabajó como dibujante publicitario hasta 1989.

Javier, además de trabajar como actor, también ha montado una productora con unos amigos.

Entre los premios que ha conseguido este actor, se encuentran algunos de los más prestigiosos tanto españoles como europeos. Así, ha obtenido, entre otros, el Fotogramas de Plata al mejor actor en 1993 y 1995; el Goya al mejor actor en 1993 y en 1995, la Concha de Plata al mejor actor del Festival de Cine de San Sebastián en 1994 y el premio al mejor actor del Círculo de Escritores Cinematográficos en 1995.

Las películas *Segunda Piel* y *Antes que anochezca* le sirvieron para encarnar dos de los papeles más complicados de su carrera; en ambos se metía en la piel de un homosexual. *Antes que anochezca*, del norteamericano Julian Schnabel, lanzó su carrera internacional; en ella interpretaba el papel de Reinaldo Arenas, poeta anticastrista. Por este papel Bardem entró por la puerta grande de Hollywood y fue candidato en 2001 al Oscar al mejor actor.

Adaptado de *Yahoo*, "Noticias España", Europa Press.
<http://es.celebrities.yahoo.com/fot/ftxt/javperfil0000000707.html>

1 ¿Qué edad tenía cuando trabajó por primera vez como actor? *Seis años.*
2 ¿Por qué deporte sintió un interés especial? _____
3 ¿Dónde estudió? _____
4 ¿De qué trabajó hasta 1989? _____
5 ¿Qué ha montado Javier Bardem con sus amigos? _____
6 ¿Qué premios ha recibido como actor? _____
7 ¿En qué película interpreta a un poeta anticastrista homosexual? _____
8 ¿Cómo se llama el personaje por cuya interpretación fue candidato al Oscar al mejor actor? _____

Revista de ocio y cultura:
www.guiadelocio.com

Museo de Arte Reina Sofía:
museoreinasofia.mcu.es

Museo de Arte Contemporáneo de Caracas:
www.maccsi.org

Evaluación

 Evaluation

1 ¿Quieres señalar la respuesta correcta? ¡Suerte!

1 Fueron al cine _____ no quedaban entradas para el teatro.
☐ *como*   ☐ *porque*   ☐ *así que*

2 _____ no quedaban entradas para el teatro, fueron al cine.
☐ *Como*   ☐ *Porque*   ☐ *Así que*

3 Había mucha gente en la cola, _____ no entramos.
☐ *así que*   ☐ *porque*   ☐ *a causa de*

4 _____ qué escultura tan buena.
☐ *Ve*   ☐ *Fija*   ☐ *Mira*

5 El domingo mucha gente _____ el aperitivo.
☐ *toma*   ☐ *comen*   ☐ *toman*

6 🗨 ¿Irás a la discoteca esta noche?
🗨 Por _____.
☐ *duda*   ☐ *supuesto*   ☐ *vez*

7 _____ se iban de excursión, prepararon unos bocadillos.
☐ *Debido a*   ☐ *Cómo es que*   ☐ *Como*

8 🗨 ¿Qué te ha parecido la exposición?
🗨 Me ha _____. Me ha parecido genial.
☐ *encantado*   ☐ *parecido*   ☐ *birria*

9 En España la gente _____ mucho al cine.
☐ *van*   ☐ *vuelven*   ☐ *va*

10 ¿Has _____ qué cartel tan raro?
☐ *fijado*   ☐ *visto*   ☐ *mirado*

2 ¿Ya tienes plan para el fin de semana? ¿Por qué no lees estas sugerencias? Coloca en cada hueco la palabra adecuada.

> butaca • excursión • actores • obra • pantalla • espectáculos
> teatro • actrices • escenario • película

Propuestas para el fin de semana:

Como todos los viernes, te vamos a recomendar diferentes actividades y **1** _____ para pasar un fin de semana fabuloso.

Si eres un apasionado del cine, no puedes perderte la nueva **2** _____ de Juan Carlos Tabío, *Lista de espera*. En ella intervienen grandes **3** _____, como Jorge Perugorría.

Si prefieres el **4** _____, tienes que ver la **5** _____ *La dama duende*, de Calderón de la Barca, versión y dirección de José Luis Alonso. Entre las **6** _____ que actúan en la obra se encuentran Lola Baldrich, Cecilia Solaguren y Sonia Sánchez. Entre los actores, podemos ver a Enrique Simón, Antonio Castro y Alfonso Lara.

Pero si no te gusta sentarte en una cómoda **7** _____ en el cine o en el teatro y mirar hacia una **8** _____ o un **9** _____ durante dos horas, si prefieres salir y vivir el día, te proponemos una interesante **10** _____ a Codes (Soria), lugar en el que podrás disfrutar de un maravilloso paisaje.

Now I can:

☐ Relate information to cause and effect.
☐ Call someone´s attention to something.
☐ Use structures to given an opinion.
☐ Use vocabulary related to shows.

Also I learned:

_____
_____
_____
_____

leccióncinco5

lessonfive5

Historias
del pasado

Stories about
the past

En portada

Headlines

Historias del pasado

Stories about the past

¿Te ha pasado algo interesante este año? ¿Cómo fue tu infancia? En esta lección vamos a descubrir cómo eran nuestros amigos y algunas cosas que les han pasado.

Has anything interesting happened to you this year? What was your childhood like? In this lesson we're going to discover what our friends were like and some things that have happened to them.

In this lesson you're going to learn:

- To speak about the past
- How to show interests about what others say
- Words related to moments in the past

1a Mira la fotografía de la página anterior. ¿Puedes seleccionar la respuesta adecuada para cada pregunta?

1 ¿Qué tienen en las manos Andrew y Lola?
- ☐ Comida.
- ☑ Fotos.
- ☐ Un ordenador.

2 ¿Qué te parece que hacen Andrew y Lola?
- ☐ Están discutiendo sobre política.
- ☐ Están mirando unas fotografías.
- ☐ Están preparando la cena.

3 ¿Cómo están?
- ☐ Contentos.
- ☐ Enfadados.
- ☐ Aburridos.

b Lola y Andrew están hablando y riendo. Éstas son algunas de las expresiones que usan: *¿Ah, sí?, ¿De verdad?, ¿En serio?*

2, 3

1 ¿De qué te parece que están hablando?
- ☐ De la última película que han visto.
- ☐ De política.
- ☐ De cuando eran pequeños.

2 ¿Qué crees que están manifestando con las expresiones que utilizan?
- ☐ Aburrimiento.
- ☐ Sorpresa.
- ☐ Tristeza.

  2, 3

2a Begoña está explicando a Lola lo que le pasó el sábado. Lola, mientras escucha, también va hablando para demostrar que siente interés hacia lo que le están contando. Lee el diálogo y selecciona la respuesta correcta.

BEGOÑA: ¿Quieres que te explique lo que me pasó el sábado en la discoteca?
LOLA: Sí, dime, dime.
BEGOÑA: Estaba tomando un cubalibre y vino un chico por detrás, me tocó la espalda y me dio un beso en la cara.
LOLA: ¡No me digas!
BEGOÑA: Sí, chica, sí. Fue increíble, me quedé parada.
LOLA: ¿Y qué pasó?
BEGOÑA: Pues que el chico, de repente, cambió de cara y se puso rojo como un tomate.
LOLA: ¿Y eso?
BEGOÑA: Al principio no sabía qué le pasaba, pero en seguida me pidió perdón y me dijo que estaba muy avergonzado y que… Pero bueno, ¡qué tarde es! Me tengo que ir. Te lo sigo explicando luego, ¿vale?
LOLA: ¡No, por favor! ¡Sigue, sigue!
BEGOÑA: Vale, pero rápido, que llego tarde. Resulta que me había confundido con otra persona, una amiga suya, o algo así. No sé, no me explicó toda la historia.
LOLA: ¡Vaya!

1 Begoña pregunta a Lola si quiere saber qué le pasó.
  ✓ Lola está interesada en saberlo.
  ☐ Lola no tiene interés en saberlo.

2 Un chico le dio un beso a Begoña.
  ☐ A Lola le parece normal.
  ☐ Lola se sorprende.

3 Para Begoña fue increíble, se sorprendió mucho.
  ☐ Lola quiere que le explique más cosas.
  ☐ Lola no quiere saber nada más.

4 El chico se puso rojo de vergüenza.
  ☐ Lola quiere saber por qué.
  ☐ Lola no está interesada en la historia.

5 Begoña quiere continuar la historia después.
  ☐ Lola no quiere saber nada más.
  ☐ Lola quiere saber más cosas.

b Subraya en el texto las cinco oraciones de Lola que te han permitido responder a las cinco preguntas anteriores.

  2, 3

3a Begoña y Lola están en casa y empiezan a recordar cosas de su pasado. Escucha la conversación e indica en qué orden dicen las siguientes frases.

[1] ¿De verdad?   ☐ ¿Ah, sí?   ☐ ¿En serio?   ☐ ¡Vaya!   ☐ ¿En serio?

☐ Cuenta, cuenta.   ☐ Sí, dime, dime.   ☐ ¡No me digas!   ☐ ¿Y qué pasó?

b Ahora escucha otra vez y contesta a estas preguntas.

1 ¿Cómo era Begoña de pequeña? _Era un poco traviesa._
2 ¿Y cómo pensaba Lola que era Begoña de pequeña?_____
3 ¿Qué le pasó al padre de Begoña? _____
4 Los padres de Lola la castigaron. ¿Cuál fue el castigo? _____
5 ¿Qué hicieron Lola y su amiga? _____
6 ¿Qué le pasó a la peluca de la vecina de Lola? _____

4a En esta conversación, Inés y Laura hablan sobre Begoña y su novio.
Escúchala y demuestra que has comprendido el diálogo indicando si estas
oraciones son verdaderas (V) o falsas (F).

1, 2, 3

	V	F
1 Begoña estaba discutiendo con su novio por teléfono.	☐	☐
2 Inés cree que el novio de Begoña quiere casarse, pero que ella no quiere hacerlo ahora.	☐	☐
3 Algunas personas han visto a Begoña con otro chico.	✓	☐
4 Laura se lo puede explicar a su madre.	☐	☐

Algunas personas han visto a Begoña con otro chico.

b Observa que las palabras destacadas sirven para decir algo de forma
distinta. Ahora puedes usarlas relacionando una oración de la izquierda
con una de la derecha.

1 Inés escuchó la conversación.
2 Lo más importante para
   Begoña es su carrera.
3 Begoña sale con otro chico.
4 Es mejor no explicar nada a nadie.

a **Es decir, que** no quiere a su novio.
b **O sea, que** no se lo puede
   explicar ni a su madre.
c **Vamos, que** no se quiere casar.
d **O sea, que** puso la oreja para escuchar.

5 Intenta completar los diálogos, construyendo oraciones con las palabras
que aparecen desordenadas. Ten en cuenta que el verbo tiene que
aparecer en la forma que se indica entre paréntesis.

 1

1 🗨 Julia ha llamado y me ha explicado que está muy cansada, que tiene muchísimo
   sueño y que no sabe si ir a la fiesta.
   🗨 _O sea, que no viene a la fiesta_.
   O sea, que / a / no venir (ella, presente) / la / fiesta
2 🗨 ¿Me oyes? Mira, que en el centro de la ciudad hay muchísimo tráfico y voy a
   tardar un poco en llegar al concierto.
   🗨 _____.
   Es decir, / al / que / ir a llegar (tú, presente) / tarde / concierto
   🗨 Bueno, sí, pero no mucho, quizá unos diez minutos.
3 🗨 No te esfuerzas nada. Si quieres aprobar, tienes que estudiar más.
   _____.
   Vamos, que / no estudiar (tú, presente) / si / más, / no ir a aprobar (tú, presente)
4 🗨 Sabes que no puedo decírtelo porque es un secreto. Yo nunca cuento los
   secretos, ni a ti, ni a nadie.
   🗨 _____.
   (Vamos, que / me / no / ir a decir (tú, presente) / nada
5 🗨 Yo ya quiero devolverte el dinero, pero es que ahora es un mal momento. Si te
   esperas otro mes…
   🗨 _____.
   O sea, que / no / ir a devolver (tú, presente) / dinero / me / el / el / que / mes /
   hasta / viene

Primer plano

First look

4, 5

6a Escucha estos tres diálogos entre nuestros amigos y pon una marca en la columna que corresponda.

¿En qué diálogo...	Primer diálogo	Segundo diálogo	Tercer diálogo
...el director está enfadado porque los chicos actúan muy mal?			✓
...alguien habla de cosas que hacía cuando era pequeña?			
...alguien ha buscado información?			

b Ahora vuelve a escuchar los diálogos y completa las siguientes oraciones.

1 Mira, cuando *1era* *2*_____ cantaba en un coro. Mi padre me *3*_____ a cantar. Y yo _____, qué remedio. Y aprendí solfeo y canto. También *4*_____ el piano... ¿Y sabes una cosa? Lo aborrecí. Era un rollo.

2 He *1*_____ por los archivos de la tele, y luego he *2*_____ a la hemeroteca y he estado *3*_____ informaciones tenebrosas sobre desapariciones.

3 Pero ¿qué te pasa? Si ya *1*_____ conseguido el ritmo (...).
¡Lola, por favor! ¿Qué haces? Si casi te lo sabías; si ya lo *2*_____ casi *3*_____ (...).
No puedo creerlo. Julián, ¿no *4*_____ quedado ayer en otra cosa?

7a A Carolina Baena, una amiga de los chicos, le sucedió algo el mes pasado. Para conocer su historia, primero tienes que relacionar cada uno de los verbos del cuadro con el dibujo adecuado.

4, 5

meter • entrar • abrir • coger • ~~salir~~ • detener • salir • sacar • ver un sobre

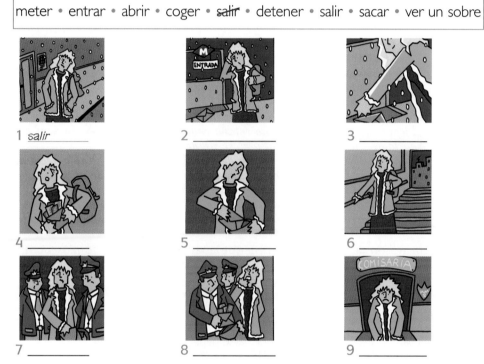

1 *salir*

2 _____

3 _____

4 _____

5 _____

6 _____

7 _____

8 _____

9 _____

b Ahora, primero lee las palabras del cuadro. Son circunstancias que amplían la información anterior. Y a continuación cuenta, con toda la información que tienes, la historia de Carolina Baena. Escribe la información esencial en *pretérito indefinido* y las circunstancias en *pretérito imperfecto*.

4, 5

estar muy nerviosa • no saber lo que estar pasando • estar nevando y hacer frío
haber muchísimo dinero • estar muy cansada • no haber nadie a su alrededor

1 *Carolina salió de su casa. Estaba nevando y hacía mucho frío.*

2 _____

3 _____

4 _____

5 _____

6 _____

7 _____

8 _____

9 _____

8a Aquí tienes una página del diario que Julián escribió hace tiempo.
¿Por qué no lo ordenas para saber qué le pasó? Ya sabes cómo empieza.

25 de enero de 1989

☐ 1 *Elena era una de las mejores amigas de mi hermano mayor. Cuando venía a casa, siempre decía que tenía que estar con ellos.*

☐ *Lo peor fue saber que Javier había grabado la conversación en vídeo. Se la enseñó a todos nuestros amigos. Nunca he pasado tanta vergüenza. Fue horroroso.*

☐ *Javier me dijo que no tenía que hacer eso porque iba a quedar en ridículo. Yo no le hice caso, porque ya lo había preparado todo. Era domingo. Fui a su casa y se lo expliqué.*

☐ *Hablaba mucho conmigo. Yo estaba seguro de que se había enamorado locamente de mí, pero yo no estaba enamorado de ella. Se lo expliqué a Javier, mi mejor amigo, y él se rió de mí.*

☐ *Sin embargo, yo estaba seguro de que ella me quería. Había decidido decirle a Elena una mentira: que se tenía que olvidar de mí porque yo había conocido a otra persona y me había enamorado.*

☐ *Ese domingo fue el peor día de toda mi vida. Me dijo que ella no se había enamorado de mí y que lo sentía mucho, que yo era un niño para ella.*

b Subraya en la carta los verbos que aparecen en *pretérito pluscuamperfecto*.

c Ahora indica si estas afirmaciones son verdaderas (V) o falsas (F) según la información del texto.

	V	F
1 Julián no estaba seguro de si Elena se había enamorado de él.	☐	☐
2 Julián le dijo a Elena que se había enamorado de otra persona.	☐	☐
3 Elena le dijo a Julián que se había enamorado de él.	☐	☐
4 Javier enseñó a sus amigos la cinta de vídeo que había grabado.	☐	☐

9 Julián estuvo solo en casa una semana. Ayer volvió Andrew de su viaje a Madrid y se encontró la casa hecha un desastre. Observa el dibujo y, con ayuda del cuadro, escribe qué cosas había hecho Julián y cuáles no cuando llegó Andrew. Recuerda que tienes que poner los verbos en la forma adecuada y que todas las oraciones se refieren a acciones anteriores a la llegada de Andrew.

fregar los platos • limpiar la mesa
vaciar los ceniceros
sacar las bolsas de basura
ordenar • barrer el suelo
tender la ropa • recoger

Cuando llegó Andrew, Julián...
1 *no había fregado los platos.*
2 _____
3 _____
4 _____
5 _____
6 _____
7 _____
8 _____

10 ¿Quieres escribir cada palabra en su lugar correspondiente? 8, 9
Sirven para referirse a momentos del pasado. Recuérdalas.

ayer • hoy • semana • año • ~~época~~ • meses • día • trimestre

1 En aquella _época_ las mujeres todavía no tenían derecho al voto.
2 Los _____ anteriores a la boda son muy caóticos.
3 El otro _____ fui al supermercado y compré yogures.
4 Antes de _____ fui al cine y no quedaban entradas para ninguna sala.
5 Hace un _____, por estas fechas, fui al Parque Nacional de Tortuguero,
en Costa Rica.
6 Después de _____, nada va a ser lo mismo.
7 El _____ pasado fue el más caluroso. Las temperaturas siempre son altas
durante junio, julio y agosto.
8 A principios de _____ hago la lista de la compra del supermercado.

11a Begoña, Julián y Lola recuerdan algunos momentos de sus vidas. Lee
el diálogo y completa las oraciones con las expresiones del cuadro. Sirven
para situar las acciones en el pasado. ¡Cuidado porque sobran expresiones! 8, 9

desde que pasó eso • dos meses más tarde • al cabo de un mes • al cabo de dos días
el año pasado • un año después • ~~hace varios meses~~ • al día siguiente • a la mañana siguiente

LOLA: ¿Te acuerdas de aquella vez que fuimos a casa de Luis y le estropeaste el ordenador?
BEGOÑA: Sí, pero ¿cuándo fue?
JULIÁN: ¡Uf! Hace varios meses. Recuerdo que te fuiste sin decirle nada y al día siguiente,
cuando se dio cuenta, te llamó y te dijo que tenías que pagar la reparación.
BEGOÑA: Es verdad. Desde que pasó eso, nunca más me ha vuelto a invitar a su casa.
JULIÁN: ¿Y os acordáis de lo que pasó el año pasado, el día de mi cumpleaños?
BEGOÑA: No, ¿qué pasó?
LOLA: Sí, mujer, que bajaron los vecinos porque la música estaba muy alta.
BEGOÑA: ¡Ah, sí! Y, ese mismo año, dos meses más tarde, Andrew se perdió.
LOLA y JULIÁN: ¿Andrew?
BEGOÑA: Sí. ¿No os acordáis de que se fue sin decir nada y volvió a casa al cabo de dos días?
LOLA: Sí, pero... ¿dónde estuvo todo ese tiempo? Ya no me acuerdo.
JULIÁN: Yo sí. Era su primer día en la ciudad y se fue al centro a pasear. Le robaron la bolsa y
no podía volver porque no recordaba la dirección, ni el teléfono y, además, no tenía dinero.
BEGOÑA: ¿Y qué hizo?
JULIÁN: Pues resulta que en la calle conoció a unos americanos y le invitaron a su casa.
Dos días después me lo encontré por la calle y regresamos juntos a casa.
LOLA: ¡Vaya historia! ¡Parece de película!

1 Begoña le estropeó el ordenador a Luis
hace varios meses.
2 Luis se dio cuenta de que su ordenador
no funcionaba _____.
3 Luis nunca más le invitó a su casa
_____.

4 _____, el día del
cumpleaños de Julián, bajaron los vecinos
porque la música estaba muy alta.
5 Ese mismo año, _____, Andrew
desapareció en su primer día en la ciudad.
6 Andrew volvió a casa _____.

*¿Te acuerdas de
aquella vez
que fuimos a
casa de Luis?*

b ¿Cuáles son las tres expresiones que no aparecen en el diálogo?
al cabo de un mes, _____ y _____.

Recursos

¿Quieres que te lo explique?

Sí, dime, dime.

CONTROL THE COMMUNICATION

- To indicate interest in what others are saying:

| **Sí, dime, dime.** | 🗨 *¿Quieres que te lo explique?* | 🗨 *Sí, dime, dime.* |

| **¿De qué se trata?** | 🗨 *Tengo que explicarte algo.* | 🗨 *¿De qué se trata?* |

- To show surprise:

| **¿Ah, sí?** **Vaya, ¿en serio?** | 🗨 *El otro día tuve un accidente de coche.* |
| **¡No me digas!** **¿De verdad?** | 🗨 *¿De verdad? ¡No me digas!* |

- To encourage someone to begin to tell us something:

| **A ver, cuéntame.** **Cuenta, cuenta.** | 🗨 *¿Quieres saber qué me ha pasado?* 🗨 *A ver, cuéntame / Cuenta, cuenta.* 🗨 *Pues estaba esperando el autobús y…* |

- To encourage someone to continue:

| **Sigue, sigue.** **¿Y qué pasó?** **¿Y entonces?** | 🗨 *Estaba en casa, sola. De repente se fue la luz.* 🗨 *¿Y qué pasó?* 🗨 *Nada. Telefoneé a la compañía.* |

- To ask someone to continue because the conclusion or intention was not clear:

| **¿Y…?** | 🗨 *Han dicho por televisión que mañana hay huelga de taxistas.* 🗨 *¿Y…?* 🗨 *Pues que van a cortar el tráfico de las calles principales.* |

- Showing surprise:

| **¿Y eso?** | 🗨 *Ayer me quedé sin comer.* 🗨 *¿Y eso?* 🗨 *Es que tenía trabajo y preferí terminarlo.* |

TO SAY SOMETHING IN OTHER WORDS AND DRAW A CONCLUSION

- To clarify something that was just said by paraphrasing or explicitly mentioning the consequences:

| **Es decir, que** | *Lola está cansada, es decir, que no va a venir a la fiesta.* |

- To mention an obvious consequence that you assume has already been reached:

| **O sea, que** **Vamos, que** | *Luis no ha llamado. O sea, que no creo que venga.* *Es un secreto. Vamos, que no se lo puedo contar ni a mi madre.* |

TO TALK ABOUT THE PAST

Pretérito perfecto	Pretérito imperfecto	Pretérito indefinido
he estado	estaba	estuve
…	…	…

"PLUSCUAMPERFECT" PAST PERFECT §25

CANT**AR**	COM**ER**	SUB**IR**
había cantado	había comido	había subido
habías cantado	habías comido	habías subido
había cantado	había comido	había subido
habíamos cantado	habíamos comido	habíamos subido
habíais cantado	habíais comido	habíais subido
habían cantado	habían comido	habían subido

TO PUT MOMENTS IN THE PAST

Un día	*Un día estaba limpiando el coche en la calle y vi un accidente.*
Una tarde	*Una tarde, saliendo del trabajo me encontré con Juan.*
La otra mañana	*La otra mañana fuimos al puerto a pasear.*
El día de mi cumpleaños	*¿Recuerdas la película que vimos el día de mi cumpleaños?*
[una fecha]	*Yo nací el 27 de octubre de 1967.*
Hace tiempo	*Hace tiempo me dieron las llaves de este piso.*
Hace varios años	*Hace varios años que no veo a Francisco.*
En aquella época	*En 1975 yo tenía diez años. En aquella época, los niños no sabían qué era un ordenador.*
A principios / mediados / finales de mes	*A finales de septiembre se recoge la uva.*

Hace tiempo que me duele la muela.

TO RELATE ONE PASSED MOMENT IN RESPECT TO ANOTHER

• These place a moment or action in the past with respect to another moment in the past or present:

Antes de + { [nombre] [infinitivo] }	*Antes de este curso hablaba muy poco español.* *Hablé con el señor González antes de llamarte por teléfono.*
Después de + { [nombre] [infinitivo] }	*Después de terminar el curso se fue de viaje a Chile.*
A los dos días	*Me dijeron que la leche fresca podía estar unos cuatro días en el frigorífico, pero a los dos días ya estaba mala.*
Dos meses más tarde	*Se casaron en junio del año pasado. Dos meses más tarde, se separaron.*
Al cabo de dos días	*Envié mi curriculum vitae buscando trabajo y al cabo de dos días me llamaron por teléfono.*
Desde + [fecha]	*Vivo en Valencia desde 1987.*
Al día siguiente	*¿Te acuerdas del día que hablamos con Pablo? Pues al día siguiente me lo encontré por la calle otra vez.*
El día siguiente	*Me tenía que dar una respuesta inmediatamente, pero no me contestó hasta el día siguiente.*
Desde que **El otro día**	*Desde que trabaja en esta empresa está más contento.* *El otro día fui a casa de Lola y me perdí.*

La lengua es un juego

 4, 5

12 ¿Qué han hecho este verano Julián y Toni? Lee esta conversación entre ellos e indica después qué ha hecho cada uno y por qué lo ha hecho. Fíjate en que a veces se usan los verbos en *pretérito perfecto (estas vacaciones...)* y otras veces en *pretérito imperfecto (porque...)*.

JULIÁN: ¡Hombre, Toni! ¿Cómo han ido las vacaciones? ¿Has hecho algo interesante este verano?
TONI: ¡Hola Julián! Pues sí, bastantes cosas.
JULIÁN: Cuenta, cuenta...
TONI: Pues, por ejemplo, he ido bastantes días a pasear por la playa de madrugada.
JULIÁN: ¿De verdad? ¿Por qué?
TONI: Porque durante el día había demasiada gente en todas partes y hacía un calor insoportable. En la playa se estaba muy bien por la noche.
    ¿Y tú? ¿Qué has hecho tú?
JULIÁN: Yo... bueno... tenía que estudiar, así que he estado casi todo el tiempo en casa. Como también necesitaba descansar, he ido a los museos de la ciudad que todavía no conocía.
TONI: Mira, al menos te ha servido de algo no irte de vacaciones.
JULIÁN: Sí, y la verdad es que también he visto algunas obras de teatro. Como por las noches no me apetecía quedarme en casa, iba al teatro y, a veces, al cine.
TONI: ¡Qué bien! Yo, además he estado dos semanas en un pueblo de montaña. Quería comer buen jamón y respirar un poco de aire puro. Es un sitio perfecto para relajarte.

TONI
1 *Ha paseado por la playa de madrugada porque durante el día había demasiada gente en todas partes y hacía un calor insoportable.*
2 Además _____ un pueblo de la montaña porque _____.

JULIÁN
1 _____ en casa porque _____.
2 _____ a los museos de la ciudad que todavía no conocía porque _____.
3 _____ porque _____.

13a ¿A qué personaje (Picasso, Severo Ochoa y A. Gaudí) se refiere cada una de las informaciones que te damos a continuación?

1 En 1959 obtuvo el premio Nobel de Medicina: *Severo Ochoa.*
2 Para la Exposición Internacional de 1937, el gobierno de la República le encargó el Guernica: _____.
3 En 1883 recibió el encargo para construir la iglesia de la Sagrada Familia: _____.

b Ahora, completa el siguiente texto. Escribe el nombre del personaje al que se refiere y conjuga el verbo que aparece entre paréntesis.

Cuando **1** *Severo Ochoa* (recibir) **2** *recibió* el Premio Nobel de Medicina, **3** _____ ya (pintar) **4** _____ el Guernica y **5** _____ (morir) **6** _____ sin acabar la Sagrada Familia.

c ¿Puedes completar otra cita de Pablo R. Picasso? Fíjate en que te damos el verbo que falta en cada hueco, pero tienes que conjugarlo correctamente.

"A los doce años (saber) **1** _____ dibujar como Rafael, pero (necesitar) **2** _____ toda una vida para aprender a pintar como un niño".

14 Inventos y descubrimientos. A estos enunciados les faltan los verbos del cuadro, ¿te atreves a ponérselos?

> ~~construir~~ • descubrir • inventar • ensayar

1 Hacia 1860, Narciso Monturiol, inventor y político español, _construyó_ el primer submarino.
2 Miguel Servet (1511-1553), médico y humanista español, _____ la circulación pulmonar de la sangre.
3 En 1986, Manuel Patarroyo, científico colombiano, _____ la primera vacuna contra la malaria.
4 En 1994, Augusto Cicare, inventor autodidacta argentino, _____ un simulador de vuelo para pilotos de helicóptero.

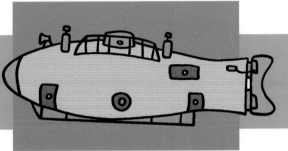
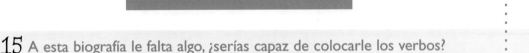

15 A esta biografía le falta algo, ¿serías capaz de colocarle los verbos? Acuérdate de que tienes que ponerlos en la forma correcta.

> conseguir • construir • crear • estar • ~~estudiar~~ • imaginar • mover
> observar • prometer • ser • ser • tener

Narciso Monturiol y Estarriol
(Figueras 1819 - Sant Martí dels Provençals 1885)

Inventor español. Aunque *1* _estudió_ la carrera de Derecho, no ejerció la profesión y se consagró a la política y a la ciencia. En 1849, mientras *2*_____ en Cadaqués, *3*_____ las dificultades de la pesca del coral e *4*_____ la idea de construir un buque submarino, lo que *5*_____ gracias a la ayuda económica de sus amigos. El *Ictíneo*, el primer submarino *6*_____ doble casco y se *7*_____ mediante la fuerza humana. Las pruebas tuvieron lugar en el puerto de Barcelona en 1859 y 1860, y en el de Alicante en 1861. El gobierno, al principio, se interesó en el proyecto y le *8*_____ los medios necesarios para la construcción de un nuevo buque, pero la promesa no *9*_____ cumplida y en 1864 Monturiol *10*_____ una compañía con capital popular. En 1866 *11*_____ el segundo *Ictíneo* que se movía mediante una hélice propulsada mediante una máquina de vapor. A pesar de sus trabajos sobre el *Ictíneo*, éste *12*_____ olvidado y el inventor se vio obligado a venderlo como chatarra para pagar sus deudas.

Adaptado de Manuel Alfonseca, *1000 grandes científicos*, Madrid, Espasa Calpe, **1996**.

Biografías de personajes ilustres:
www.buscabiografia.com

Academia Nacional de la Historia
de Venezuela:
www.acadnachistoria.org

Información sobre Gaudí:
www.gaudibarcelona.com

Evaluación

 Evaluation

1 Selecciona la opción adecuada.

1 No he traído dinero, _____ tendrás que pagar tú.
☐ *no me digas*   ☐ *o sea, que*   ☐ *¿y…?*

2 🗨 Esta noche he conocido a Madonna en un bar. ¿Y sabes lo que me ha dicho?
🗨 No, _____.
☐ *¡qué interesante!*   ☐ *¿en serio?*   ☐ *cuenta, cuenta*

3 Cuando la policía llegó, los ladrones ya _____ y no había nadie en la casa.
☐ *se habían marchado*   ☐ *se marcharon*   ☐ *se han marchado*

4 Mientras José _____ por teléfono, alguien _____ en su casa.
☐ *habló / entró*   ☐ *hablaba / entró*   ☐ *habló / entraba*

5 Juan tuvo un accidente, pero _____ ya estaba bastante bien.
☐ *hace tiempo*   ☐ *desde que*   ☐ *al día siguiente*

6 El otro día conocí a dos chicos. Uno era alto y muy delgado y _____ era más bajito, pero también muy delgado.
☐ *un otro*   ☐ *el otro*   ☐ *ese otro*

7 🗨 Ayer salí por la noche y he llegado a casa a las nueve y media de la mañana. Mis padres me estaban esperando levantados.
🗨 _____ ¿Te han castigado?
☐ *¿Y qué ha pasado?*   ☐ *¡Qué interesante!*   ☐ *¿Y qué había pasado?*

8 Me explicaron que el día anterior se _____ con unos chicos y que a uno lo _____ al hospital.
☐ *pelearon / llevaban*   ☐ *habían peleado / habían llevado*   ☐ *peleaban / llevaban*

9 Jaime me dijo que mi problema era _____ mismo problema que tenían muchos jóvenes de mi edad.
☐ *el*   ☐ *lo*   ☐ *la*

10 Para ir a ese trabajo hace falta viajar una hora y media en autobús. _____ que no vas a coger el trabajo porque está muy lejos. ¡Y luego te quejas de que estás en paro!
☐ *Sí, dime*   ☐ *Es decir,*   ☐ *Cuenta, cuenta.*

2 Completa los enunciados con una de las dos opciones.

1 El otro día cuando _____ (fui / iba) a casa de mi prima, en el barrio viejo, me _____ (perdí / había perdido).

2 🗨 Creo que ayer por la noche vi un ovni desde la ventana de mi habitación.
🗨 _____ (Sí, dime. / ¿De verdad?) ¿Y cómo era?

3 Cuando conseguí mi primer trabajo, todavía no _____ (acabé / había acabado) la universidad.

4 Julia _____ (era / estuvo) una persona muy amable, pero nadie _____ (había sabido / sabía) nada de ella.

5 Esta tarde _____ (había ido / he ido) a comprar con mi madre pero no _____ (encontrábamos / hemos encontrado) nada.

6 🗨 Mi hermana me ha dicho que ha dejado a su novio.
🗨 _____ (Sigue, sigue / Vamos, que) no va a haber boda.

7 _____ (El otro día / Desde ayer) estuvimos pescando.

8 Fuimos de vacaciones a Tenerife, pero _____ (después de / al cabo de dos días) tuvimos que volver a casa.

9 Cristina se comió toda la comida que su padre le _____ (ha preparado / había preparado).

10 🗨 ¿A que no sabes qué me pasó el otro día?
🗨 No, _____ (cuenta, cuenta. / ¿de verdad?)

lecciónseis6

lessonsix6

¡Cuánto tiempo sin verte!

Long time, no see!

En portada

Headlines

En esta lección los chicos se van a encontrar con muchos amigos, se casan una prima y una amiga de Lola. ¿Quieres conocerlos a todos?

¡Cuánto tiempo sin verte!

Long time, no see!

In this lesson our friends are going to get together with lots of their friends. One of Lola's cousins and one of her friends are getting married. Would you like to meet them all?

- How to use expressions for social relationships
- Sentences to make and answer an invitation
- To make appointments (dates)
- To take part in telephone conversations

1a Nuestros amigos tienen una vida social muy movida. Siempre tienen muchos planes. Mira la fotografía. ¿Sabes a cuál de nuestros amigos se refieren estas frases? Recuerda que sus nombres son, de izquierda a derecha, Julián, Begoña, Lola y Andrew.

1 Está hablando por teléfono con una amiga.
   Begoña.

2 Está muy ocupado con el ordenador terminando un trabajo para la escuela.
   _____

3 Está intentando escribir una carta.
   _____

4 Está aburrida y quiere ir a tomar algo.
   _____

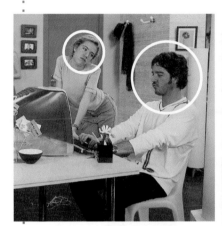

b ¿Qué pueden estar diciendo o pensando cada uno de nuestros amigos? Escribe el nombre de cada uno de ellos donde corresponda.

1, 2, 3, 4

1 "Gracias, Lola, pero acabo de tomar uno ahora mismo. Además no tengo tiempo. Tengo que terminar esto ahora mismo".
   Andrew.

2 "Agradezco mucho su invitación, pero siento comunicarle que me resulta imposible asistir a la inauguración de su nueva exposición".
   _____

3 "Claro que voy, contad conmigo. Quedamos el sábado a las siete en la plaza del Ayuntamiento".
   _____

4 "¿Te apetece tomar algo, Andrew? Te invito a un café".
   _____

 5, 6, 8

2a Lola llama por teléfono a su amiga María. ¿Quieres leer el diálogo? Después de leerlo, señala qué frases de las que aparecen en el diálogo son usuales en las conversaciones telefónicas.

SRA. LÓPEZ: Dígame.
LOLA: Hola, ¿puedo hablar con María, por favor?
SRA. LÓPEZ: Sí, un momento, ¿de parte de quién?
LOLA: De Lola, una amiga.
SRA. LÓPEZ: ¿Lola García?
LOLA: Sí, ¿me conoce?
SRA. LÓPEZ: Sí, soy Rosa, la madre de María.
LOLA: Perdone, no la había reconocido. ¿Cómo está?
SRA. LÓPEZ: Muy bien, pero Lola, por favor, trátame de tú.
LOLA: Bueno, ¿cómo estás?
SRA. LÓPEZ: Bien, pero un poco resfriada, ¿y tú?
LOLA: Muy bien, gracias.
SRA. LÓPEZ: ¿Te apetece venir a comer a casa un día?
LOLA: Vale, gracias.
SRA. LÓPEZ: Perfecto. Un momento, ahora se pone María.
LOLA: Gracias y que te mejores.
MARÍA: ¡Hola Lola!
LOLA: ¡Hola! ¿Qué haces?
MARÍA: Estaba a punto de irme a dormir, ¿y tú?
LOLA: Viendo la tele. Te llamo para ir a comprar el regalo de Carmen. ¿Te va bien el jueves?
MARÍA: Vale. ¿A qué hora quedamos?
LOLA. ¿A las cinco?
MARÍA: No, mejor un poco más tarde, a las seis.
LOLA: Vale, a las seis. Y... ¿dónde?
MARÍA: ¿Te va bien en la puerta de las galerías *La última moda*?
LOLA: Perfecto. Pues nos vemos allí. ¡Hasta mañana! ¡Que descanses!
MARÍA: Igualmente, adiós.

SRA. LÓPEZ: *Dígame.*
LOLA: _____
SRA. LÓPEZ: _____
LOLA: _____
SRA. LÓPEZ: _____

b Ahora contesta a las siguientes preguntas.

1 ¿Con qué frase pide la Sra. López que Lola cambie de un tratamiento formal a uno informal? _____
2 La Sra. López invita a Lola. ¿Con qué frase lo dice? _____
3 ¿Cómo dice Lola que acepta? _____

c Lola llama a María para quedar con ella. ¿Cómo quedan?

Día: _el jueves_   Hora: _____   Lugar: _____

3a Carmen, una amiga de Lola, se casa. Lola y sus amigas le han preparado una despedida de soltera. Aquí tienes algunas intervenciones del diálogo que vas a oír. Escúchalo y complétalas.

1, 2, 3, 4

LOLA: Bien. ¡Cuánto tiempo sin verte!
CARMEN: Sí, es verdad, **1** *hace mucho que no nos vemos.*

CARMEN: Vale. ¡Qué casa tan bonita tienes!
LOLA: **2**_____

JUANA: Dejad de hablar y vamos a brindar.
LOLA: Sí. Carmen, toma tu copa.
MARÍA: A tu salud, Carmen. **3** _____

CARMEN: Gracias, chicas. Muchas gracias por esta sorpresa.
LOLA: Y **4**_____
CARMEN: ¡Qué amables sois! ¡No teníais que haberos molestado!
MARÍA: ¡Ábrelo ya! A ver si te gusta.
CARMEN: ¡Oh! ¡Qué bonito! **5**_____ Gracias, chicas.
    Muchas gracias. **6**_____ De verdad, gracias.
    Sois…
LOLA: De nada, Carmen. **7**_____

b Ahora indica si estas frases son verdaderas (V) o falsas (F).

	V	F
1 Carmen y Lola ahora se ven mucho.	☐	✓
2 Carmen se sorprende porque las chicas la están esperando.	☐	☐
3 Carmen va a despedir a una soltera al aeropuerto.	☐	☐
4 Las amigas regalan un camisón a Carmen.	☐	☐

c Escucha de nuevo el diálogo, fíjate en qué palabra dicen para brindar y escríbela a continuación. ¿En tu país se usa la misma palabra?

_____

4a Chema, el novio de Begoña, llama por teléfono a casa. Lola responde a la llamada. Escucha el diálogo y numera según el orden en que aparecen las siguientes intervenciones de Lola.

7, 8

☐ Ah, vaya, lo siento.
☐ Ahora no está. Trabajando…, en el teatro, quiero decir. ¿Quieres que le deje algún recado?
☐ Se lo diré.
☐ Hola, Chema.
☐ No hay de qué.

☐ Adiós. Que descanses.
☐ Qué pena. Qué pena. Vaya.
☐ Sí, sí. No te preocupes.
☐ Sí, ya se sabe, la Audiencia Nacional. En fin lo siento.
[1] ¿Hola?

b Lee las frases y descubre con qué frase Lola desea algo bueno para Chema.

_____.

Primer plano

First look

 1, 2, 3, 4

5 Lola acaba de recibir una invitación para la boda de su prima Silvia. Léela y contesta a las siguientes preguntas.

> *Silvia & Fernando*
>
> *Tenemos el placer de invitarle a la celebración de nuestro enlace matrimonial el próximo 25 de mayo a las 11 horas, en la Catedral de Sevilla.*

1 ¿Quién se casa? *Silvia y Fernando.*
2 ¿Qué día se casan? _____
3 ¿A qué hora se casan? _____
4 ¿Dónde se casan? _____

6a Lola está hablando con Julián sobre la boda de su prima Silvia. Para saber qué dicen, sólo tienes que leer el diálogo y completarlo con las palabras del cuadro. Si no conoces el significado de estas palabras, seguro que el contexto te ayudará a descubrirlo.

> bodas civiles • invitados • lista de boda • banquete • se casan • ~~novios~~

JULIÁN: ¿Quién se casa?
LOLA: Mi prima Silvia.
JULIÁN: ¿Con quién? ¿Con algún amigo tuyo?
LOLA: No, con Fernando, su novio de siempre. Se conocieron cuando tenían quince años y desde entonces son **1** *novios*. Llevan juntos diez años.
JULIÁN: ¡Dios mío! ¡Cuánto tiempo!
LOLA: Sí, mucho.
JULIÁN: ¿Y **2**_____ por la iglesia?
LOLA: Sí, a Silvia no le gustan las **3**_____, prefiere las religiosas. Se casa nada menos que en la Catedral de Sevilla.
JULIÁN: ¡Qué bien! Es preciosa. Vas a ir, ¿no?
LOLA: Pues... no sé. Me hace mucha ilusión, pero recuerda que esa semana tenemos el examen. Y además, un viaje tan largo… No sé, no sé.
JULIÁN: ¿Qué le vas a regalar?
LOLA: Todavía no lo sé. Han puesto **4**_____. Esta tarde voy a ir a la tienda donde la han puesto y les compraré algo.
JULIÁN: A mí lo que más me gusta de las bodas es el **5**_____.
LOLA: Hay muchos **6**_____. Seguro que es en un buen restaurante.

6 La verdad es que Lola no tiene muchas ganas de ir. ¿Quieres ponerte en su lugar y escribir una carta contestando a la invitación de Silvia? Puedes dar esta información.

  1, 2, 3, 4

- Agradeces la invitación.
- No puedes asistir.
- La semana siguiente tienes un examen muy importante.
- Rechazas de nuevo la invitación porque los estudios son muy importantes y el viaje es muy largo.
- Te despides con buenos deseos.

Querida Silvia:

Muchas gracias por tu invitación _____

_____

_____

_____

_____

_____

_____

7 Lee las expresiones del cuadro y selecciona la más correcta para despedirte en cada uno de los diálogos.

 7, 9, 10, 11

> que descanses • ~~que te mejores~~ • que seas muy feliz
> que aproveche • que tengas suerte • que os guste • que vaya bien

1 ● Me voy, que estoy un poco enferma.
  ● Adiós, Begoña, *que te mejores.*

2 ● Me voy, que tengo una reunión muy importante.
  ● Bueno, pues adiós y _____.

3 ● Adiós, me voy, que estoy agotado.
  ● Buenas noches, _____.

4 ● Me voy a comer.
  ● Adiós, _____.

5 ● Bueno ya me marcho. Nos veremos después de la boda.
  ● ¡Anda, es verdad, que te casas el sábado! No me acordaba. Bueno, pues adiós y _____.

6 ● Adiós, _____ en tu nuevo trabajo.
  ● Gracias.

7 ● Hasta luego. Vamos al cine a ver una película japonesa.
  ● Adiós, espero _____.

8 Begoña está leyendo la crónica de sociedad de un periódico. ¿Quieres saber qué pone? Pues lee el texto y después contesta a las preguntas.

La boda del mes

Ayer, día 10 de julio, se celebró el enlace matrimonial entre el conde de Salazar y doña Elena Martínez de Villalba.

La ceremonia religiosa se celebró en la iglesia de San Miguel y la ofició el cura don Carlos Hernández. Los invitados, todos vestidos elegantemente, fueron los primeros en llegar. A continuación, llegó el novio acompañado de su madre. La última en aparecer fue la novia acompañada por su padre. El momento más emocionante de la boda fue el intercambio de anillos. La novia, muy nerviosa, tuvo problemas para colocar el anillo en el dedo de su futuro esposo.

Una vez terminada la ceremonia, los novios, ya convertidos en marido y mujer, abandonaron la iglesia. Después de felicitar a los recién casados, los invitados se dirigieron al restaurante *El Castillo* donde se celebraba el banquete.

Cuando llegó la feliz pareja, empezó el banquete, que consistió en marisco, cochinillo y tarta nupcial. Después del banquete, se celebró un gran baile muy animado.

1 ¿Quién se casó ayer?
   El conde de Salazar y doña Elena Martínez de Villalba.

2 ¿Qué tipo de boda fue: civil o religiosa?
   _____

3 ¿Quiénes fueron los primeros en llegar a la iglesia?
   _____

4 ¿Cuál fue el momento más emocionante de la boda?
   _____

5 ¿Qué comieron los invitados?
   _____

9 ¡Qué lío de frases! ¿Puedes ayudarnos a clasificarlas indicando si las dice el que llama por teléfono o el que contesta?

> ~~¿De parte de quién?~~ • Ya volveré a llamar. • Espere un momento. • ¿Está Juan?
> Un momento, ahora se pone. • ¿A qué hora llegará? • Volverá más tarde.
> ¿Le puede decir que me llame? • Ahora no está. • Me parece que se equivoca.

	El que llama	El que contesta
	_____	_¿De parte de quién?_
	_____	_____
	_____	_____
		_____
		_____

10 ¿Podrías completar estos diálogos con una despedida que contenga un buen deseo? Ten en cuenta que en algunos diálogos puede ir más de una opción.

7, 9, 10, 11

> que te vaya bien • que tengas suerte • que tenga buen viaje
> que te mejores• que te salga bien

1 BEGOÑA: ¡Ya son las cuatro y media!
JULIÁN: Es verdad. ¿Tienes algo que hacer?
BEGOÑA: Sí, dentro de media hora tengo mi primer examen de inglés.
JULIÁN: Pues nada, vete, vete.
BEGOÑA: Sí, hasta luego.
JULIÁN: Adiós. _Que te salga bien / Que te vaya bien_ el examen.

2 LÁZARO: ¿Qué te pasa?
LOLA: Estoy nerviosa; tengo que ir al dentista. Hoy me saca una muela.
LÁZARO: No te preocupes, eso no es nada. Te dejo, Lola. _____ con el dentista. Adiós.
LOLA: Gracias. Adiós.

3 ANDREW: Me voy a una entrevista de trabajo. ¡Hasta luego!
LOLA: ¡Hasta luego! _____.

4 ANTONIO: Antes de acabar la clase, tengo que decirles que el martes voy de viaje a Granada y viene un sustituto. Así que el martes hay clase, pero yo no los veo hasta el jueves. ¿Entendido? Muy bien, pues hasta el jueves.
ALUMNOS: ¡Hasta el jueves... y _____!

5 JULIÁN: ¿Qué te pasa?
BEGOÑA: Me duele un poco la cabeza.
JULIÁN: Bueno, seguro que no es nada.
BEGOÑA: Sí, ahora me tomo una aspirina.
JULIÁN: Bueno, pues yo me voy. Hasta luego... y _____.
BEGOÑA: Gracias. Hasta luego.

Recursos

FORMAL AND INFORMAL AFFAIRS

• At gatherings:

> Cuánto tiempo sin verte / verle / vernos.
> Tenía muchas ganas de conocerte / conocerle.
> Hace mucho que no nos vemos.
> He oído hablar mucho de ti.

• When saying goodbye:

> Dale / Dales / Dele / Deles
> recuerdos de mi parte.
> Me alegro de hablar contigo
> / con usted.

Tenía muchas ganas
de hablar contigo.

INVITE TO A SOCIAL EVENT

• Informal:

> ¿Te apetece venir a comer a casa?
> ¿Queréis venir a cenar a casa?
> ¿Y si vamos al cine?
> ¿Por qué no vamos a pasear?

• Formal:

> Tenemos el gusto de invitarle.
> Nos complace invitarles.
> Es para nosotros un placer invitarles.

ACCEPT / REJECT AN INVITATION

• To accept:

> Vale, gracias.
> Cuenta conmigo.
> Por supuesto que voy.
> Agradezco su invitación.
> Con mucho gusto.

• To reject:

> No, lo siento mucho, es que…
> Me encantaría, pero…
> No, gracias, de verdad.
> Qué pena, pero es que…
> Muchas gracias por su invitación, pero…

ASK FOR THE WAY TO TREAT SOMEONE

• To ask how to address someone:

> 🗨 ¿Cómo trato al señor Sánchez, de
> tú o de usted?
>   🗨 Trátalo de usted.

• To suggest that you address
  each other informally (using *tú*):

> Pero tutéame.
> Trátame de tú.
> Puedes tutearme.

TO SAY GOODBYE EXPRESSING GOOD WISHES

> *(Espero/Deseo)* Que vaya bien.
> *(Espero/Deseo)* Que te mejores.

> *(Espero/Deseo)* Que descanses.
> *(Espero/Deseo)* Que lo pases bien.

SUBJUNCTIVE PRESENT §14 y §28

PASAR	COMER	VIVIR
pase	coma	viva
pases	comas	vivas
pase	coma	viva
pasemos	comamos	vivamos
paséis	comáis	viváis
pasen	coman	vivan

TO GIVE AND TO RECEIVE A PRESENT

• To give:

Mira qué te he traído.
Aquí tienes.

• To receive:

No tenías que haberte molestado.
¡Qué amable eres!

TO PRAISE AND TO BE PRAISED

• To praise:

Qué bien te veo, no has cambiado nada.
Cada día estás más…
¡Qué [adjetivo] estás!

• To receive praise:

¿De veras?
¿Tú crees?
Tú sí que eres/estás [adjetivo]

When someone receives praise, he should downplay it or respond in turn with praise.

🗨 *Gema, cada día estás más guapa.*
　🗨 *¿Tú crees?*

TO MAKE AN APPOINTMENT

¿Cómo / Cuándo / Qué día quedamos?
¿Cuándo podemos vernos?
¿Te / Le va bien el [día] / a las [hora] / en [lugar]?

🗨 *¿Cuándo quedamos?*
　🗨 *¿Te va bien mañana a las cinco?*

¿Te va bien mañana
a las cinco?

AT THE TELEPHONE

• Informal:

¿Diga / Dígame?
Hola, ¿está [nombre]?
¿De parte de quién, por favor?
De / Soy [nombre].
Un momento, ahora se pone.
No está. ¿Quieres dejarle algún recado?

Sí, por favor. Dile que [recado].

• Formal:

¿Diga / Dígame?
¿Puedo hablar con [nombre], por favor?
¿De parte de quién, por favor?
De / Soy [nombre].
Un momento, ahora le paso.
En este momento no está. ¿Quiere
　dejarle algún recado?
Sí, por favor. Dígale que [recado].

 5, 6

11a Escucha los diálogos e indica para qué actividad quieren concertar una cita y si pueden quedar.

Diálogo	Para qué actividad	¿Pueden quedar?
1	Comprar ropa	Sí
2		
3		
4		
5		

b Escucha de nuevo los diálogos y acaba de completar la siguiente información.

Diálogo	Día de cita	Hora de la cita	Lugar de la cita
1	Mañana		
2			
3			
4			
5			

12 ¿Te atreves a buscar las palabras que corresponden a estas definiciones? Fíjate en que todas contienen alguna letra de la palabra *ceremonia* y están relacionadas con el día de la boda.

1 Acción de unirse legalmente dos personas.

2 Comida espléndida que se organiza para celebrar algo.

3 Hombre que presenta a la mujer que se casa en una boda religiosa.

4 Persona que declara que las personas que se casan son quienes son y que lo hacen libremente.

5 Mujer que presenta al novio en una boda religiosa.

6 Unión legal de dos personas.

7 Hombre que se casa.

8 Persona que asiste a una celebración.

9 Mujer que se casa.

13 La leyenda de los Amantes de Teruel

Existe una antigua leyenda para explicar la historia de los Amantes de Teruel, que posteriormente ha sido documentada. En los primeros años del siglo XIII vivían en Teruel Juan Diego de Marcilla e Isabel de Segura, dos jóvenes que se enamoraron locamente.

La familia de Isabel rechazó a Diego por no tener bienes. Éste consiguió que le dieran un plazo de cinco años para hacerse rico, por lo que se fue a la guerra. Regresó a Teruel justo el día que se acababa el plazo, cuando Isabel ya era esposa de otro hombre, del señor de Albarracín.

Diego consiguió entrevistarse con ella en su casa y le pidió un beso. Isabel se lo negó y dicen que el joven se murió de dolor. Al día siguiente, en los funerales de Diego, Isabel quiso darle un beso y al hacerlo también se murió.

En 1555, en la iglesia de San Cosme y San Damián se encontraron unas momias que, aparentemente, corresponden a Juan Diego de Marcilla e Isabel de Segura.

Adaptado de < http://platea.pntic.mec.es/~fmarti8/los_amantes.htm >

1 ¿Qué pasó entre Juan Diego de Marcilla e Isabel de Segura?
   Que se enamoraron locamente.

2 ¿Dónde vivían Juan Diego de Marcilla e Isabel de Segura?
   _____

3 ¿Por qué la familia de Isabel no permitió que se casara con Diego?
   _____

4 ¿Qué pasó cuando Diego regresó de la guerra?
   _____

5 ¿De qué murió Diego?
   _____

6 ¿Cuándo quiso Isabel dar un beso a Diego?
   _____

7 ¿Dónde se encontraron las momias de Juan Diego de Marcilla e Isabel de Segura?
   _____

Museo de Teruel:
www.dpteruel.es/museo.htm

Revista *on line* **de novias:**
novias.magazine.homeslead.com/
matrimonio.html

Diccionario de mitos y leyendas:
www.antropologia.com.ar/
diccionario

Evaluación

1 ¿Podrías completar estas frases para que tengan sentido?

1 💬 ¡Toma, este regalo es para ti!
   💬 ¿Para mí?, no ____ que haberte molestado.
   ☐ tenías   ☐ tienes   ☐ tengas

2 💬 ¡Espero que ____ porque hace mucho tiempo que no llueve.
   ☐ llueve   ☐ llueva   ☐ lloverá

3 💬 ¡Me voy de viaje!
   💬 ¡Qué te lo _____ bien!
   ☐ pases   ☐ pasas   ☐ pasarás

4 💬 ¿Quieres venir a casa el martes?
   💬 Lo siento _____, pero es que tengo que estudiar. Mejor el viernes.
   ☐ muchas   ☐ poco   ☐ mucho

5 💬 Gracias por venir.
   💬 No hay _____.
   ☐ de nada.   ☐ de qué.   ☐ a ti.

6 💬 Mañana me caso.
   💬 ¡Oh! ¡Que _____ muy feliz!
   ☐ eres   ☐ siendo   ☐ seas

7 💬 ¿Diga?
   💬 ¿Está Eugenia?
   💬 ¿De parte _____ quién?
   ☐ con   ☐ de   ☐ no está

8 💬 ¿Está Carmen?
   💬 En este momento no está. ¿Quieres _____ algún recado?
   ☐ poner   ☐ decirte   ☐ dejar

9 💬 ¿Te _____ venir a cenar a casa?
   💬 Vale, gracias.
   ☐ apeteces   ☐ quiere   ☐ apetece

10 💬 ¡Qué casa tan bonita tienes!
   💬 ¿Tú _____?
   ☐ crees   ☐ piensas   ☐ opinas

11 💬 Me voy a casa. Estoy muy cansado.
   💬 Adiós. Que _____.
   ☐ descansas   ☐ descansarás   ☐ descanses

12 💬 ¿Te _____ bien a las doce?
   💬 Es muy tarde. Mejor a las once.
   ☐ parezca   ☐ va   ☐ vaya

2 ¿Te gusta leer la sección de crónicas sociales de los periódicos?
Lee este artículo e intenta completarlo con las palabras del cuadro.

> invitados • novios • boda civil • viaje de novios • ceremonia
> tarta nupcial • recién casados • banquete

El pasado sábado día 1 de agosto se celebró, en la localidad barcelonesa de Badalona, la 1 _____ de dos de las personalidades más conocidas de la ciudad, el arquitecto Javier Fernández y la doctora Ana García Domínguez.

El acto tuvo lugar en el Ayuntamiento de la ciudad. El alcalde, el señor Antonio Martín, fue el responsable de casar oficialmente a la pareja.

Tras la 2 _____, firmaron los documentos.

A la salida del edificio, los 3 _____, familiares cercanos y amigos muy íntimos, les tiraron arroz, como si se tratara de una ceremonia religiosa, y se oyeron algunos "Vivan los 4 _____". El fotógrafo inmortalizó el momento.

El 5 _____ tuvo lugar en un conocido restaurante situado a las afueras de la ciudad especializado en este tipo de eventos.

Durante la cena, fueron frecuentes los "Que se besen". Después de degustar la 6 _____, la actuación musical animó el ambiente. La fiesta duró hasta altas horas de la madrugada. Al terminar, los 7 _____ se despidieron de todo el mundo porque a la mañana siguiente iniciaban el 8 _____.

Now I can:

☐ To use expressions for social relationships.
☐ To make and answer an invitation.
☐ To make appointments.
☐ To take part in telephone conversations.

Also I learned:

_____
_____
_____
_____

1 ¿Puedes señalar la respuesta más adecuada?

1 ¿Por qué se fueron tan pronto?
☐ Se fueron tan pronto de manera que llovía.
☐ Se fueron tan pronto a causa del mal tiempo que hacía.
☐ Se fueron. Por eso llovía.

2 En 1940, mucha gente no tenía lavabos en casa e iba a los servicios públicos.
☐ ¡Cuánta gente!
☐ Fíjate en esta casa, ¡no tiene lavabo!
☐ ¿Ah, sí? Pues no hace tanto tiempo de eso como yo creía.

3 ¿Has visto la ropa tan rara que llevan esos chicos? No me gusta nada.
☐ Es decir, que las multitudes no te gustan.
☐ Pues fíjate en ese otro grupo. Creo que van disfrazados.
☐ ¿Gustarme?

4 ¿Qué tal la película?, ¿te gustó?
☐ Bueno, no era tan interesante como pensaba.
☐ Es una porquería de exposición. No tenía ni pies ni cabeza.
☐ Sí, gracias.

5 Mañana he quedado con Carmen.
☐ ¡Cuánto tiempo sin verte!
☐ Dale recuerdos de mi parte.
☐ Sí, dime, dime.

6 ¿Te gustó la obra de teatro?
☐ ¿Gustarme? ¡La encontré genial!
☐ A ti no sé, pero a mí me encanta.
☐ ¿Ah, sí? No me digas. Sigue, sigue.

7 Voy en avión, ya que siempre hay muchas muertes en la carretera.
☐ Es decir, que todavía no tienes el carné de conducir.
☐ O sea, que las autopistas son cada día más caras.
☐ Vamos, que es más peligroso viajar en coche que en avión.

8 ¡Cuánto tiempo sin verte! ¿Te apetece tomar algo?
☐ Sí, dale recuerdos de mi parte si le ves.
☐ Tenía ganas de conocerle. He oído hablar mucho de ti.
☐ Lo siento mucho, pero es que tengo algo de prisa. Tal vez otro día.

9 El otro día me encontré a Lola. Hacía mucho tiempo que no nos veíamos.
☐ ¡No me digas! ¿Y cómo está?
☐ Tiene una casa preciosa.
☐ Te agradezco mucho que la saludaras.

10 Oye, Begoña, ¿quedamos el jueves a las seis?
☐ Que descanses.
☐ Que duermas bien.
☐ ¿Puede ser un poco más tarde?

This is how you can learn

You will understand the listening exercises better if you listen first for the gist of what's said and then again to catch the specific details.
You will understand more than you think if before listening you look at the illustrations and the exercise and predict what will be said in the dialogue.
Why don't you think over whether or not you do these things?
☐ I think about what will be said in the dialogue before listening.
☐ I read the transcript before listening.
☐ I listen several times, focusing on different things each time.
☐ I read the transcript after listening to make sure I've understood it correctly.

2 Hace poco, Lola entrevistó a un grupo de actores de teatro itinerante.
Aquí tienes la entrevista. ¿Podrías completarla con las palabras del cuadro?

> teníamos • hace • así que • pareció • después
> qué • comprar • contad • nos • eso • cómo

LOLA: ¿Por qué escogisteis esta profesión?
ACTORES: Bueno, 1_____ entusiasma el teatro y nos 2_____ maravilloso poder
dedicarnos a esto.
LOLA: Sí, pero ¿3_____ es que decidisteis formar una compañía itinerante? ¿No es
más fácil tener un local propio?
ACTORES: Porque al principio no 4_____ dinero para alquilar un local. 5_____ de
pensarlo mucho, decidimos 6_____ una furgoneta y empezar a recorrer pueblos.
LOLA: 7_____ llegabais a un pueblo y actuabais en la plaza principal, ¿no?
ACTORES: Así es.
LOLA: ¡8_____ interesante! ¿Y no habéis vuelto a pensar en alquilar o comprar un local?
ACTORES: La verdad es que 9_____ mucho tiempo que andamos viajando, y ahora
por fin vamos a comprar un pequeño local que nos sirva de base.
LOLA: ¿De base? Entonces vais a seguir viajando. ¿Y 10_____?
ACTORES: Bueno, nos gustaría viajar unos años más y luego establecernos
definitivamente en nuestro local, que desde aquí os invitamos a visitar.
LOLA: 11_____ conmigo. Me parece fabuloso lo que hacéis.

3 ¿Por qué no completas los siguientes enunciados?

1 ¿Qué hicieron ayer?
  La mayoría de la gente _____ al teatro.
  ☐ fueron   ☐ fue   ☐ fuisteis
2 ¡Qué amable eres! No tenías que _____ molestado.
  ☐ haberte   ☐ has   ☐ habías
3 Hola, Lola. ¡Qué bien te veo! No_____ nada.
  ☐ habías cambiado   ☐ has cambiado   ☐ cambiaste
4 _____ tres días que no veo a Luisa.
  ☐ Desde   ☐ En   ☐ Hace
5 Adiós, hija, hoy no me encuentro muy bien.
  Hasta mañana, mamá. Espero que te _____.
  ☐ mejores   ☐ mejoras   ☐ mejorabas
6 ¿Acabaste el informe?
  Sí, cuando _____ ayer por la noche, ya lo _____.
  ☐ llamabas / ya lo había   ☐ habías llamado / acabé   ☐ llamaste / había acabado
7 Te he traído los libros que me pediste _____.
  ☐ el día otro   ☐ el otro día   ☐ otro día
8 Gracias por tus sugerencias.
  _____.
  ☐ No hay de qué   ☐ Muchas gracias   ☐ Te lo agradezco
9 Mañana salgo de viaje y tengo que levantarme temprano.
  Bueno, pues que _____ un buen viaje.
  ☐ tienes   ☐ tenías   ☐ tengas

bloquetres3

partthree3

lección7
lección8
lección9

lesson 7
lesson 8
lesson 9

lección siete 7

lesson seven 7

¡Vaya fiesta!

What a party!

En portada

Headlines

¡Vaya fiesta!

What a party!

¿Te apetece conocer las fiestas más típicas que se celebran en España? Con nuestros amigos conocerás la Semana Santa de Sevilla, la verbena de San Juan, los sanfermines de Pamplona y muchas tradiciones más.

Would you like to find out about the most popular traditional festivals in Spain? You'll find out about Holy Week in Seville, the eve of Saint John's Day, San Fermín in Pamplona and many other traditions together with our friends.

In this lesson you're going to learn

- To speak about future plans
- Ways to express probability and make hypothesis
- How to make predictions

1a Nuestros amigos te invitan a su piso porque hoy es un día especial.
¿ Estás preparado? Mira la fotografía y marca la respuesta correcta.

 13, 14

1 ¿Qué te parece que hacen nuestros amigos?

- ✓ Celebran una fiesta.
- ☐ Preparan una reunión de vecinos.
- ☐ Estudian para los exámenes de fin de curso.

2 ¿Cómo están vestidos?

- ☐ Con ropa deportiva.
- ☐ Elegantes.
- ☐ En pijama.

3 ¿Qué tienen todos en la mano?

- ☐ Un trozo de pastel.
- ☐ Un regalo.
- ☐ Una copa de cava.

b Como hoy es una ocasión especial, nuestros amigos se han puesto
guapos. ¿Qué lleva cada uno?

1 Lázaro   a llevan un sombrero de pico.
2 Begoña   b no llevan sombrero.
3 Ana y Lola   c lleva un sombrero rojo.
4 Julián y Andrew   d lleva un sombrero plateado.

 1

 1

2a Antonio está hablando con los chicos. ¿Por qué no lees el siguiente diálogo y descubres de qué están hablando?
Elige una de las tres respuestas.

ANTONIO: Chicos, ¿qué vais a hacer para las vacaciones de Semana Santa? ¿Se quedará alguien en la ciudad u os vais todos?
BEGOÑA: Yo me voy el viernes a Pamplona. Voy a visitar a una amiga. Después de las clases cojo el autobús.
ANTONIO: ¡Qué bien! Y los demás, ¿qué?, ¿no tenéis planes?
LOLA: Yo voy a Sevilla con mi madre y mi tía. Vamos a ver a mis abuelos, que viven allí.
ANDREW: Yo iré a Madrid. Tengo un amigo español que es de allí. Nos conocimos el año pasado en la Universidad de Los Ángeles. ¡Por fin practicaré español con él! Seguro que estará muy contento.
ANTONIO: ¿Y tú, Julián?
JULIÁN: Pues yo me quedaré aquí. El domingo llega un amigo de México y quiero enseñarle la ciudad.
LOLA: Y ¿dónde se va a alojar?
JULIÁN: ¿Por qué?
LOLA: Porque nos vamos a ir todos menos tú, y en el piso habrá sitio para tu amigo.
JULIÁN: Y ¿puede instalarse en el piso mientras vosotros estáis fuera?
LOLA: Claro que sí, hombre. Si es amigo tuyo, también es amigo nuestro, ¿verdad chicos?

- [ ] Sobre los problemas que tienen con los vecinos.
- [ ] Sobre los planes que tienen para Semana Santa.
- [ ] Sobre los próximos exámenes de la escuela.

b Ahora, ¿por qué no vuelves a leer el diálogo e indicas si las siguientes frases son verdaderas (V) o falsas (F)?

	V	F
1 Antonio quiere saber qué van a hacer los chicos.	✓	
2 Begoña se va el sábado a Pamplona.		
3 Lola va a Sevilla con unos amigos de la escuela.		
4 Andrew no irá a ningún sitio.		
5 Andrew practicará español con un amigo de Madrid.		
6 Julián se quedará en el piso.		
7 Un amigo de Julián se va a alojar en el piso de los chicos.		

 2, 3

3a Lázaro, Andrew y Julián están en una situación muy crítica. Escucha cómo hablan e intenta averiguar qué les pasa. ¿Sabes a cuál de los tres se refiere cada una de estas frases? Escribe el nombre de cada uno de ellos al lado de la frase correspondiente.

1 Hace preguntas sobre dónde está Ana y cuándo vendrá: _____.
2 Se siente un poco raro y extraño: _____.
3 Cree que seguramente se han intoxicado: _____.

b Ahora, vuelve a escuchar el diálogo y fíjate bien en las preguntas que hace Lázaro y en su tono. ¿Qué crees que expresa con estas frases? Marca la respuesta correcta. 2, 3

¿Cuándo vendrás?
¿Vendré a verte yo a ti…?
Ana… Ana… vendré, vendrás, vendremos…

☐ Que no le preocupa lo que le pasa a Ana.

☐ Que está preocupado por Ana y se pregunta qué le puede pasar.

☐ Que se alegra de lo que le pasa a Ana.

c Escucha otra vez el diálogo e intenta completar los huecos con las palabras del cuadro. Todas estas expresiones sirven para formular hipótesis. 2, 3

> quizá • seguramente • a lo mejor • quizá

1 _A lo mejor_ ha llegado Ana y yo aquí.
2 _____ esté preocupada, quizá…
3 _____ nos hemos intoxicado.
4 _____ será eso, ay,… que nos quedamos solitos… sin chicas y enfermos.

4a Lola quiere saber cómo será su futuro. Por eso hoy ha ido a la consulta de una pitonisa. ¿Tú cómo crees que será el futuro de Lola? Antes de escuchar el audio, marca en la columna de la izquierda las predicciones que tú imaginas. 4, 5

Tú	Predicciones sobre el futuro de Lola	La pitonisa
☐	1 Hará un viaje hacia el sur de España.	☐
☐	2 Se cambiará de piso.	☐
☐	3 Cambiará de trabajo.	☐
☐	4 Montará su propia compañía de teatro.	☐
☐	5 Tendrá suerte en el mundo del teatro.	☐
☐	6 Ganará mucho dinero.	☐
☐	7 Conocerá a alguien muy especial.	☐
☐	8 Se casará y tendrá muchos hijos.	☐

b Ahora, ¿por qué no escuchas qué le dice la pitonisa a Lola? Marca en la tabla de arriba, en la columna de la derecha, las predicciones de la pitonisa. ¿Son las mismas que las tuyas?

4, 5

 6

5a Ya faltan pocos días para que el amigo de Julián, Antonio, llegue desde México. Julián le envía un correo electrónico para explicarle sus planes. ¿Por qué no le ayudas completándolo con los verbos del cuadro?

> te encantará • cogeremos • ~~llegarás~~ • querrás • habrá • estaré • estarás

Querido Antonio:

¿Cómo van los preparativos del viaje? Supongo que ya lo tienes todo listo, porque pronto **1** *llegarás* a España.
Te escribo para avisarte de que no es necesario que busques alojamiento. Mis compañeros de piso van a estar fuera durante las vacaciones de Semana Santa, o sea, que en el piso **2** _____ sitio de sobra para los dos.
El domingo, tal y como quedamos, **3** _____ en el aeropuerto sobre las seis de la tarde, un poco antes de que llegue tu vuelo. Desde allí **4** _____ el tren hasta el centro, donde tenemos el piso.
Seguramente el lunes **5** _____ descansar. Te entiendo; después de un viaje tan largo es normal, pero me imagino que el martes o el miércoles ya **6** _____ preparado para empezar a conocer este país.
Tengo muchos planes para ti. Durante las vacaciones de Semana Santa y en todas las ciudades se celebran actos muy interesantes: procesiones, misas, representaciones teatrales sobre la vida de Jesús, etc.
¡Hay tantos sitios por visitar y tantas cosas por conocer! Estoy seguro de que esto **7** _____.
¡Hasta pronto!

Julián

b En el correo electrónico de Julián aparecen dos verbos que en *futuro* presentan irregularidades: *querrás* y *habrá*. ¿Sabes cuál es el *infinitivo* de estas dos formas? Fíjate en que las raíces de estos dos verbos para construir el *futuro* son las siguientes: *querr-* y *habr-*.

1 El *infinitivo* de querrás es _____.
2 El *infinitivo* de habrá es _____.

c Ahora imagina que dentro de poco va a venir un/a amigo/a a verte. ¿Por qué no le escribes un correo? Puedes seguir estas indicaciones. Después, puedes comparar tu correo con el modelo que hay en las soluciones.

- Salúdalo/la.
- Pregúntale cómo van los preparativos del viaje.
- Explícale el motivo principal de tu correo.
- Infórmale de la posibilidad de que se aloje en tu piso.
- Confirma el lugar y la hora del encuentro con él/ella.
- Explícale los planes que tienes para cuando llegue.
- Despídete.

6a A continuación, tienes una lista de verbos conjugados en *futuro*. ¿Puedes reconocer el *infinitivo* a partir del cual se forman los verbos y la persona a la que se refieren?

1 cogeremos: *coger, nosotros/as*
2 querrás:_____
3 practicaré: _____
4 viviréis: _____
5 conocerá: _____

6 nos quedaremos:_____
7 irán: _____
8 llegarás: _____
9 estaréis: _____
10 se casarán:_____

b Ahora, ¿por qué no completas este cuadro con las terminaciones correspondientes? Fíjate en que el *futuro* de los verbos regulares se forma a partir del *infinitivo*. Las terminaciones que te damos te pueden ayudar.

	LLEGAR	COGER	VIVIR
Yo	llegar-**é**	coger-	vivir-
Tú	llegar-	coger-**ás**	vivir-
Él, ella, usted	llegar-**á**	coger-	vivir-
Nosotros/as	llegar-	coger-	vivir-**emos**
Vosotros/as	llegar-**éis**	coger-	vivir-
Ellos, ellas, ustedes	llegar-	coger-**án**	vivir-

c Fíjate en el cuadro anterior e indica cuál de estas afirmaciones es verdadera.

☐ Las terminaciones de *futuro* son las mismas para los tres grupos de verbos: *llegar*, *coger* y *vivir*.
☐ Las terminaciones de *futuro* son diferentes según el grupo al que pertenezca el verbo: *llegar*, *coger* y *vivir*.
☐ Las terminaciones de *futuro* son las mismas para los verbos de los grupos *llegar* y *coger*, pero diferentes para los verbos del grupo *vivir*.

7 Después de la fiesta que organizaron ayer los chicos para celebrar la verbena de San Juan, el piso está muy desordenado. ¿Puedes construir frases con los elementos que te damos para describir cómo ha quedado el piso?

1 microondas / vasos / dentro / hay / del
Hay vasos dentro del microondas. / Dentro del microondas hay vasos.
2 sofá / los / debajo / están / del / discos
_____
3 las / están / estanterías / botellas / las / de / encima
_____
4 pizza / la / un / de / puerta / hay / trozo / de / detrás
_____
5 la / de / nevera / sólo / dentro / hay / de / una / agua / botella
_____
6 hay / no / comida / nevera / dentro / la / de
_____
7 plástico / sofá / los / de / vasos / encima / están / del
_____

7, 8, 9

8 ¿Te gustaría saber cómo es la consulta de una pitonisa? Mira el dibujo e intenta completar las frases con las palabras del cuadro.

> detrás de • enfrente del • encima de • alrededor de
> delante de • ~~en medio de~~ • debajo de

1 *En medio de* la habitación hay una gran mesa.
2 _____ la mesa hay una gran bola de cristal y una baraja de cartas.
3 _____ la mesa, en el suelo, hay plantas curativas de todo tipo.
4 _____ la mesa hay un gran espejo.
5 _____ la mesa hay una cruz enorme.
6 Hay un gato blanco _____ la silla de la pitonisa.
7 El sofá para hacer ejercicios de relajación está _____ armario.

10, 11

9a Ahora nuestros amigos están recogiendo el piso. ¿Por qué no completas cada una de las frases con la palabra más apropiada?

| primer • primero | 1 | a El jarrón va en el *primer* estante del armario.
b Antonio fue el *primero* en irse de la fiesta. |

| tercer • tercero | 2 | a Las chicas del _____ también organizaron una fiesta.
b El mantel y las servilletas van en el _____ cajón. |

| algún • alguno | 3 | a Ayer _____ vecino se quejó del volumen de la música.
b Creo que _____ de nuestros amigos bebió demasiada cerveza. |

| ningún • ninguno | 4 | a _____ amigo se ha quedado a ayudarnos con este desorden. ¡Ya está bien!
b ¿Dónde están los discos? No hay _____ en su sitio. |

| mal • malo | 5 | a No tomes el café que sobró ayer. El café frío está muy _____.
b Éste es un _____ momento para quejarse. |

| buen • bueno | 6 | a Todo estaba muy _____: la tortilla, las gambas,…
b Compramos un _____ vino para la ocasión. |

| gran • grande | 7 | a Lástima que el piso no sea más _____.
b La de ayer fue una _____ fiesta. |

♭ Ahora, reflexiona y marca la opción correcta.

10, 11

Los adjetivos (*primero, tercero, malo, bueno*) y los indefinidos (*alguno, ninguno*) cuando van delante de algunos nombres masculinos…

☐ pierden la *o* final. ☐ no cambian. ☐ desaparecen.

10a Mira las fotografías y lee los diálogos. ¿Sabes qué diálogo acompaña a cada fotografía? Relaciónalos. Fíjate en las palabras destacadas.

12

1 ☐ 2 ☐ 3 a 4 ☐

a ¡Qué bien huele! ¿Qué es **eso**, Ana?
  Os estoy haciendo un pastel. ¿Qué os parece?

b Mira, **esto** me lo han dado los chicos para ti, un cuadro y un reloj. Han pensado que igual lo quieres, y como ellos no lo necesitan.
  Y **esto**, Ana, ¿qué es?
  ¿Eso? **Eso** es un muñeco de papel que hizo Lola.

c ¡Mirad, chicos! ¿Qué es **aquello** que brilla en el cielo?
  Seguro que es una estrella.
  Yo creo que es un ovni.
  ¡Qué imaginación tenéis! Es un avión.

d ¿De quién es **esto**?
  Eso seguro que es de Ana.
  Chicos, y **esto**, ¿sabéis de quién puede ser?

♭ Vuelve a observar las palabras destacadas. ¿De qué depende que se utilice *aquello, esto* o *eso*? Selecciona la respuesta correcta.

12

☐ De si las personas que hablan se conocen desde hace mucho tiempo.
☐ De la distancia que hay entre las personas que hablan respecto a un mismo objeto.
☐ Del tipo de objeto del que se habla.

Recursos

Resources

TO MAKE PREDICTIONS

• We use the future verb form to make predictions or forecasts about future events:

> Dicen que mañana **hará** más calor que hoy.

Dicen que mañana seguirá haciendo frío.

TO TALK ABOUT FUTURE PLANS

Ir a + [infinitivo]
[verbo en presente]
[verbo en futuro]

> La semana que viene **voy a estar** muy ocupado.
> Mañana **tengo** mucho trabajo.
> Begoña no sabe qué **hará** en Semana Santa.

EXPRESS PROBABILITIES AND FORMULATE HYPOTHESIS §35

A lo mejor
Seguro que / Seguramente

Supongo que / Creo que /
Me imagino que

Igual
Quizá / Tal vez/ Probablemente

Puede ser que / Es probable que

> **A lo mejor** ha perdido el tren.
> **Seguro que** volverán pronto.
> **Seguramente** iré a Pamplona.
> **Supongo que** llamará mañana.
> **Creo que** está trabajando en ello.
> **Me imagino que** vino ayer.
> **Igual** no viene a casa.
> **Quizá** están / estén en el bar de la esquina.
> **Tal vez** tiene / tenga algún problema.
> **Probablemente** llamó / llame a casa.
> **Puede ser que** no funcione el teléfono.
> **Es probable que** no quiera.

💡 **A lo mejor** presents negative or positive information that the speaker considers possible. It is followed by an indicative verb: future, present or past.

💡 **Seguro que / Seguramente** are used to indicate that the speaker is not totally but fairly sure of what he is saying. These expressions are followed by an indicative verb: future, present or past.

💡 **Supongo que / Creo que / Me imagino que** are also followed by an indicative verb: future, present or past.

💡 **Igual** can be used in an informal context. It refers to a possibility that the speaker does not necessarily think is likely.

💡 **Quizá / Tal vez / Probablemente** can be followed by an indicative or subjunctive verb.

💡 **Puede ser que / Es probable que** can only be used with a subjunctive verb.

FUTURE §16 y §26

(yo)	viajar**é**
(tú)	viajar**ás**
(él, usted)	viajar**á**
(nosotros)	viajar**emos**
(vosotros)	viajar**éis**
(ellos, ustedes)	viajar**án**

💡 Please note that this is formed using the infinitive with the following endings: –é, –ás, –á, –emos, –éis, –án. This is used to express probability in the present tense.
🗨 ¿Por qué no come el niño? 🗨 **Estará** enfermo.

HOW TO LOCATE OBJECTS IN SPACE §30

Arriba	*Yo voy al piso de **arriba**.*
Abajo	*La consulta no es en esta planta, sino aquí **abajo**.*
En el centro	*Mira la foto. **En el centro** estoy yo.*
En medio	*Mira. Ese coche está parado **en medio** de la calle.*
Alrededor	*Pon las sillas **alrededor** de la mesa.*
Sobre	*Mira tus llaves. Están **sobre** la estantería.*
Fuera	*No voy a salir **fuera**. Hace mucho frío.*
Frente a	*Te espero **frente a** la estación.*
En ninguna parte	*Lo he buscado y no está **en ninguna parte**.*

💡 You are already familiar with these words; they appear with de if they are followed by a noun:

Encima (de)	*Ponte algo **encima** o tendrás frío. / Hay vasos **encima del** televisor.*
Debajo (de)	*Creo que está ahí **debajo**. / **Debajo de** la cama hay un zapato.*
Delante (de)	*Vivo en la casa de **delante**. / **Delante de** la casa hay una tienda.*
Detrás (de)	*Fue **detrás** y miró. / Miró **detrás de** la casa.*
Dentro (de)	*Estoy seguro de que está **dentro**. / Mira **dentro del** armario.*
Enfrente (de)	*La puerta de **enfrente**. / **Enfrente de** la cama hay un armario.*
Dentro (de)	*Aquí **dentro** hace mucho calor. / La chaqueta está **dentro del** armario.*

REDUCED FORM OF SOME ADJECTIVES §5

• These are used with some adjectives that go before masculine singular nouns:

Primer(o)	*En **primer** lugar, hablemos de tu problema. / Hoy he venido el **primero**.*
Tercer(o)	*Yo vivo en el **tercer** piso. Mónica también en el **tercero**.*
Algún(o)	***Algún** día hablaremos sobre esto. / He hablado con **algunos** amigos.*
Ningún(o)	*Andrew no tiene **ningún** libro de cocina. Y Lola tampoco tiene **ninguno**.*
Mal(o)	*Es un **mal** libro. / Este libro es bastante **malo**.*
Buen(o)	*Él es un **buen** alumno. / Él es un alumno **bueno**. Saca buenas notas.*
Gran(de)	*Es un **gran** hombre. / Tengo un problema muy **grande**.*

NEUTER DEMONSTRATIVES §7

• These are used when what is being talked about cannot be named because the name is not known, because the speaker does not want to name it, or because it is a concept that is difficult to express with one word:

Esto	*¡Mira **esto**! Parece un trozo de pizza.*
Eso	*Mañana hablaremos de **eso** que te preocupa tanto.*
Aquello	*¿Qué es **aquello** que está sobre la alfombra?*

Aún tengo algún día de vacaciones.

Yo también tengo algunos.

Yo no tengo ningún día de vacaciones.

13, 14

11 ¿Quieres saber cuáles son algunas de las fiestas más importantes de España? Descubre qué fotografía corresponde a cada fiesta.

1 <u>La Feria de Abril</u>   2 _____   3 _____

4 _____   5 _____

San Fermín: fiesta muy popular que se celebra en Pamplona, Navarra. Los sanfermines empiezan el 6 de julio y duran una semana. Durante estos días se organizan encierros y corridas de toros.

La verbena de San Juan: fiesta que se celebra sobre todo en las ciudades y pueblos de la costa mediterránea la noche del 23 de junio. Durante esa noche, que es la más corta del año, la gente tira petardos, lanza cohetes y enciende hogueras.

La Feria de Abril: fiesta que se celebra en Sevilla, Andalucía, una semana o diez días después de Semana Santa. Durante estas fiestas se bailan sevillanas y se toman vinos en las casetas.

San Isidro: este santo es el patrón de la ciudad de Madrid y también de los campesinos. Mucha gente aprovecha el 15 de mayo, día de San Isidro, para vestirse con el traje regional y bailar el chotis.

Semana Santa: fiesta religiosa que se celebra entre marzo y abril en toda España para recordar la muerte de Cristo.

12 ¡Qué fiestas más curiosas! La mayoría de las culturas celebran el día de Todos los Santos o de los Muertos. A continuación, te explicamos cómo se celebra ese día en Guatemala. Para comprobar si has entendido el texto, puedes contestar a las preguntas que aparecen al final.

 13, 14

El día de Todos los Santos en Guatemala

El 1 de noviembre es uno de los días más importantes del año en Guatemala. En esta fecha se celebra el Día de los Muertos o Santos. Ese día, además de visitar y adornar los cementerios para recordar a los muertos, hay dos celebraciones: La Corrida de Caballos en la ciudad de Todos Santos y el vuelo de los Barriletes Gigantes de Santiago. Los habitantes de Todos Santos Cuchumatán, pueblo situado en las montañas de Los Cuchumatanes, celebran este día con carreras de caballos y comiendo platos tradicionales. Los habitantes de Santiago Sacatepéquez, pueblo situado a 30 km de la ciudad de Antigua Guatemala, se reúnen en el cementerio y allí hacen volar los barriletes gigantes, un tipo de cometas que miden alrededor de 2 m de diámetro y que tienen pequeños mensajes atados a sus colas. Esos mensajes sirven para hacer saber a sus difuntos cómo están y para enviar peticiones especiales a Dios. La celebración termina con una comida tradicional.

Adaptado de *Red Trade Point* Guatemala Centroamericano.Net INGUAT.NET
<http://www.inguat.net/ingues/esallsaints.html>

1 ¿Cuándo se celebra el día de Todos los Santos en Guatemala?
    El 1 de noviembre.

2 ¿Qué se visita y se adorna ese día?
    _____

3 ¿Qué celebraciones hay?
    _____

4 ¿Dónde está situado Todos Santos?
    _____

5 ¿Dónde está situado Santiago?
    _____

6 ¿Qué son los barriletes gigantes?
    _____

7 ¿Para qué sirven los mensajes que están atados a los barriletes?
    _____

8 ¿Qué tienen en común la celebración de Todos Santos y la de Santiago?
    _____

Agencia de viajes virtual:
www.viajar.com

Horóscopo:
www.terra.es/horoscopo

Portal de Internet sobre Andalucía:
www.andalunet.com

Evaluación

Evaluation

1 ¿Puedes completar los diálogos siguientes con las palabras que faltan?

1 💬 ¿Dónde está la caja?
   💬 _____ armario.
   ☐ Dentro del
   ☐ Entre el
   ☐ Sobre

2 💬 ¿Dónde está la mesa?
   💬 _____ salón.
   ☐ En medio del
   ☐ Encima del
   ☐ Sobre el

3 💬 ¿Qué hay en el armario?
   💬 Unas botellas. Están en el ____ cajón.
   ☐ tercer   ☐ tercero   ☐ tres

4 💬 ¿Dónde pongo estas cajas?
   💬 Ponlas en el ____ estante de la librería.
   ☐ primero   ☐ primer   ☐ uno

5 💬 ¿Qué es _____ que hay debajo de la mesa?
   💬 No sé, parece un trozo de papel.
   ☐ este   ☐ eso   ☐ esa

6 💬 ¿Dónde está _____ que sirve para limpiar los cristales?
   💬 Creo que está en la cocina, _____ del armario.
   ☐ aquel / abajo
   ☐ aquella / entre
   ☐ aquello / dentro

7 💬 ¿Chicos, sabéis que he encontrado hoy _____ la escalera de la entrada?
   💬 No, ¿qué has encontrado?
   💬 Un gato. Creo que está abandonado. Pobre, da mucha lástima.
   ☐ debajo de
   ☐ en ninguna parte
   ☐ entre

8 💬 _____ día tenemos que ir a la Feria de Abril juntos. Aquello es precioso.
   💬 Me parece estupendo.
   ☐ Alguno   ☐ Alguna   ☐ Algún

9 ¡Me ha tocado la lotería! ¡Cien millones! Mañana mismo me compraré un _____ coche.
   ☐ bueno   ☐ buen   ☐ buena

10 ¡Felicidades, Paco! ¿Qué _____ con el dinero de la lotería que te ha tocado?
   ☐ hará   ☐ harás   ☐ haces

11 Primero, me _____ una casa y después, también me gustaría hacer un viaje por toda Latinoamérica.
   ☐ he construido   ☐ construí   ☐ construiré

12 💬 ¿Tienes algún plan para la semana que viene?
   💬 La próxima semana ____ mis padres.
   ☐ han venido   ☐ vinieron   ☐ vendrán

2 Elige la forma conveniente de cada verbo en las frases siguientes.

1 RAQUEL: Lola, ¿qué tal el trabajo en el programa de televisión?
   LOLA: Ahora estoy muy tranquila porque no tengo mucho trabajo, pero el próximo mes creo que _____ varias intervenciones cada semana.
   ☐ tuve   ☐ he tenido   ☐ tendré

2 LOLA: ¿Habéis oído eso, chicos? Están llamando a la puerta.
   JULIÁN: Son las once y media de la noche, no sé quién _____ a estas horas.
   ☐ ha sido   ☐ es   ☐ fue

3 ANA: No sé dónde están los chicos. En el piso hay un desconocido durmiendo en el sofá.
   LÁZARO: ¡No te preocupes tanto! _____ enseguida.
   ☐ Van a venir   ☐ Han venido   ☐ Vinieron

4 JULIÁN: Ayer guardé mi libro de cocina en este cajón y hoy no lo encuentro. No sé dónde _____ estar.
   ANDREW: Me imagino que estará en la cocina. Begoña lo cogió ayer para preparar un plato.
   ☐ ha podido   ☐ pudo   ☐ podrá

5 LOLA: Julián, ¿sabes algo de tu madre?
   JULIÁN: No, hace tiempo que no hablo con ella. Mañana la _____.
   ☐ llamo   ☐ he llamado   ☐ llamé

Now I can:

☐ To speak about future plans and make predictions.
☐ To express hypothesis and probability.

Also I learned:

_____
_____
_____
_____
_____

lecciónocho8

lessoneight8

Ponte en forma

Get into shape!

Ponte en forma

Get into shape!

¿Haces ejercicio normalmente? ¡Sal a la calle y muévete! Te sentirás mejor.

Do you exercise regularly? Go out and get moving! You'll feel much better.

1a Mira la fotografía e intenta responder a las preguntas siguientes.

1 ¿Quién te parece que practica más deporte?
Andrew.

2 ¿Quién debería llevar una dieta más sana?
_____ y _____

3 ¿Quién te parece que está preocupado por la alimentación de Antonio y Julián?
_____ y _____

b Ahora lee las palabras del cuadro. Todas ellas son actividades que pueden mejorar o empeorar tu salud. ¿Sabes cuáles son buenas y cuáles son malas para la salud?

8, 12, 13, 14, 15

---

fumar • comer muchos dulces • ~~hacer natación~~ • beber alcohol • llevar una dieta equilibrada • tomar mucho café • montar en bicicleta • comer poca fibra • beber mucha agua • andar mucho

---

Para tener una buena salud	Para tener una mala salud
Hacer natación	_____
_____	_____
_____	_____
_____	

Escenas

 1

2a Lola y Begoña se encuentran mal. ¿Quieres saber qué les pasa? Lee el diálogo y después contesta a las preguntas completando los huecos de las frases.

¿Sigues igual...?

 1

BEGOÑA: Hola, ¿qué tal te encuentras? ¿Sigues igual que esta mañana?
LOLA: No, estoy peor.
BEGOÑA: ¿De verdad? Pero ¿qué te pasa?
LOLA: Me duele la cabeza y el estómago. Además, me siento débil.
BEGOÑA: Bueno, seguro que no tienes nada, un poco de cansancio y basta. Eres un poco quejica.
LOLA: Eres increíble, te digo que estoy fatal y a ti no te importa. En esta casa nadie se preocupa por mí. ¿Es que tú nunca piensas en los demás?
BEGOÑA: Bueno, tranquila, ¿eh? Yo también tengo dolor de cabeza y no me quejo.
LOLA: Claro, porque no te duele tanto como a mí.

1 ¿Qué le pasa a Lola?
 Está enferma.
2 ¿Sigue igual que esta mañana?
 No, está _____.
3 ¿Qué le duele?
 Le duele la _____ y el _____.

4 Y a Begoña, ¿le duele algo?
 Sí, le _____ la cabeza.
5 Según Lola, ¿por qué no se queja Begoña?
 Porque a Begoña _____ le _____ tanto _____ a ella.

b Ahora ya sabes que Lola y Begoña hablan sobre sus estados de salud. Aquí tienes algunas de las frases que utilizan, ¿podrías clasificarlas según se usen para preguntar o para responder sobre el estado de salud?

> ~~¿Qué tal te encuentras?~~ • ~~Me duele la cabeza~~ • ¿Qué te pasa?
> Estoy peor • Me siento débil • ¿Sigues igual que esta mañana?
> Estoy fatal • Tengo dolor de cabeza

Para preguntar por el estado de salud	Para responder
¿Qué tal te encuentras?	*Me duele la cabeza.*

2, 3, 5, 6

3a Lola está escuchando un programa de *Radio Vida*, que atiende consultas a todas horas. Escúchalo con ella y después indica sobre qué trata.

☐ Sobre viajes.
☐ Sobre cómo mejorar la salud.
☐ Sobre música.

b Ahora ya sabes que Lola ha llamado al programa para explicar su problema. Vuelve a escuchar la grabación, fíjate en cómo Lola expresa temor y después completa el diálogo que aparece a continuación con las expresiones del cuadro.

2, 3

> me da miedo ir al médico • ¡qué miedo me dan las inyecciones!
> me horroriza el dolor • ~~me dan miedo los médicos~~

LOCUTORA: Buenas noches.
LOLA: Buenas noches. Llamo porque me encuentro fatal, creo que tengo la gripe.
LOCUTORA: Para poder ayudarla tengo que saber cuál es exactamente su problema. ¿Por qué no va al médico?
LOLA: Es que 1 *me dan miedo los médicos.* 2 _____.
3 _____ porque creo que relaciono a los médicos con el dolor. Además seguro que me receta inyecciones, 4 _____.
LOCUTORA: Pues me temo que yo no puedo hacer nada hasta que no sepa cuál es exactamente su problema. Lo siento.

c Todos los oyentes están de acuerdo con los consejos. Un mes después dicen… Relaciona las frases de la columna izquierda con las de la derecha.

5, 6

1 Ahora hago deporte y no como grasas
2 Ahora no fumo
3 Ahora no bebo alcohol
4 Ahora mi hija hace deporte
5 Ahora mi hijo come de todo y lleva una dieta sana

a para no empeorar mi problema de asma.
b para curar mi úlcera.
c para no tener más varices.
d para no tener anemia.
e para no tener problemas de obesidad.

4a Begoña entra en casa y se encuentra a Lázaro, a Julián y a Andrew enfermos. Escucha el diálogo y luego indica cómo reacciona Begoña.

1, 4

☐ No le da importancia.   ☐ Se ríe de ellos.   ☐ Le preocupa la situación.

b Vuelve a escuchar la grabación y contesta a las preguntas rellenado los espacios en blanco. Ten en cuenta que en la grabación no se recogen exactamente las mismas palabras. Tienes que entender el sentido.

1, 4

1 ¿Qué les pasa a Julián, a Andrew y a Lázaro? Están *enfermos.*
2 ¿Le preocupa a Begoña que los tres estén enfermos?
Sí, a Begoña _____ _____ que los tres estén enfermos.
3 ¿Está preocupada Begoña porque tal vez sea una epidemia?
Sí, _____ _____ porque tal vez sea una _____.
4 ¿Begoña también está preocupada porque es probable que sea peligroso?
Sí, _____ _____ porque es probable que sea _____.
5 ¿Ha llamado Begoña al médico? _____, todavía no ha llamado ____ _____.

 7

5 Lola se va unos días fuera y, como no se fía de sus compañeros de piso, les quiere dejar una nota. ¿La ayudas? Completa las siguientes frases.

1 El cartero llega a las ocho. Ábridle la puerta.
   Cuando llegue el cartero, ábridle la puerta.

2 Llegará la factura del gas. Id al banco ese mismo día para pagar.
   En cuanto _____

3 La persiana del salón no funciona bien. Intentad arreglarla porque si no se romperá.
   Antes de que _____

4 Si llamáis al extranjero. Apuntadlo en la libreta.
   Cuando _____

5 La vecina siempre se está quejando de la música. Ponedla baja.
   Antes de que _____

 7

6 Nuestros amigos nos explican lo que les pasa. Lee los diálogos y completa las oraciones con los verbos. Ten en cuenta que unas veces el verbo debe aparecer en *indicativo* y otras en *subjuntivo*.

1 BEGOÑA: No podré ir al cine porque me duele mucho el oído.
   LOLA: ¡Otra vez! La semana pasada *cuando* (quedar, tú) _quedaste_ con Andrew te pasó lo mismo. Tienes que ir al médico.

2 JULIÁN: Toni, esta semana no voy a ir a clase porque tengo la gripe. *En cuanto* (recuperarse, yo)_____, iré a la escuela.
   ANTONIO: Está bien, no pasa nada. Y, sobre todo, ven a clase *cuando* (estar, tú) _____ bien del todo.

3 BEGOÑA: ¿Julián, me has devuelto el libro ya?
   ANDREW: Sí, el otro día. ¿No lo recuerdas? *En cuanto* me lo (pedir, tú) _____ te lo devolví.

4 BEGOÑA: Jaime, no vamos a ir a tu casa. Es que las dos tenemos dolor de cabeza.
   JAIME: ¿Las dos? ¡Vaya coincidencia! Bueno, pues llamaré a Toni, *antes de que* (salir, él) _____ de casa, para anular la cena.

5 ANTONIO: Julia, ¿puedes dar la clase de hoy por mí? Es que me he quemado con el café.
   JULIÁN: Sí, claro. ¿Qué quieres que haga?
   ANTONIO: *Cuando* (terminar, tú)_____ de corregir los deberes puedes empezar con el teatro del Siglo de Oro.

6 BEGOÑA: Lola, ¿le has explicado a Andrew los nuevos cambios?
   LOLA: Sí, ayer. *En cuanto* lo (ver, yo)_____ se los expliqué.

7 JULIÁN: Begoña, estoy fatal. Me duele mucho la muela.
   BEGOÑA: Pues *antes de que* (dolerte)_____ más, tómate una pastilla.

8 LOLA: Andrew, ¿quedamos esta tarde?
   ANDREW: Sí, ¿a qué hora?
   LOLA: No sé, es que primero tengo que hacer unas compras y no sé a qué hora acabaré.
   ANDREW: Vale, *después de que* (terminar, tú)_____ tus compras, llámame.

9 JULIÁN: ¿Hablaste ayer con Pedro?
   LOLA: No, no pude. *En cuanto* (llegar, yo)_____ a la fiesta, él se fue.

10 LOLA: ¡Achís! Estoy fatal, tengo un resfriado terrible.
   ANDREW: Ya lo veo. Pero acuérdate de la semana pasada, *cuando* (irse, tú) _____ a Santiago. Estabas peor, ¿no?

¡Ay!, me duele...

Y a mí...

7a Completa estas frases con la ayuda del cuadro.

 9, 10, 11

nadie • alguno/a (algún) • ~~alguien~~ • nada • algo • ninguno/a (ningún)

a *Alguien* ha llamado esta noche a casa, pero no sé quien era.
b Ayer vimos _____ muy extraño en la calle.
c Como siempre, no tengo _____ en la nevera.
d Todavía no sabe el nombre de _____ profesor.
e La semana pasada fuimos a tu casa pero no había _____.
f Andrew tiene _____ de los discos de Madonna, pero no todos.

b Ahora escucha las conversaciones y relaciónalas con las frases que acabas de completar.

 9, 10, 11

Diálogo 1: frase ___c___   Diálogo 4: frase _____
Diálogo 2: frase _____   Diálogo 5: frase _____
Diálogo 3: frase _____   Diálogo 6: frase _____

c Ahora fíjate que…

Las palabras *algo* y **1** *naḍa* sólo se refieren a cosas, las palabras *alguien* y **2**_____ sólo se refieren a personas y las palabras *alguno* y **3**_____ se pueden referir a cosas y a personas.

8 A ver si aciertas la respuesta correcta.

 9, 10, 11

1 A mi hermana le ha tocado la lotería. Ahora tiene _*mucho*_ (nada / ~~mucho~~ / algo) dinero: ¡es rica!

2 Lo siento, Andrew, eres _____ (demasiado / suficiente / alguno) alto para hacer este papel. Necesitamos a un actor más bajo.

3 Yo tengo casi _____ (a veces / mucho / todo) lo que necesito. Sólo me falta ser feliz.

4 Cuando era pequeña era _____ (bastante / nada / suficiente) traviesa, pero ahora ya no lo soy.

5 Si tienes _____ (pocos / bastantes / alguien) amigos, tienes que salir más y conocer gente.

6 Hoy han venido _____ (varios / algunas / mucho) hombres preguntando por ti.

 1

9 ¡Qué mala suerte! A todas estas personas les pasa algo. ¿Puedes relacionar las expresiones del cuadro con los dibujos? Escribe debajo de cada dibujo lo que les pasa a estas personas.

1 _Le duele el oído._   2 _____   3 _____

4 _____   5 _____   6 _____

7 _____   8 _____   9 _____

Doler la cabeza • Tener fiebre • Estar resfriado/a • Tener dolor de muelas
~~Doler el oído~~ • Tener dolor de estómago • Romperse un brazo
Quemarse • Tener tos

10 Julián ha escrito una carta a su amiga Marta, ¿quieres saber qué le cuenta? Pues léela. Luego indica si las siguientes frases son verdaderas (V) o falsas (F).

¡Hola, Marta!

¿Cómo estás? Hoy yo me encuentro fatal. Me duele la cabeza, la garganta, tengo fiebre y estoy muy cansado. Creo que tengo la gripe. Todavía no he ido al médico, ya sabes que no me gusta ir al médico, pero si mañana no estoy mejor, iré.

Esta semana he tenido mucho trabajo. Casi no he tenido tiempo para dormir ni para comer. A pesar de que me gusta mucho cocinar, esta semana no he podido, tenía tanto trabajo que ni he cocinado. Así que me he pasado toda la semana comiendo bocadillos. Creo que es por eso que ayer me dolía el estómago.

Como puedes ver mi estado de salud no es muy bueno, así que hoy he decidido empezar a cuidarme. He dormido mucho, he comido muy bien y creo que con esto mañana estaré mejor.

Bueno, Marta, espero que tu estés mejor que yo.
Hasta pronto.

Besos,

Julián

	V	F
1 Julián hoy se encuentra fatal.	✓	
2 Le duelen las muelas.		
3 Ayer fue al médico.		
4 A Julián le gusta mucho ir al médico.		
5 Esta semana ha trabajado mucho.		
6 A Julián ayer le dolía el estómago.		
7 Hoy no ha dormido mucho.		

11 Su amiga Marta también ha estado enferma y le quiere contestar, ¿quieres ayudarla? La carta de Julián te puede servir de modelo.

- Pregúntale por su estado de salud.
- Expresa tus deseos de que se encuentre mejor.
- Explícale que tuviste anginas el mes pasado.
- Explícale los síntomas de las anginas.
- Fuiste al médico, aunque a ti tampoco te gusta ir al médico.
- El médico te recetó antibióticos. No te gustan los antibióticos. Te los tomaste.
- Estuviste seis días en cama. No fuiste al colegio.
- Tus amigos te han ido a ver a casa.
- Ya estás bien.

Recursos

Resources

Me siento un poco mal.

Estoy resfriada.

TO TALK ABOUT HEALTH

• To ask about someone's health:

> ¿Qué te pasa?   ¿Qué tal te encuentras?   No tienes muy buena cara.

• To respond:

> Me siento un poco mal.   Estoy resfriado.   No me encuentro bien.
> No estoy muy bien.   Tengo alergia al polvo.   No sé qué me pasa, pero estoy muy cansado.

> Me duele + [parte del cuerpo en singular]   Me duele la cabeza.
> Me duelen + [parte del cuerpo en plural]   Me duelen las muelas.
> Tengo dolor de + [parte del cuerpo]   Tengo dolor de cabeza / pies.

• To discuss if someone's health has improved:

> 💬 ¿Te encuentras mejor?   💬 ¿Sigues igual que ayer?
> 💬 Estoy bastante mejor, gracias.   💬 Sí, sigo igual, con dolor de espalda.

EXPRESS FEAR §36

> Me da miedo
> ¡Qué miedo me da   } + { [nombre singular]!
> Me horroriza   { [infinitivo]
>
> Me da miedo equivocarme en esto.
> ¡Qué miedo me da este hombre!
> Me horroriza ir al dentista.

> Me dan miedo
> ¡Qué miedo me dan   } + [nombre plural]!
> Me horrorizan
>
> Me dan miedo las inyecciones.
> ¡Qué miedo me dan las inyecciones!
> Me horrorizan los hospitales.

EXPRESS WORRY §37

> Estoy preocupado. No sé cómo me irá.

> Me preocupa + { [nombre]
>   { [infinitivo]
>   { que + [subjuntivo]
>
> Me preocupa tu actitud.
> Me preocupa llegar tarde mañana.
> Me preocupa que no diga nada.

EXPRESS FINALITY §50

• To indicate why an action is carried out:

> 💬 ¿Por qué / Para qué estudias ruso?
> 💬 Para ir a trabajar a Moscú.
> 💬 Siéntate y ponte cómodo para trabajar bien.

SENTENCES EXPRESSING TIME IN THE INDICATIVE OR SUBJUNCTIVE

- To refer to the future:

| En cuanto
Cuando
Antes de que
Después de que | + [subjuntivo] | **En cuanto** hable con ella, todo se arreglará.
Cuando veas a tu abuela, dale recuerdos.
Vete a casa **antes de que** se enfade.
Echa el azúcar **después de que** se caliente el agua. |

- To refer to the present or past:

| En cuanto
Cuando | + [indicativo] | **En cuanto** llegué a casa, vi la ventana rota.
Cuando me lo explicó, no me lo creí. |

INDEFINITES §12

These generally refer to an imprecise amount:

- To indicate the presence of a thing or an idea:
- To indicate the absence of a thing or an idea:
- To talk about people in general without referring specifically to any one person:
- To indicate the absence of people:
- To refer to things or people belonging to a known group:
- To indicate the absence of things or people belonging to a known group:

| Algo |
| Nada |
| |
| Alguien |
| Nadie |
| Alguno / a / os / as |
| |
| Ninguno / a / os / as |

☝ **Remember** that *alguno* and *ninguno* become *ningún* and *algún* when they go before a masculine singular noun.

☝ **Remember**, too, that when *nadie*, *nada* and *ninguno* appear after the verb, the adverb *no* must precede the verb.

- To refer to all elements in a group: **Todo / a / os / as**

- To indicate an opinion that is negative beyond acceptable limits:

| Demasiado / a / os / as + [nombre]
Demasiado + [adv./ adj.]
[verbo] + demasiado | Tenemos **demasiado** trabajo.
Mi coche está **demasiado** viejo.
Comes **demasiado**. |

- To indicate a large amount:

| Mucho / a / os / as + [nombre] | [verbo] + mucho | Muy + [adjetivo / adverbio] |
| Tengo **mucho** calor. | Trabajas **mucho**. | Es un tren **muy** rápido. |

- To indicate a substantial amount of something, but less than the amount indicated by *mucho*:

| Bastante / s + [nombre]
Bastante + [adj. / adv.]
[verbo] + bastante | Hay **bastantes** huevos para hacer una tortilla.
Este libro está **bastante** bien.
Son **bastante** jóvenes. |

- To indicate a varied group of people or things without classifying them:

| Varios / as + [nombre] | Han venido **varios** hombres preguntando por ti. |

- To indicate a small amount:

| Poco / a / os / as + [nombre]
[verbo] + poco
Un poco
Un poco de + [nombre no contable] | En este país hay **poco** interés por la lectura.
Me parece que has comido muy **poco**.
¿Quieres comer **un poco** más?
Pon en la sopa **un poco** más **de** sal. |

- To present a modestly negative quality or feature:

| Un poco + [adjetivo] | Estas pastillas son **un poco** caras. |

Creo que comemos demasiado.

8, 12, 13,
14, 15

12 ¿Sabes qué hay en un botiquín? En todos estos productos las sílabas se han desordenado, ¿puedes identificarlos?

1 Medicina líquida: ra-ja-be, *jarabe*

2 Tira de gasa que sirve para ligar un miembro: da-ven, _____

3 Medicamento que alivia el dolor: man-cal-te, _____

4 Líquido que se utiliza para desinfectar las heridas: co-al-hol, _____

5 Tira de ropa o plástico que se utiliza para proteger una herida: ti-ta-ri, _____

6 Medicina en crema: ma-da-po, _____

8, 12, 13,
14, 15

13 ¿Puedes completar la siguiente cita anónima?

"Cuando un *1* _____ recomienda a un *2* _____ que se tome unas vacaciones es que no sabe qué hacer con él".

1 Persona que tiene como profesión curar a la gente.
2 Persona que no está sana.

14 El texto siguiente trata sobre la salud mental. ¿Te apetece leerlo? Después contesta a las preguntas.

8, 12, 13, 14, 15

1 ¿Por qué aumentan las enfermedades mentales?
Por la falta de respuestas adecuadas de los gobiernos y de la sociedad.

2 ¿Cuántas personas en el mundo padecen enfermedades mentales?
_____

3 ¿Cuántos suicidios hay todos los años?
_____

4 ¿Por qué no reciben ayuda muchos enfermos mentales?
_____

5 ¿Cuánto dinero se dedica a las enfermedades mentales?
_____

6 ¿Para qué se quiere incluir la salud mental en la agenda de los políticos y en las escuelas?
_____

SALUD MENTAL

La Organización Mundial de la Salud lanza una campaña para frenar el aumento de enfermedades mentales.
Las enfermedades mentales aumentan por la falta de respuestas adecuadas de los gobiernos y de la sociedad. Por este motivo, la Organización Mundial de la Salud ha decidido colocarlas en el centro de una campaña mundial.
Cuatrocientos millones de personas en todo el mundo padecen enfermedades mentales. Las estadísticas son preocupantes: un millón de suicidios todos los años.
Muchos enfermos no reciben ningún tratamiento porque a veces las enfermedades mentales no están reconocidas como enfermedades reales. Esto hace que sólo se les dedique un uno por ciento del dinero asignado a gastos médicos.
La OMS quiere incluir la salud mental en la agenda de los políticos y de las escuelas para poder prevenir los suicidios.

Texto adaptado de Joaquín Rábago, 14 de febrero de 2001, Agencia EFE, EFEDATA

15a En español hay muchas expresiones curiosas que utilizan el nombre de algunas partes del cuerpo. ¿Sabes qué parte del cuerpo falta en cada oración? Elige la palabra más adecuada en cada caso. ¡Atención! Las palabras pueden aparecer en varias oraciones.

8, 12, 13, 14, 15

pie(s) • cabeza • mano • codos • brazos

1 Poner la *mano* en el fuego.
2 Ser la _____ derecha de alguien.
3 Pensar con la _____.
4 Al _____ de la letra.
5 Cruzarse de _____.
6 Tener pájaros en la _____.
7 Pensar con los _____.
8 Hablar por los _____.
9 Buscar tres _____ al gato.

b Ahora, ¿por qué no relacionas cada una de las oraciones anteriores con las siguientes? Apunta el número de la oración correcta en el cuadro.

a Asegurar o garantizar algo. `1`
b Buscar razones sin fundamento. ☐
c Hablar mucho. ☐
d Ilusionarse sobre la realidad. ☐
e Pensar acertadamente. ☐
f Pensar sin acierto. ☐
g Seguir las instrucciones literalmente. ☐
h Ser el ayudante y el consejero de alguien. ☐
i No intervenir en algo. ☐

Portal de servicios de salud:
www.viasalus.com

Portal de salud:
www.canalsalud.com

Organización Mundial de la Salud:
www.who.int

Evaluación

Evaluation

1 Marca la respuesta adecuada.

1 Ayer, cuando _____ al mercado, vi a Andrew y no me saludó.
☐ voy ☐ fui ☐ vaya

2 Antes de que _____ Lola, limpia todo esto.
☐ vuelva ☐ vuelve ☐ vaya

3 En cuanto me _____, empezó a llorar desconsoladamente.
☐ vio ☐ vieron ☐ vea

4 En cuanto _____ los deberes, saldrás.
☐ termino ☐ terminé ☐ termines

5 Estoy buscando a mi novio, pero _____ lo ha visto. No sé dónde está.
☐ nadie ☐ alguien ☐ alguno

6 Me preocupa que hoy _____ tan callado.
☐ estamos ☐ esté ☐ estás

7 Tomo estas pastillas _____ curarme.
☐ para ☐ por ☐ que

8 ¿Qué te duele? Me duelen _____ y también la cabeza.
☐ el oído ☐ los brazos ☐ espalda

9 ¿Cómo estás? Sigo _____ que ayer. No he mejorado.
☐ tal ☐ mismo ☐ igual

10 Este examen es _____ difícil. No sé si lo aprobaré.
☐ bastante ☐ nada ☐ mucho

11 En cuanto _____ , empezaré a trabajar.
☐ llegará ☐ llegó ☐ llegue

12 No quiero ir en avión, prefiero ir en tren. Los aviones _____.
☐ me da miedo
☐ me da pánico
☐ me dan miedo

2 Intenta completar este diálogo con las palabras del cuadro.

| nada • enfermedades • algo • mucho • dolor • no sé • esté |
| me da miedo • leí • te preocupa |

LOLA: Ya he leído el artículo sobre ciencia que me dejaste. A ti, ¿qué te ha parecido?

ANDREW: Mira, en cuanto 1_____ el artículo, comprendí que la ciencia evoluciona rápidamente. A mí me parece que la ciencia mejora la calidad de vida de los humanos, ¿no crees?

LOLA: Sí, eso parece. Pero a veces 2_____ esta evolución tan rápida. Piensa en la clonación.

ANDREW: Ya, a ti 3 _____ que no 4 _____ controlada, ¿no? Ahora piensa en la clonación de células; ayudará a solucionar muchas 5 _____. ¡No es ciencia ficción!

LOLA: La verdad, 6 _____ si los científicos lo conseguirán.

ANDREW: ¿Pero no has leído el artículo? ¡Ya lo están consiguiendo!

LOLA: Bueno, no te enfades. En el fondo creo que hay 7 _____ muy extraño en el tema.

ANDREW: No sigas pensando que es ciencia ficción. ¡No hay 8 _____ de ficción en la ciencia!

LOLA: Vale, vale. Me duele 9 _____ la cabeza para discutir ahora.

ANDREW: ¿Ves? La solución a tu 10 _____ de cabeza está en la ciencia.

LOLA: ¿Qué?

ANDREW: Sí, mujer…, tómate una aspirina.

Now I can:

☐ To ask about a person´s health or mood.
☐ To express fear and worry.
☐ To use sentences that express finalizing.

Also I learned:

_____
_____
_____
_____
_____

lecciónnueve9

lessonnine9

¿Qué me cuentas?
¿Estás al día?

What's up?
Have you heard
the latest?

En portada

Headlines

A nuestros
amigos les gusta
estar informados.
¿Y a ti?
Si te gusta
conocer cosas
interesantes...,
¡no te vayas!
Te vamos
a contar
muchas cosas.

¿Qué me cuentas?
¿Estás al día?

What's up?
Have you heard the latest?

Our friends
always like knowing
what's going on. What
about you? If you like
hearing about
interesting things...
stick around! We're
going to tell you lots
of things.

In this lesson you're going to learn:

- To communicate other people´s words about: information, questions, requests, and how to show someone to communicate our words to another person
- To show happiness, surprise and pity
- Vocabulary related to the news media

1a Mira la fotografía de la página anterior y elige la respuesta correcta.

1 ¿Quiénes de nuestros amigos aparecen en la foto?

- ☐ Andrew, Lola y Begoña.
- ☑ Begoña, Julián y Andrew.
- ☐ Begoña, Julián y Lola.

2 ¿A todos les gusta estar informados?

- ☐ Sí, a todos.
- ☐ No, a Begoña no le gusta.
- ☐ No, sólo a Julián.

b ¿Qué medio de comunicación usan Andrew, Begoña y Julián? Vuelve a mirar la fotografía y completa las oraciones con las palbras del cuadro. ¡No te olvides de Lola! ¿Adivinas cuál es su medio de comunicación preferido? 14

radio • ~~Internet~~ • periódico • televisión

Andrew prefiere *Internet.*
Begoña, el __________
Julian, la __________
Y Lola, la __________

c

Now can you match each of these media with their corresponding actions? 14

1 radio → d	a navegar
2 Internet	b leer
3 periódico	c ver
4 televisión	d escuchar

📝 1, 2, 3

2a Nuestros amigos colaboran en las tareas domésticas para que la convivencia sea tranquila. Lee este diálogo y complétalo con la ayuda del cuadro.

> me ha preguntado • si te toca • Begoña dice que bajes
> pregunta si puede • Andrew dice • Julián dice que
> ~~dile que baje~~ • dice que le

¿Por qué no sales de tu cuarto y te vienes al comedor con nosotros?

Julián, ¿qué haces?

Ahora se lo digo yo.

LOLA: ¿Qué haces, Begoña? ¿Por qué no sales de tu cuarto y te vienes al comedor con nosotros?

BEGOÑA: Es que estoy leyendo. Por cierto, ¿quién está viendo la televisión?

LOLA: Andrew.

BEGOÑA: Pues, **1** *dile que baje* el volumen, por favor. Me molesta y no puedo leer.

LOLA: Vale, ahora se lo digo. Hasta luego.

BEGOÑA: Hasta luego.

LOLA: Andrew, **2**_____ el volumen de la tele, **3**_____ molesta y no puede leer.

ANDREW: Lo siento. Mejor la apago y voy a comer algo, tengo hambre. ¿A quién le toca preparar la cena hoy? ¿A Julián?

LOLA: No sé, voy a preguntárselo. Julián, ¿qué haces?

JULIÁN: Estoy escribiendo una carta.

LOLA: Andrew **4**_____ a quién le toca preparar la cena y **5**_____ a ti, pero no lo sé. ¿Te toca a ti?

JULIÁN: Sí, pero todavía no puedo prepararla, antes tengo que terminar esta carta.

LOLA: ¿Y por qué no utilizas el ordenador de Andrew? Terminarás antes.

JULIÁN: Sí, es verdad. ¡Andrew!, ¿puedo utilizar tu ordenador?

LOLA: No te oye. Ahora se lo digo yo.

JULIÁN: Gracias, Lola.

LOLA: Andrew, **6**_____ todavía no puede preparar la cena, antes tiene que terminar una carta que está escribiendo. Por cierto, **7**_____ utilizar tu ordenador.

ANDREW: Sí, claro.

LOLA: Julián, **8**_____ que sí.

JULIÁN: Gracias, Lola.

📝 1, 2, 3

b Vuelve a leer los diálogos. ¿Qué hace Lola? Elige la respuesta correcta.

☐ Discute con sus compañeros de piso.
☐ Transmite ordenes, información y preguntas de sus compañeros.
☐ Prepara la cena con Andrew y luego ayuda a Julián a escribir una carta.

3a Escucha atentamente el diálogo entre la madre de Lola y Begoña y entre Begoña y Lola, después elige la respuesta correcta.

🎧
1, 2, 3

1 Me _____ está muy preocupada.
   ✓ *ha dicho que*   ☐ *dice*   ☐ *ha dicho*

2 Me ha preguntado_____ estás enfadada.
   ☐ *cuál*   ☐ *qué*   ☐ *si*

3 _____ que no saben nada de ti.
   ☐ *Le dijiste si*   ☐ *Me pregunta*   ☐ *Me ha dicho*

4 Me _____ que te diga…
   ☐ *te han preguntado*   ☐ *ha pedido*   ☐ *ha preguntado*

5 Me ha dicho _____ hoy mismo.
   ☐ *que la llames*   ☐ *si la llames*   ☐ *la llames*

b Vuelve a escuchar el diálogo, fíjate en cómo la madre de Lola le pide a Begoña que le dé un recado a Lola. Después, completa la frase siguiente.

1, 2, 3

Entonces me ha dicho…

Para pedirle a alguien que transmita una información a otra persona utilizamos: _____
_____

c Escucha el diálogo otra vez y ahora fíjate en la conversación entre Lola y Begoña y completa las frases siguientes.

1 Para transmitir una información de otra persona utilizamos: *me ha dicho que…*
2 Para transmitir una pregunta de otra persona utilizamos: _____
3 Para transmitir un encargo de otra persona utilizamos: _____

4a Nuestros amigos están hablando. ¿Podrías completar el diálogo con ayuda del cuadro?

🎧
4, 5, 6, 7

¿En serio? • Lo siento • ¿De verdad? • ¡No me digas! • ~~Qué bien~~ • Es fantástico

BEGOÑA: ¡ **1***Qué bien* que cocines así! Cocinar es todo un arte.
LOLA: Mi madre me enseñó. La verdad es que aprendí mirándola.
BEGOÑA: Claro, yo nunca he visto a mi madre cocinar…
LOLA: Bueno, no te preocupes, aprenderás. ¿Sabes? Estoy muy contenta: me han invitado a una grabación en el canal 27. ¿Qué te parece?
BEGOÑA: **2**_____ **3**_____ que vayas. ¿Qué programa?
LOLA: El de Pablo Ramírez. Me han dicho que les lleve unos vídeos míos para ver… ¿Qué te parece?
BEGOÑA: ¡Guau! **4**_____ **5**_____
LOLA: Pablo Ramírez es buenísimo. ¿Te imaginas?
BEGOÑA: Y guapísimo.
JULIÁN: A la mínima ya estáis con los hombres. No podéis vivir sin nosotros.
LOLA: ¡Ja!
ANDREW: Mmmm, ¡qué bien huele! ¿Qué has preparado?
LOLA: Oh, **6**_____…
BEGOÑA: No queda nada.
LOLA: Estamos en guerra…
JULIÁN: No cantéis victoria, que sólo es la primera batalla…

4, 5, 6, 7

♭ Ahora, escucha otra vez el diálogo, fíjate en las expresiones que aparecen en el cuadro anterior y clasifícalas.

Expresar alegría	Expresar sorpresa	Expresar pena
Qué bien	*¿De verdad?*	_____
_____	_____	
	_____	

5a Andrew está solo en casa, de repente suena el teléfono, ¿quién será? Escucha la conversación y completa el diálogo.

8, 9, 10

ANDREW: ¿Diga?
CHEMA: ¡Hola! ¿Está Begoña?
ANDREW: No, no está. ¿Quién es?
CHEMA: 1 _Soy_ Chema, su novio. ¿Dónde 2_____? ¿Cuándo 3_____?
ANDREW: No sé. ¿Quieres dejarle algún recado?
CHEMA: Sí, por favor. El próximo sábado 4_____ ahí, en vuestra ciudad.
  5_____ todo el fin de semana y así 6_____ y salir. Díselo, por favor.
ANDREW: Vale, ¿alguna cosa más?
CHEMA: Sí, por favor. Dile que me 7_____ esta noche, pero que llame a casa de
  mi hermana porque 8_____ allí. Gracias, Andrew. Adiós.
ANDREW: Adiós.

8, 9, 10

♭ Ahora, ayuda a Andrew a escribir el recado de Chema. Las palabras del cuadro te ayudarán.

> juegan • llames • estabas • podéis veros • cena
> ibas a volver • se va a quedar • ~~era~~

Hola, Begoña, ha llamado un chico, me ha dicho que 1 _era_ Chema, tu novio. Me ha preguntado dónde 2_____ y cuándo 3_____; yo le he dicho que no lo sabía. Dice que el próximo sábado 4_____ aquí, en nuestra ciudad. Dice que 5_____ todo el fin de semana y así 6_____ y salir. Me ha pedido que te lo diga.
También dice que le 7_____ esta noche, pero que llames a casa de su hermana porque 8_____ en su casa.

6 ¿Quieres saber qué dijeron algunos personajes famosos? Lee
las siguientes frases célebres. Después intenta repetir lo que dijo cada uno.

8, 9, 10

Sócrates: "Sólo sé que no sé nada".
1 Sócrates dijo que sólo sabía que _____.

Mae West: "Las chicas buenas van al cielo y las chicas malas van a todas partes".
2 Mae West dijo que las chicas buenas iban _____.

Hamlet: "Ser o no ser, ésa es la cuestión".
3 Hamlet dijo que ser o no ser, ésa _____.

Descartes: "Pienso, luego existo".
4 Descartes dijo que _____.

Copérnico: "No es el Sol el que gira alrededor de la Tierra, sino la Tierra alrededor
del Sol".
5 Copérnico dijo que _____.

7 Ayer Julián fue a una entrevista de trabajo. Ayúdale a explicárselo
a sus compañeros completando las frases. Fíjate en las preguntas que le
hicieron.

8, 9, 10

Ayer fui a una entrevista de trabajo y me preguntaron de dónde 1 era, qué
2_____, dónde 3_____ y por qué 4_____.
También me preguntaron si 5_____ y si 6_____ viajar.

1 ¿De dónde es?
2 ¿Qué ha estudiado?
3 ¿Dónde ha trabajado hasta ahora?
4 ¿Por qué quiere cambiar de trabajo?
5 ¿Tiene experiencia en este sector?
6 ¿Le gusta viajar?

11

8 Andrew tiene que completar estas frases, pero tiene algunos problemas. ¿Quieres ayudarle? Sólo tienes que elegir la opción correcta.

1 _____ que dices no me interesa.
☐ Los ☑ Lo ☐ Las

2 ¿Qué fue _____ que te contó?
☐ las ☐ los ☐ lo

3 ¿Tú sabes qué es _____ que le pasó a Francisco.
☐ lo ☐ la ☐ el

4 ¿Has oído _____ que ha dicho Pedro?
☐ el ☐ lo ☐ los

5 ¿Te ha explicado Juan _____ que habló con Encarna?
☐ las ☐ los ☐ lo

6 No te preocupes por _____ que dijo Antonio.
☐ lo ☐ la ☐ el

8, 9, 10

9a Julián ha encontrado este mensaje en el contestador automático de su casa. Léelo e indica si las siguientes oraciones son verdaderas (V) o falsas (F).

Hola, Begoña. Soy Rodrigo. El martes tenemos el examen de expresión corporal y tengo muchas dudas. ¿Me puedes llamar luego? Voy a estar en casa estudiando. Por cierto, ¿qué temas entran exactamente en el examen? Oye, llama a Nuria, está un poco triste por lo que le ha hecho Manuel. ¡Ah! No te olvides de traerme los *compacts* que te dejé, ¿vale? ¡Hasta luego!

	V	F
1 El mensaje es para Julián.	☐	☑
2 Rodrigo le pide a Begoña que lo llame.	☐	☐
3 Rodrigo va a estar estudiando en la biblioteca.	☐	☐
4 Rodrigo no sabe exactamente qué temas entran en el examen.	☐	☐
5 Rodrigo dice que Nuria está contenta.	☐	☐
6 Rodrigo le pide a Begoña que le lleve los *compacts* que le dejó.	☐	☐

8, 9, 10

b Ahora, ¿por qué no ayudas a Julián a escribir una nota para Begoña? Puedes empezar diciendo:

Begoña, ha llamado Rodrigo. Dice que... _____

_____
_____
_____
_____
_____
_____

10a Nuestros amigos se ponen al día de diferentes maneras. Lee lo que dicen y subraya en los textos las palabras que aparecen en el cuadro.

servidor • ~~emisora~~ • tertulia • ordenadores • serie • programa • titulares • anuncios
sección • noticias • suplemento • *chats* • telediario • correo electrónico • cartelera

1 Begoña: "La escucho todas las mañanas mientras me preparo para salir de casa. Es la mejor manera de enterarse de lo que pasa en el mundo a primera hora del día. Siempre pongo la misma *emisora*. Por la tarde, en un programa que hacen de 6 a 8, hay una tertulia que me encanta. La escucho siempre que puedo".

3 Andrew: "Los ordenadores de la escuela están conectados a este servicio, pero a mí me gustaría navegar desde casa porque lo que más me gusta son los chats y escribirme con mis amigos de Estados Unidos, y en la biblioteca esto está prohibido. Además, pierdo mucho tiempo porque el servidor a veces es un poco lento para bajar una página. Cuando me pongo a navegar me olvido de todo. ¡Es increíble todo lo que puedes llegar a hacer sólo pulsando un botón! Me encanta el correo electrónico".

2 Julián: "Sólo la veo por la noche, ya que durante el día, con las clases, no tengo mucho tiempo. Mientras cenamos, vemos el telediario. Ana ve todos los días la serie del mediodía; le encanta, pero a mí me aburre ver siempre el mismo programa; por eso prefiero ponerla y sentarme a ver qué dan. Lo que más me molesta es que pongan tantos anuncios".

4 Lola: "Intento hojearlo cada día, aunque hay tantas noticias para leer que simplemente miro los titulares. De cada sección, internacional, nacional, sucesos, deportes, cultura y espectáculos, etc., escojo la noticia que más me interesa. Los domingos me encanta desayunar leyendo el suplemento. Y por la tarde, si queremos ir al cine, miramos la cartelera para ver las novedades, las películas de estreno".

b Ahora relaciona las palabras del cuadro del apartado anterior con el medio de comunicación correspondiente. ¡Cuidado! Algunas de ellas se utilizan en más de un medio.

Televisión	Internet	Radio	Periódico
tertulia	*servidor*	*emisora*	*titulares*

c ¿Sabes cuáles son las dos palabras que aparecen en los cuatro textos?

Las palabras comunes son: _____ y _____.

d A continuación, clasifica los verbos que aparecen en el cuadro según el medio de comunicación con el que estén relacionados desde el punto de vista del usuario. Ten en cuenta que algunos de ellos se utilizan en varios medios.

ver • hojear • escribir • escuchar • ~~navegar~~ • conectarse • leer • bajar una página

Televisión	Internet	Radio	Periódico
_____	*navegar*	_____	_____
	_____		
	_____		
	_____		
	_____		

Recursos

Resources

Dicen que se van de vacaciones.

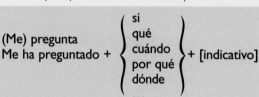

EXPRESS OTHER PEOPLE'S WORDS §48

- To convey information that another person has said:

  Dice que / Me ha dicho que / Me explica que + [indicativo]

  > *Dice que / Me ha dicho que / Me explica que sale con una compañera de trabajo.*

- To convey a question that another person has asked:

  **(Me) pregunta
  Me ha preguntado** + { si / qué / cuándo / por qué / dónde / … } + **[indicativo]**

  > *Me pregunta **si** vas a venir a la fiesta.*
  > *Me pregunta **qué** quieres para cenar.*
  > *Me pregunta **cuándo** volverás.*
  > *Me ha preguntado **por qué** estás triste.*
  > *Me ha preguntado **dónde** vivo.*

- To convey a demand, request or order made by another person:

  Begoña dice que / Me ha dicho que + [subjuntivo]   *Begoña **dice que vayas** a cenar a su casa.*

- To ask that someone convey a request to another person:

  Dile que + [subjuntivo]   *Dile que llame mañana.*

SOME CHANGES IN VERB TENSES §48

- When information, questions or orders uttered by one person are conveyed by another, some verb forms may change:

La idea se dice por primera vez en…	La idea se puede transmitir en…
Presente: *Tengo una duda.* Futuro: *Iré mañana.* Pretérito indefinido: *Fue músico.* Imperativo: *Deja de jugar.*	Presente o Imperfecto: *Dice que **tiene** una duda / Dijo que **tenía** una duda.* Futuro: *Dice / Dijo que **irá** mañana.* Pretérito indefinido o Pluscuamperfecto: *Dicen que **fue** músico / Dijeron que **había sido** músico.* Presente de subjuntivo: *Dice que **dejes** de jugar.*

EXPRESS HAPPINESS

- To express satisfaction with a piece of news one has just heard about:

  ¡Qué bien!   ¡Me alegro!   ¡Cuánto me alegro!   ¡Fenomenal!

  > 💬 *He conseguido un trabajo fantástico.*   💬 *¡Qué bien!*

- To express happiness for something expected for a long time:

  ¡Por fin!   *Ya han llegado. ¡Por fin!*

- To express happiness for something that has happened to another person:

  Me alegro por + ti / usted / él / ella / vosotros / vosotras / ustedes / ellos / ellas

- To express happiness for something that has happened by chance or luck:

| ¡Qué suerte! | 💬 Ayer me encontré 30 euros. | 💬 ¿De verdad? ¡Qué suerte! |

- If the speaker wishes to repeat the news that has caused happiness:

Qué bien / Es fantástico / Me alegro de + [infinitivo]

💬 *¡Qué bien / Es fantástico / Me alegro de estar aquí.*

Qué bien que / Es fantástico que / Me alegro de que + [subjuntivo]

💬 *¡Qué bien que / ¡Es fantástico que / ¡Me alegro de que venga!*

EXPRESS SURPRISE

- To react by expressing surprise at information one has just heard about:

| ¡No me digas! | Me parece raro | ¿En serio? | ¡Qué raro! |
| ¿Sí? ¿De veras? | Me sorprende | ¡No me lo puedo creer! | ¡Parece imposible! |

💬 *¿Sabes que tiene setenta años?* 💬 *¿En serio? Parece mucho más joven.*

- The speaker repeats the information that has caused surprise:

Me parece raro / Qué raro + que + [subjuntivo]	*Me parece raro que no venga.*
Me parece raro / Qué raro + [infinitivo]	*Qué raro esperar tanto tiempo.*
Me sorprende / Me extraña + que + [subjuntivo]	*Me sorprende que no haga nada.*

EXPRESS PAIN

- To react by expressing dismay or hurt about something you have just found out about:

| ¡Qué pena! | ¡Lo siento! | Vaya |

💬 *Carlos no puede venir. Está enfermo* 💬 *Vaya. ¡Qué pena!*

- The speaker shows empathy for the interlocutor and shows an even stronger emotion:

| Lo siento | 💬 *Me han robado el bolso.* | 💬 **Lo siento.** |

- The speaker repeats information that has caused dismay:

Qué pena que / Lamento que / Siento que + [subjuntivo]

Qué pena que / Lamento que / Siento que no se celebre la fiesta.

SOME RULES ABOUT THE PRESENCE / ABSENCE OF THE ARTICLE §3-§4

See grammar appendix.

LO QUE + [VERB] §3

See grammar appendix.

Lola vino al cine conmigo.

¡No me lo puedo creer! Me dijo que tenía que estudiar.

 14

11 Intenta buscar en esta espiral palabras relacionadas con los medios de comunicación. En total, hay 11 palabras. ¿Puedes encontrarlas?

 14

12 Al texto siguiente, que trata sobre el uso de un medio de comunicación en Colombia, se le han caído algunas palabras, ¿puedes recuperarlas? Fíjate en que algunas palabras aparecen en más de un lugar.

Santa Fe de Bogotá

Colombia e *2 Internet*

El uso de *2*_____ ha hecho que los colombianos reduzcan el tiempo que le dedicaban a la *3*_____, a la *1*_____ e incluso al trabajo.

Un estudio reciente sobre las preferencias de los usuarios de *2*_____ en Colombia muestra que la *3*_____ ha sido el principal medio desplazado por el nuevo sistema de comunicación.

Un 57,1 % de las personas aseguró que el tiempo que ahora dedica a *2*_____ es el que antes dedicaba a la *3*_____.

Según el mismo estudio, los colombianos también han reducido los tiempos de estudio en un 27,7 %, de escuchar la

*4*_____ en un 24,6 %, de actividades con amigos en un 23,4 %, de estar con la familia en un 18,9 %, y el que le dedican al trabajo en un 17,9 %.

*2*_____ también ha hecho disminuir entre los colombianos la *1 lectura* de prensa diaria en un 14,3 %, de *5*_____ en un 9,3 % y la asistencia al cine en un 9,3 %.

El estudio señala que los colombianos están de acuerdo en que *2*_____ es importante en sus vidas y que puede convertirse en un vicio o una adicción.

Muchos colombianos prefieren enviar *6*_____ a hacer llamadas telefónicas.

Adaptado de Agencia EFE, 2 de febrero de 2001, *EFEDATA*.

1 Acción de leer y resultado de esa acción.
2 Red de comunicaciones e informaciones a la que se accede por vía telefónica.
3 Medio de comunicación que transmite imágenes y sonidos.
4 Medio de comunicación que transmite textos orales y música.
5 Publicación escrita periódica no diaria, plural.
6 Mensaje que se envía a través de la red, plural.

13 ¿Por qué no lees el texto siguiente y contestas a las preguntas que aparecen al final?

 14

Jornadas sobre la libertad de prensa en Barcelona

Periodistas de once países, amenazados por realizar su trabajo, participaron en unas jornadas sobre la libertad de prensa que se inauguraron en Barcelona (España).

Las jornadas comenzaron coincidiendo con la celebración del Día Mundial de la Libertad de Prensa con el objetivo de reflexionar sobre las dificultades para ejercer la profesión de periodista en varias zonas del mundo. Así, los temas que centraron la atención de los debates fueron la situación de la libertad de prensa en todo el mundo, las dificultades para el ejercicio de esta libertad que hay en varios países y el

hecho de que muchos periodistas tengan que abandonar su país por razones políticas.

La representante de la Asociación de Mujeres Periodistas recordó que, según un estudio internacional efectuado en 71 países, sólo el 7% de las opiniones que se dan a conocer en los medios de comunicación son de mujeres.

Además de las jornadas, hubo una exposición organizada por el Centro Internacional de Prensa de Barcelona sobre ocho periodistas que no pudieron asistir a los debates por estar encarcelados.

Adaptado de Agencia EFE, 3 de mayo de 2000, EFEDATA.

1 ¿Dónde tuvieron lugar las Jornadas sobre la libertad de prensa?
   En Barcelona (España).

2 ¿Quién participó en la jornadas?
   _____

3 ¿Para qué se celebraron estas jornadas?
   _____
   _____

4 ¿Qué temas centraron la atención de los debates?
   _____
   _____
   _____

5 En los medios de comunicación, ¿se recogen muchas opiniones de mujeres?
   _____

6 ¿Sobre qué era la exposición organizada por el Centro Internacional de Prensa?
   _____
   _____

Diario argentino:
www.clarin.com

Radio Nacional de España:
www.rne.es

Emisora de televisión de Venezuela:
www.venevision.net

Evaluación

Evaluation

1 Completa las siguientes oraciones con la forma correcta del verbo.

1 Pregúntale si ayer (ir, ellos) _____ al estreno de la obra.
2 Pregúntales si (estar, ellos) _____ en Santander el fin de semana pasado.
3 Pregúntale si hoy (pensar, él) _____ cenar con nosotros.
4 Avísale de que no (volver, nosotros) _____ muy tarde.
5 Pregúntale si al final (ir, ellos) _____ a la fiesta.
6 Dile que (llamar, él) _____ cuando pueda.
7 Pregúntale cuándo (venir, él) _____ a casa.
8 ¿Puedes recordarle que (felicitar, él) _____ a Jaime?
9 Dile que mañana (comer, nosotros) _____ en casa de María.
10 ¿Puedes decirle que me (traer, él) _____ el informe?

2 Julián tiene muchas cosas por explicar de su experiencia fuera de México. Éste es el correo electrónico que le ha escrito a su amigo Martín. Como ves, faltan algunas expresiones. ¿Puedes completar el mensaje con las palabras del cuadro?

> ¡Por fin! • qué pena • siento que • ¿En serio? • qué raro
> me alegro mucho de • cuánto me alegro • lamento mucho

Querido Martín:

Hoy he recibido tu mensaje.

1 _____ recibir noticias tuyas. ¿Sabes?, estaba un poco sorprendido porque no sabía nada de ti y pensaba: "*2* _____ que Martín no me llame ni me escriba".

Ahora ya hace bastante tiempo que estoy aquí y no sabes *3* _____ de haber tomado esta decisión. El otro día hablé con mi familia. *4* _____ que estén tan lejos, tengo muchas ganas de verles. Estoy muy contento porque mi madre ya acepta que esté aquí. *5* _____ La verdad es que *6* _____ que a veces mi madre no me apoye.

Con mis compañeros de piso me llevo muy bien. *7* _____ no los conozcas aún, pero como dices que vendrás pronto... *8* _____, ¿vendrás?

Querido Martín, espero que puedas venir muy pronto.

Un abrazo,

Julián.

1 ¿Puedes señalar la respuesta más adecuada?

1 Llaman a la puerta.
- [ ] ¿Quién será?
- [ ] ¿Dónde puede estar?
- [ ] Sí, es probable.

2 Cada año enferman muchas personas a causa de la anorexia y los medios de comunicación no saben cómo tratar el tema.
- [ ] ¡Qué miedo me da la varicela!
- [ ] Tal vez tengas razón; no hay mucha información sobre el tema.
- [ ] ¡Qué raro que estas personas no se vean delgadas!

3 ¿Te encuentras mejor?
- [ ] No, no encuentro ningún síntoma de gravedad.
- [ ] Sigo igual que antes. No mejoro.
- [ ] No sé si voy a encontrar a Julián.

4 ¿Te dan miedo las inyecciones?
- [ ] Sí, pero me dan más miedo las operaciones.
- [ ] ¡Tú nunca tienes miedo de nada!
- [ ] Me preocupa que tengan que operar a Eva.

5 ¿Para qué es bueno el calcio?
- [ ] El agua purifica el cuerpo.
- [ ] ¡Para, que vamos a chocar!
- [ ] Para fortalecer los huesos.

6 ¿Te importa bajar la tele? Está demasiado alta.
- [ ] No, no me importa no tener vídeo.
- [ ] ¡Qué va! Al contrario, si yo también la encuentro muy alta.
- [ ] De acuerdo, ahora la subo.

7 Encima de la mesa están mis gafas. ¿Puedes dármelas? Es que no veo sin ellas.
- [ ] Por supuesto, aquí tienes.
- [ ] Si no ves bien, es mejor que vayas al médico.
- [ ] Hacerse unas gafas cuesta muchísimo dinero.

8 He visto a Lola en la panadería. Dice que si te puedes pasar por su casa el sábado.
- [ ] Así que dice que vaya a su casa el sábado. Perfecto.
- [ ] Así que dice que iré a su casa el sábado. Perfecto.
- [ ] Así que dice que voy a su casa el sábado. Perfecto.

9 Fui a los sanfermines el año pasado.
- [ ] ¿Dices que vas a los sanfermines el año pasado?
- [ ] ¿Dices que ibas a los sanfermines el año pasado?
- [ ] ¿Dices que fuiste a los sanfermines el año pasado?

This is how you can learn

Are you looking for ways to practice Spanish?

To better learn the Spanish language, it is important to be on the lookout for occasions in which you can practice. For example, you can look for Spanish websites on Internet – there are lots of them! You can take a trip to a Spanish-speaking country; you can meet Spanish speakers in your country – there must be lots of them! You can watch subtitled movies; you can read magazines on topics that interest you in Spanish; you can watch international Spanish or Latin American television channels; you can listen to and watch songs in Spanish – there's so much great music in Spanish!

Learning query

Before beginning this part I couldn't _____

_____,

but now I can _____

_____

_____.

I think that I should _____

_____

in order to learn more.

Regarding grammar, vocabulary, reading and listening, I've discovered that I have to do more _____

_____

_____.

I've noticed that Spanish and Latin American cultures and customs are similar to mine in that _____

_____,

but they're different from mine in that _____

_____

_____.

I've listened to the listening _____ to pay attention to pronunciation.

I felt _____

_____

when I was studying Spanish.

My goal for the next level is _____

_____

_____.

---

2 Cuando leas este anuncio publicitario de un centro de medicina alternativa, te animarás a probarla. Si lo completas, lo entenderás mejor.

> algún • arrepentirás • encontrarás • encuentras • mejor
> ningún • poco • seguramente • tal vez • tendrás • tengas

¿Te **1**_____ mal pero te da mucho miedo la medicina tradicional y por eso no quieres ir al médico? ¿Deseas probar la medicina alternativa pero no sabes cómo te irá? ¿Qué puede pasarte? No tengas **2**_____ miedo. *Vida Sana y Natural* es tu respuesta. **3**_____, si nos visitas, **4**_____ la solución a tus problemas. ¡No esperes más y visítanos! A lo **5**_____ ha llegado la hora de tu felicidad, pues cuando **6**_____ una buena salud, **7**_____ menos preocupaciones. Si nos visitas, volverás. Probablemente **8**_____ amigo ya te ha hablado de nosotros, o **9**_____ has oído nuestro anuncio en la radio. Nos encontrarás en el centro de la ciudad. Recibirás un buen tratamiento por **10**_____ dinero. Además, tu primera visita será gratis. Ven, no te **11**_____.

---

3 ¿Por qué no completas los siguientes enunciados?

1 🗨 En verano tomo el sol en la terraza de casa.
🗨 ¿En serio? No me lo puedo _____. ¡Si a ti no te gusta el sol!
☐ *creer*   ☐ *saber*   ☐ *soñar*

2 🗨 Lola me ha comentado que vendrá a pasar unos días en Semana Santa.
🗨 ¡No me digas! ¡Es fantástico que venga! Me _____ mucho, de verdad.
☐ *contento*   ☐ *siento*   ☐ *alegro*

3 🗨 ¿Hay _____ que sepa la respuesta?
☐ *nadie*   ☐ *alguien*   ☐ *ninguno*

4 🗨 En los sanfermines bebes demasiado, y luego te duele mucho la cabeza.
🗨 Sí, pero sólo el _____ día. A partir del segundo, te acostumbras.
☐ *primer*   ☐ *primero*   ☐ *uno*

5 🗨 Doctor López, no entiendo _____ que dice.
☐ *el*   ☐ *los*   ☐ *lo*

6 🗨 ¿Me puedes pasar _____ que tienes al lado?
☐ *libro*   ☐ *el libro*   ☐ *libros*

7 🗨 _____ llegues al pueblo, visita a tus tíos.
🗨 Vale, iré el viernes. Antes descansaré.
☐ *Mientras*   ☐ *Si*   ☐ *Cuando*

8 🗨 Han dicho en las noticias que mañana lloverá.
🗨 ¡Cuánto me _____! La tierra está muy seca y necesita agua.
☐ *alegro*   ☐ *emociona*   ☐ *sabe*

9 🗨 Cuando Julián me dijo que iba a ir a los sanfermines, me asusté un poco.
🗨 No, hombre, no pasa nada, pero me _____ que quiera ir. Son unas fiestas agotadoras.
☐ *sorprende*   ☐ *sorprenda*   ☐ *alegro*

10 🗨 El médico dice que mi abuela está muy mal. Me temo que no tiene solución.
🗨 ¡Qué pena! La verdad es que la salud es lo más importante. Lo _____ son tonterías.
☐ *resto*   ☐ *demás*   ☐ *más*

bloquecuatro4

partfour4

lección 10
lección 11
lección 12

Índice

lección diez 10

lesson ten 10

En la ciudad

In the city

En la ciudad

◯ In the city

Hoy es domingo y hace un día espléndido. ¿Te apetece dar una vuelta por la ciudad? Vístete y acompaña a nuestros amigos al parque.

Today is Sunday and it's a beautiful day. Do you feel like taking a walk around the city? Get dressed and come with our friends to the park.

In this lesson you're going to learn:

- Structures to introduce a subject or opinion
- Expressions to organize parts of a speech
- Ways to show agreement and disagreement

1a Primero, observa la foto de la página anterior en la que aparecen nuestros amigos en casa y, a continuación, responde a las preguntas:

1 Begoña ha comido cacahuetes. ¿Dónde ha dejado las cáscaras?
   Encima de la mesa.

2 ¿Dónde tiene Andrew los pies?
   _____

3 ¿Te parece correcto lo que han hecho?
   _____

4 ¿Crees que a Lola y a Julián les parece correcto?
   _____

b Fíjate que en la foto Lola está hablando con Andrew y Julián con Begoña. ¿Quién crees que dice cada una de estas oraciones? ¡Ten cuidado! Hay dos frases que no las dice nadie.

1 _____ : Es increíble que tengas tan poco cuidado con la limpieza.

2 _____ : Pienso que te tienes que sentar de otra manera.

3 _____ : Tal vez sea muy tarde.

4 _____ : Sí, ya, pero lo voy a limpiar todo. ¿Por qué te enfadas?

5 _____ : Puede que tengas razón, pero estoy muy cómodo.

6 _____ : Es fantástico que comas cacahuetes.

Escenas

2a Begoña, Julián y Lola han salido en bicicleta por la ciudad, pero han tenido un pequeño accidente y discuten sobre lo sucedido. Lee el diálogo y di si los enunciados que aparecen al final son verdaderos (V) o falsos (F).

BEGOÑA: ¡Julián, yo no vuelvo a montar contigo en un tándem ni loca!
LOLA: La verdad, Begoña, es que cuando te vi en el suelo me asusté mucho. Yo creo que no se debe salir del parque con estas bicicletas. Es peligroso.
JULIÁN: ¿Tú crees? Yo creo que no es peligroso salir del parque. Yo lo he hecho miles de veces y nunca me ha pasado nada. Ha sido culpa de ese taxista chiflado, que iba demasiado deprisa.
BEGOÑA: Hablando de chiflados, ¿tú crees que era necesario frenar así, sin avisar?
LOLA: Begoña, no hace falta enfadarse. No vas a solucionar nada.
BEGOÑA: En eso no estoy de acuerdo. A veces es necesario enfadarse… ¡Y además se pone a hablar con el taxista en vez de ayudarme!
LOLA: ¡No, hombre, no! No creo.
JULIÁN: Déjala, Lola. Un día me lo agradecerá. Cuando salimos del parque, ese taxi se nos tiró encima, y si no freno, nos mata.
BEGOÑA: ¡Ni me mata ni nada, bruto, que no iba tan deprisa! Yo creo que teníamos tiempo de girar.
JULIÁN: ¡Qué va! ¡Pero si no había espacio! Además, tú no te diste cuenta de nada, o sea que calla.

	V	F
1 Lola cree que está bien salir del parque con las bicicletas.		✓
2 Julián frenó la bicicleta sin avisar a Begoña.		
3 Lola opina que Begoña no debe enfadarse con Julián.		
4 Begoña tiene la misma opinión que Lola.		
5 Begoña quiere ir en tándem con Julián el próximo domingo.		
6 Julián cree que Begoña no se dio cuenta de que el taxi iba muy deprisa.		

7, 8

b Busca en el texto estas oraciones y clasifícalas en el cuadro según indiquen acuerdo o desacuerdo con una opinión anterior:

	Acuerdo	Desacuerdo
En eso no estoy de acuerdo.		✓
¡No, hombre, no!		
No creo.		
¡Qué va!		

3a Julián y Begoña hablan sobre respetar los parques, pero tienen opiniones diferentes. ¿Quieres saber lo que dicen? Escucha las siguientes expresiones, que sirven para introducir una opinión, e indica en qué orden aparecen.

1, 9, 10, 11, 12

| 1 | Creo que no… | ☐ | Pues yo opino que… |
| ☐ | Pienso que… | ☐ | … pero a mí me parece… |

b Escucha de nuevo el diálogo y completa estos enunciados que se utilizan para expresar opiniones.

1 Creo que no _debes hacer eso._
2 Pues yo opino que _____ parques.
3 Puede que tengas razón, pero _____ los parques no son importantes.
4 Pienso que es necesario que _____ ciudad.

4a Escucha los diálogos y completa las oraciones con las expresiones del cuadro. ¡Cuidado!, porque en el cuadro hay dos expresiones que no aparecen en los diálogos.

1, 9, 10, 11, 12

> ~~yo creo que~~ • es difícil que • pues yo creo que • estoy seguro de que
> es imposible que • es necesario que • yo creo que • pienso que
> me da la impresión de que

1

BEGOÑA: _Yo creo que_, en fin, _____, vaya que, no… así no.

LOLA: Pero… _____ hagas eso.

2

BEGOÑA: _____ algo japonés sería muy original…

LOLA: _____ les guste algo así, son muy castizos.

3

JULIÁN: Una mujer muy interesante. _____ rondando los 40.

LOLA: Ya.

JULIÁN: _____ me hará desnudar.

b ¿Cuáles son las dos expresiones que no aparecen en los diálogos?
_____ y _____.

c ¿En qué diálogo hablan de…?

1 preparar una comida: _Diálogo 2_
2 una pintora: _____

 1, 9, 10, 11, 12

5 Lola está leyendo un artículo sobre la ciudad en una revista. Léelo atentamente y complétalo seleccionando la palabra adecuada de las que aparecen al final. Las palabras destacadas te ayudarán.

¿Quién no sueña con un mundo sin coches? **Es probable que** no lo *1 sueñe* todo el mundo (tal vez los pilotos de Fórmula Uno o los locos de la carretera), pero **estoy seguro de que** muchas personas sí lo *2 _____*. Estoy a favor de un mundo sin ruido, sin coches y sin contaminación. ¿Veremos ese día? **Me da la impresión de que** no *3 _____* nunca, pero **tal vez** *4 _____* motores que funcionen con agua o con placas solares, que contaminen menos y que hagan menos ruido. En el fondo, pienso que no *5 _____* nunca un mundo sin coches, pero tal vez sí *6 _____* uno en el que la gente utilice más la bicicleta, por ejemplo. Así habrá menos ruido y, seguramente, menos accidentes. Me gusta pensar en un mundo con pocos accidentes, menos ruido y, sobre todo, con menos humo.

1 sueñe / ~~sueña~~	3 llegue / llegará	5 exista / existirá
2 sueñan / sueñen	4 vemos / veamos	6 exista / existen

4, 5

6a Nuestros amigos comentan el artículo de la revista que estaba leyendo Lola. Escucha la conversación y completa estas oraciones.

1 Me da la impresión de que este escritor no *ha alquilado* nunca una bicicleta.

2 Sí, es verdad, pero pienso que, y hablando en serio, los coches no _____ desaparecer.

3 Sí, y que vengan los Reyes Magos y nos _____ un cochecito de éstos a cada uno por Navidad…

4 Bueno, en ese caso, creo que _____ razón.

5 Desgraciadamente, tiene razón. Creo que ese día _____ en llegar.

6 Si no puedes andar y necesitas llegar a un sitio al que sólo se puede llegar en coche… _____, en momentos así a mí también me gusta pensar que se comercializarán esos coches con motores de agua o con placas solares.

7 Sí, pero para eso pienso que es necesario que el petróleo se _____ y que empiecen a fabricar coches de estas características.

8 ¿Por qué no? A mí no me gusta nada conducir. _____, por la ciudad puedes desplazarte en metro o en autobús, o incluso puedes ir andando o en bicicleta.

b De las palabras que has escrito, ¿cuáles sirven para conectar oraciones e ideas?

_____ y _____.

c Escucha otra vez el diálogo y responde a estas preguntas:

1 ¿Qué impresión tiene Begoña sobre el escritor?
   Begoña tiene la impresión de que el escritor no ha alquilado nunca
   una bicicleta.

2 ¿Julián opina que los coches deben desaparecer? ¿Por qué?
   _____

3 Según Lola, ¿cuál es la mejor manera de desplazarse por la ciudad?
   _____

4 ¿Qué piensa Julián que es necesario que ocurra para que se comercialicen los motores de agua o de placas solares?
   _____

7a Nuestros amigos siguen hablando. Lee los diálogos y complétalos con la ayuda del cuadro. Ten en cuenta que algunas de las expresiones del cuadro se pueden intercambiar.

3, 4, 5, 6

además • o sea que • primero • es más • después • así que • total, que

LOLA: ¿Las colillas no son buenas para las plantas?
BEGOÑA: No.
LOLA: 1 *O sea que / Total, que / Así que* es mejor tirarlas a la basura.
BEGOÑA: Exacto, 2 _____ lo mejor es no fumar.

JULIÁN: Creo que arrancar flores no es peor que ensuciar el suelo.
ANDREW: Tampoco es bueno.
JULIÁN: 3 _____ no puedo llevar flores a casa, ¿no es así?

JULIÁN: ¡Mira qué bien han quedado las flores en el salón!
BEGOÑA: 4 _____, al final, has cortado las flores, ¿eh?
LOLA: Creo que te mereces un castigo por coger flores.
JULIÁN: ¡Pero mujer, si son muy pocas! Y 5 _____ estaban medio secas.
LOLA: No tienes excusa. 6 _____, coges las flores y las tiras a la basura.
   7 _____ te vas a la floristería y compras una hermosa planta.
JULIÁN: Pero ¿para qué?
LOLA: Para plantarla en el parque.
JULIÁN: Vale. Ahora mismo lo hago.

b Ahora fíjate en las expresiones del cuadro del ejercicio anterior y completa los siguientes enunciados.

3, 4, 5, 6

1 Para reformular una opinión e introducir una conclusión se utilizan las expresiones
   o sea que; total, que y así que.
2 Para añadir información se utilizan las expresiones _____.
3 Para estructurar la información ordenándola se utilizan las expresiones _____
   _____.

Primer plano

First look

 3

8a ¿Recuerdas que en el diálogo del *ejercicio 2* nuestros amigos estaban discutiendo? ¿Quieres saber qué pasó antes de la discusión? Ordena los siguientes párrafos.

☐ 1 a Después de comer, nuestros amigos deciden pasear en bicicleta. En primer lugar tienen que alquilarlas porque ninguno de ellos tiene bicicleta.

☐ b En cualquier caso, Lola cree que Begoña se enfadará mucho si Julián no deja de discutir y la ayuda a levantarse.

☐ c Allí mismo, a la salida del parque, encuentra a Begoña en el suelo y a Julián discutiendo con un taxista. ¿Qué ha pasado? ¿Begoña se ha hecho daño?

☐ d Lola va paseando con su bicicleta tranquilamente. Tampoco puede correr mucho porque el parque está lleno de niños jugando.

☐ e En segundo lugar, se dirigen al puesto de alquiler. Allí hay muchas bicicletas y un tándem. Como Begoña no ha ido nunca en tándem y le hace mucha ilusión, deciden alquilar uno. Así que, por una parte, van Begoña y Julián y, por otra, va Lola sola.

☐ f Después de todo, no ha pasado nada grave; sólo ha sido un susto.

☐ g De repente se oye un frenazo y un golpe que vienen de la calle. Sale corriendo del parque para mirar qué pasa.

☐ h Después de alquilarlas se dividen: por un lado, Begoña y Julián salen fuera del parque, y, por otro, Lola decide quedarse dentro.

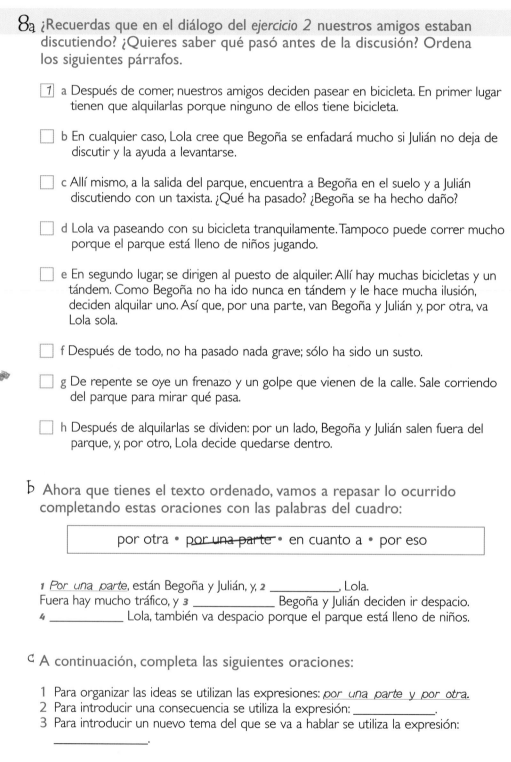

b Ahora que tienes el texto ordenado, vamos a repasar lo ocurrido completando estas oraciones con las palabras del cuadro:

> por otra • por una parte • en cuanto a • por eso

1 *Por una parte*, están Begoña y Julián, y **2** _____, Lola.
Fuera hay mucho tráfico, y **3** _____ Begoña y Julián deciden ir despacio.
4 _____ Lola, también va despacio porque el parque está lleno de niños.

c A continuación, completa las siguientes oraciones:

1 Para organizar las ideas se utilizan las expresiones: *por una parte y por otra.*
2 Para introducir una consecuencia se utiliza la expresión: _____.
3 Para introducir un nuevo tema del que se va a hablar se utiliza la expresión:
_____.

9 Lee las noticias del *Diario Estadístico* y ayuda a Andrew a completar las oraciones que aparecen al final con las expresiones del cuadro.

13

La ciudad y el transporte

Actualmente, un 80 % de nuestra población reside en las ciudades, el resto vive en el campo. De esa población urbana, sólo un 60 % utiliza el transporte público. Un 20 % se desplaza en moto, un 15 % viaja en coche y un 5 % lo hace en bicicleta.

Como es sabido, centenares o quizá miles de personas que viven en las zonas rurales se desplazan todos los días a los centros urbanos en los que trabajan. De estas personas que viven en el campo y trabajan en la ciudad, sólo un 15 % utiliza el transporte público. El resto prefiere usar su vehículo particular. Sin embargo, en el futuro se esperan ciertos cambios.

Se calcula que en un par de décadas se producirá un desplazamiento masivo de la población de la ciudad al campo, ya que la compra o el alquiler de la vivienda en la ciudad es cada vez más caro. De este modo, miles de personas se trasladarán al campo para vivir.

Por eso, los responsables del transporte público están mejorando las comunicaciones entre las diversas poblaciones. Según la información que tenemos, el presupuesto anual para la mejora del transporte público ha aumentado un 10 %.

---

viaja en coche. • se desplaza en bicicleta. • invadirán el campo.
un 10 %. • utiliza el transporte público. • ~~vive en el campo.~~

---

1 Un 20 % de la población *vive en el campo.*
2 Un 60 % _____
3 Un 15 % _____
4 Un 5 % _____
5 Miles de personas _____
6 El presupuesto anual ha aumentado _____

10 Relaciona la primera parte de la oración con la segunda. Observa que las palabras destacadas sirven para relacionar oraciones.

1 Un 80 % de la población vive en las ciudades

2 Hay un 5 % de gente que no viaja **ni** en coche,

3 El 30 % de la población rural trabaja en centros urbanos,

a **ni** en moto, **sino** en bicicleta.

b **pero** sólo el 15 % va en transporte público.

c **y** sólo un 20 % en el campo.

Lección 10
Lesson 10

Recursos

Estoy segura de que Lázaro piensa poco.

TO INTRODUCE AN OPINION §42

• To introduce an opinion, expressing it as if it were something generalized:

| Es + [adjetivo]+ que +[oración] | *Es necesario **que** los autobuses funcionen.* |

• These emphasize the fact that what is said is the speaker's opinion:

Yo creo que / Pienso que hay pocos parques en la ciudad.

• This indicates the speaker's certainty with regard to what he is saying:

Estoy seguro de que encontraremos una solución.

• This indicates how certain the speaker is about what he is saying:

Me da la impresión de que eso está mal.
Tal vez / Puede que no sea la mejor forma de decir las cosas.

TO INTRODUCE A SUBJECT

• These introduce a topic that has been mentioned previously:

A propósito / Hablando de parques, ¿has visto el de mi barrio?

• These introduce a topic that both speakers know about but about which they have not yet spoken:

Yo no voy. En cuanto a / Respecto a Lola, no sé lo que hará.

TO SET AN EXAMPLE

*Imagina, **por ejemplo**, que la calle es tu casa.*

TO CLARIFY

*Las flores son seres vivos, **o sea** / **es decir**, que si las arrancas, se mueren.*

ORGANIZE PARTS OF A SPEECH

En primer lugar… / En segundo lugar… […] /Después… / Por último…
Por una parte…por otra parte…/ Por un lado…por otro…

TO POINT OUT IDEAS

• This adds more arguments to others that have already been mentioned: **(Y) además**
• This reinforces what has just been said: **Es más**
• This presents a conclusion or idea, emphasizing the fact that what comes next is more important than what was said previously: **En cualquier caso**
• This strengthens an argument with surprising information: **Incluso**
• This is used to introduce a new idea that contrasts with a previous idea: **Ahora bien**

TO END AN INTERVENTION

- A speaker can finish talking by providing the ending or conclusion of what has previously been said by using these words: Total que…, Así que…, O sea que…

EXPRESS AGREEMENT AND DISAGREEMENT WITH AN IDEA

- Total agreement:

  Yo creo que sí
  Sí, tienes razón
  Sí, es verdad
  Estoy a favor, porque…
  Sí, estoy de acuerdo

- Total disagreement:

  Yo creo que no
  Pues yo no lo veo así
  No, no creo
  Estoy en contra, porque…
  No, no estoy de acuerdo

- Partial agreement:

  Sí, quizá sí
  Puede que tengas razón

- Partial disagreement:

  No sé, pero yo creo que…
  Sí ya, pero…

EXPRESS OPINIONS WITH INDICATIVE AND SUBJUNCTIVE §42

Creo que
Creo que no
Pienso que
Estoy seguro de que
Me da la impresión de que

} + [indicativo]

Indicative or subjunctive forms can be used depending on the speaker's degree of certainty:

Tal vez + [indicativo] / [subjuntivo]
Es+ [adjetivo]+ que + [subjuntivo]

QUANTITIES

Miles de / Centenares de miles / Millones de personas acudieron a la manifestación.
El 40 % de las personas no usa el transporte público.

FRACTIONS MOST FREQUENTLY USED §11

COORDINATED SENTENCES SYSTEM

- Compound sentences relate two ideas positively (using *y*), negatively (using *ni…ni*), showing alternates (using *o*) or showing contrast (using *pero*).

  - Lola **y** Andrew van en bicicleta.
  - Al final no come **ni** Lola **ni** Andrew.
  - Lola no sabe si comer un bocadillo **o** un helado.
  - Lola tiene hambre, **pero** Andrew no quiere comer.

Creo que nos lo pasaremos muy bien con mis amigos.

Yo creo que no.

Yo no estoy seguro.

11a En este fragmento de *El futuro de La Habana,* del arquitecto Andrés Duany, se han borrado algunas vocales. Trata de colocarlas debidamente para poder leerlo. ¡No te olvides de los acentos!

"Sólo nos queda La Habana. Los latinoamericanos hemos visto la pérd_da d_ nu_str_s c_ud_d_s c_pital_s. Car_c_s ha d_sap_rec_d_, al igual que Ci_d_d de Méx_c_, B_g_tá y Rí_. Qu_t_ y L_m_ ya no son rec_noc_bles. Incl_so las m_s presumidas, Bu_n_s _ir_s y S_nti_g_ de Ch_l_, _st_n s_endo som_tid_s a un as_lto que las d_str_irá."

Andrés Duany (1997), *The future of Havana,* recogido en *Revista de Occidente*, n.º 230-231/julio-agosto 2000.

b ¿Cuáles son las nueve ciudades latinoamericanas que se mencionan en el fragmento del *ejercicio 11a*?

1 *La Habana*   4 _____   7 _____
2 _____   5 _____   8 _____
3 _____   6 _____   9 _____

c ¿Qué opinión crees que tiene el autor del fragmento con respecto al cambio que han experimentado las ciudades latinoamericanas?

☐ Está encantado.   ☐ Le es indiferente.   ☐ Le produce tristeza.

 14

12 Lee estas definiciones e intenta resolver el crucigrama. ¡Suerte!

HORIZONTALES

2 Acción y efecto de contaminar.
5 Perteneciente a la ciudad y no al mundo rural.
7 Corriente de agua que desemboca en el mar.
8 Recipiente para echar papeles inútiles.

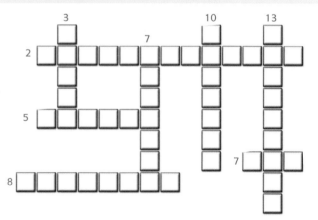

VERTICALES

3 Máquina destinada a producir movimiento gracias a una fuente de energía.
7 Acción que hace que una cosa pase a un estado mejor.
10 Edificio con maquinaria, herramientas e instalaciones necesarias para la fabricación de productos.
13 Conjunto de personas que habitan la Tierra.

13a En el siguiente artículo se recogen reflexiones muy interesantes sobre la historia de las ciudades en Latinoamérica. Primero léelo y después señala a qué aspecto de la ciudad se refieren todas las palabras destacadas.

Las palabras se refieren a:
Diferentes clases sociales. ☐
Diferentes espacios urbanos de la ciudad. ☐
Diferentes escuelas de la ciudad. ☐

b ¿Sabes a cuál de las palabras destacadas en el artículo se refiere cada una de las siguientes definiciones?

1 Zona en la que tiene lugar gran parte de la actividad económica, profesional y administrativa de una ciudad: _centro urbano._
2 Zona alejada del centro de la ciudad: _____.
3 Lugar de la ciudad en el que se puede disfrutar del ocio comprando o asistiendo a algún espectáculo, porque hay gran cantidad de comercios, tiendas, restaurantes, museos, cines y teatros: _____.
4 Zona en la que sólo hay viviendas, especialmente de lujo: _____.

El futuro de la ciudad hispanoamericana

La ciudad de América Latina presenta una apariencia similar a la de la ciudad norteamericana o británica: hay un **centro comercial** y **cultural** que da paso en sucesivos círculos concéntricos a una **zona residencial**. Pero la realidad social de estos espacios urbanos, el norteamericano y el sudamericano, es muy diferente. Mientras que los **suburbios** de la ciudad norteamericana son habitados por la clase media y la clase alta, los suburbios de la ciudad sudamericana han sido tradicionalmente habitados por los ciudadanos menos favorecidos económicamente.

Sin embargo, en este último cuarto de siglo, la distribución social de las ciudades de América Latina ha sufrido grandes cambios. Por un lado, ha podido observarse un progresivo traslado de las clases bajas hacia zonas más cercanas al **centro urbano**, sobre todo de gente joven que busca su oportunidad, y, por otro lado, las clases medias se han trasladado hacia los suburbios. Estos nuevos suburbios de la ciudades latinoamericanas presentan una característica muy especial: se construyen como verdaderas ciudades amuralladas.

Las clases medias que huyen de la ciudad no quieren relacionarse con los antiguos habitantes de los suburbios y, por esta razón, se aíslan de sus vecinos inmediatos. Estas nuevas ciudades-estado poseen todo lo necesario para su existencia: hospitales, supermercados, servicio de vigilancia, escuelas, bomberos, servicio de transporte, etc. De esta manera, la antigua ciudad queda fragmentada y los espacios comunitarios de integración social desaparecen paulatinamente.

Texto inspirado en el de François Ascher y Francis Godard (1999): "Hacia una tercera solidaridad" *Esprit*, 258, recogido en *Revista de Occidente*, nº 230-231/julio-agosto 2000.

c Este esquema reproduce la estructura de la ciudad latina. ¿Podrías indicar en qué lugar viven las clases medias y en cuál las clases bajas tras los cambios que se han producido en los últimos años?

1 _____

centro

2 _____

d Ahora seguro que puedes responder a estas preguntas:

1 ¿Cómo es la estructura de la ciudad latina?
Hay _un centro comercial y cultural que da paso en sucesivos círculos concéntricos a una zona residencial._
2 ¿Quién ha habitado tradicionalmente los suburbios de la ciudad sudamericana?
Los _____.
3 ¿Qué cambios se han producido respecto a la distribución social en las ciudades latinoamericanas estos últimos años?
Por una parte, _____, y, por otra, _____.
4 En el artículo, ¿qué nombre se les da a los nuevos suburbios y por qué?
Se los llama _____ porque _____.
5 ¿Qué dos consecuencias se derivan del surgimiento de los nuevos suburbios?
La _____ y _____.

Información sobre Latinoamérica:
www.regioneslatinas.com

Emisoras de radio:
www.afiliate.com/radio

Información cultural sobre Latinoamérica:
www.galiciaonline.es/latino

Evaluación

Evaluation

1 ¿Puedes completar las siguientes oraciones con la opción correcta?

1 _____ inventarán motores de agua.
- [ ] *Yo creo que*
- [ ] *Estoy a favor de que*
- [ ] *Es probable que*

2 _____ cuidemos los parques.
- [ ] *Es verdad que*
- [ ] *Es necesario que*
- [ ] *Yo pienso que*

3 _____ haya parques.
- [ ] *Sí, estoy de acuerdo*
- [ ] *Es verdad*
- [ ] *Es fantástico que*

4 Primero, compraremos una planta y, _____, la plantaremos en el parque.
- [ ] *además*
- [ ] *después*
- [ ] *por un lado*

5 No debes arrancar flores. _____, deberías recoger los papeles que ensucian el parque.
- [ ] *Es más*
- [ ] *O sea que*
- [ ] *Total, que*

6 _____ del uso del transporte público.
- [ ] *A propósito*
- [ ] *Estoy a favor*
- [ ] *Por ejemplo*

7 Imagina, _____, que el parque es tu habitación.
- [ ] *tal vez*
- [ ] *de ninguna manera*
- [ ] *por ejemplo*

8 En tres décadas, millones de personas invadirán el campo. _____, las ciudades quedarán prácticamente deshabitadas.
- [ ] *No creo*
- [ ] *Sí, quizás sí*
- [ ] *Es decir*

9 _____ en el año 2030 casi todo el mundo irá en bicicleta.
- [ ] *Estoy segura de que*
- [ ] *En segundo lugar*
- [ ] *Seguidamente*

10 Ayer perdimos las llaves de casa. _____ tuvimos que llamar a un cerrajero.
- [ ] *Yo creo que*
- [ ] *Es decir,*
- [ ] *Total, que*

11 💬 Los coches con motores de agua nunca llegarán.
   💬 _____, pero yo creo que sí se inventarán, y pronto.
- [ ] *Puede que tengas razón*
- [ ] *Es decir,*
- [ ] *Pienso que*

12 _____ de la población cree que los coches no contaminan.
- [ ] *Una tercia*
- [ ] *Un tercio*
- [ ] *Una tercera*

2 Trata de completar los huecos del siguiente párrafo con estas palabras:

> seguro • continuación • opinión • parece • total • es más • en cuanto
> cree • razón

Hasta ese momento, Andrew no había dicho nada, en su **1**_____, en un futuro próximo no quedarán flores en los parques. Lola cree que tiene **2**_____, pero a Begoña le **3**_____ que exagera un poco. Julián bromea y dice que está **4**_____ de que las pocas flores que quedan las estropeará la gente que va en bicicleta por los parques. Entonces todos ríen, pero Begoña **5**_____ que no tiene ninguna gracia. **6**_____, se enfada y le tira agua a la cara a Julián.
A **7**_____, Julián se levanta, coge una botella de agua y moja a Begoña.
8_____ a Lola y Andrew, también empiezan a tirar agua a sus amigos
9_____, que acaban los cuatro empapados, pero sonrientes de nuevo.

Now I can:

- [ ] Introduce a subject or an opinion.
- [ ] Organize parts of a speech.
- [ ] Express agreement and disagreement.

Also I learned:

_____
_____
_____
_____
_____

lección once 11

lessoneleven 11

¡Buen provecho!

Enjoy your food!

En esta lección nuestros amigos van a escribir cartas y a hablar de comida. ¿Te apetece acompañarles y preparar algo con ellos? Pues... ¡Buen provecho!

¡Buen provecho!

Enjoy your food!

In this lesson our friends are going to write letters and talk about food. Would you like to go with them and help them fix something to eat? Well, enjoy your food!

In this lesson you're going to learn:

- To write everyday letters
- How to express conditions
- How to apologize
- Ways to express getting discouraged

1a Cada uno de los chicos tiene sus preferencias a la hora de comer. ¿Quieres conocerlas? Pues lee la información que aparece en el cuadro y luego marca la opción correcta.

 13

- A Julián le encantan las patatas fritas, la carne, los cacahuetes y la sangría.

- A Begoña le encanta el pescado, especialmente el bacalao.

- A Lola le gustan las pizzas, la pasta, especialmente los macarrones, y el vino.

- A Andrew le gustan mucho los platos ligeros, como las sopas, y come mucha verdura: la coliflor le vuelve loco.

---

1 ¿A quién le encantan los macarrones?
☐ A Begoña ☑ A Lola

2 _____ le gustan mucho las patatas fritas.
☐ A Andrew ☐ A Julián

3 ¿Quién de los cuatro prefiere los platos ligeros?
☐ Lola ☐ Andrew

4 _____ le gusta mucho el bacalao.
☐ A Begoña ☐ A Lola

b Ahora mira la foto de la página anterior y según lo que has leído antes, responde a las preguntas siguientes:

1 ¿Quién ha preparado la comida hoy?
Lola.

2 ¿Sabes quién ha elegido la bebida?
_____

3 ¿Qué están bebiendo nuestros amigos?
_____

4 ¿Te parece indicada esta bebida para comer pizza?
_____

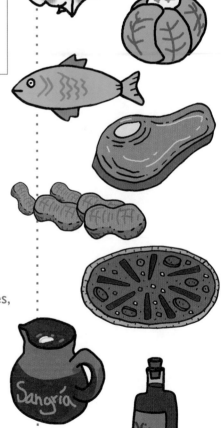

Escenas

Scenes

2a En ocasiones tenemos que pedir disculpas. Observa estas cuatro fotos de nuestros amigos. Luego, lee los diálogos. ¿Podrías relacionar cada foto con su diálogo? Escribe debajo de la foto la letra del diálogo al que corresponde.

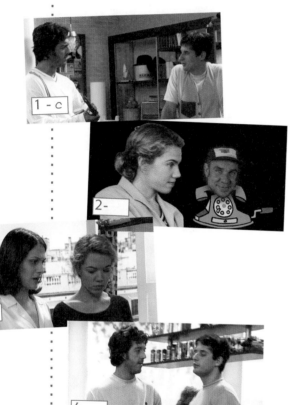

1 - c

2 -

3 -

4 -

a LÁZARO: ¿Diga?
　LOLA: Hola Lázaro, soy Lola. Me dijiste que pasarías por el piso esta mañana, pero ya son las seis de la tarde y aún te estoy esperando…
　LÁZARO: Perdóname, es que he estado ocupado con una avería que ha habido en la calle Mirasierra…

b ANDREW: Julián, ¿dónde está la lechuga… y la leche? No me digas que no las has comprado…
　JULIÁN: Lo siento mucho, pero es que no he tenido tiempo; cuando he salido del trabajo, las tiendas ya estaban cerradas; lo siento.

c ANDREW: ¿Qué le ha pasado a mi ordenador? ¡No funciona! ¿Quién ha tocado mi ordenador otra vez sin pedirme permiso?
　JULIÁN: Siento que esté estropeado, pero no sé qué ha pasado… antes funcionaba bien…

d BEGOÑA: Oye Lola. Si vuelve a llamar mi madre, no le expliques toda mi vida, ¿entendido? De eso ya me ocupo yo, que para algo soy su hija.
　LOLA: No te enfades, Begoña. Me sabe mal, pero yo no sabía que te molestaba. Ella siempre me pregunta, ¿sabes? Y yo le contesto.

b Vuelve a leer los diálogos del apartado anterior y presta atención a las expresiones que se utilizan para pedir disculpas. Escribe la letra del diálogo en el que aparece cada una de las siguientes expresiones.

1 ☑ d Me sabe mal, pero…　　3 ☐ Siento que esté…
2 ☐ Perdóname, es que…　　4 ☐ Lo siento mucho, pero es que…

c A continuación tienes otras expresiones, ¿para qué crees que sirven? Marca la opción correcta.

Siento… / Perdona el retraso. / Perdona que llegue tarde. / Disculpa, pero no he oído el teléfono.

☐ Para pedir diculpas.　　☐ Para agradecer.　　☐ Para expresar decepción.

d Ahora, lee estas situaciones y completa las disculpas con ayuda de las palabras del cuadro.

✎ 4

siento • poder • ~~perdona~~ • sabe • siento • disculpe

4_____, ha sido sin querer.

Me 2_____ mal, pero estoy muy cansado.

- Habías quedado con Lázaro a las ocho para revisar la instalación eléctrica del piso, pero llegas una hora tarde.
- Andrew te pide que le acompañes a comprar un regalo para Lola, pero tú estás muy cansado.
- Mañana tienes que presentarte a una entrevista muy importante. Hoy es el cumpleaños de un amigo tuyo y te invita a su fiesta.
- Pisas sin querer a un desconocido en el autobús.
- Un amigo te invita a la inauguración de un nuevo restaurante. Tú no te encuentras bien; te duele la cabeza.
- Esta noche has preparado una cena sorpresa a un amiga muy especial. Como no cocinas muy a menudo, la comida no ha salido tan buena como tú esperabas.

1 _Perdona_ el retraso, es que no he podido llegar antes.

Siento no 3_____ ir a tu fiesta, pero es que mañana tengo una entrevista importante.

Lo 5_____ mucho, pero no puedo acompañarte; es que no me encuentro bien.

6_____ que la comida no esté buena, pero como no cocino nunca...

3a Begoña está hablando con su novio Chema por teléfono. Escucha la conversación y responde a las preguntas marcando la opción correcta.

🎧

✎ 5

1 ¿Qué dice Begoña cuando Chema le pregunta si el fin de semana van a estar juntos?
- [✓] Lo siento Chema, pero es que tengo que quedarme.
- [ ] Me alegro Chema, nos vemos el sábado.
- [ ] ¡Que vaya bien el fin de semana! Chema.

2 ¿Cómo reacciona Begoña cuando Chema le dice que tiene ganas de verla y que hace tiempo que no se ven?
- [ ] Discúlpame por ir a Bilbao.
- [ ] Me sabe mal no poder estar contigo.
- [ ] Perdona que no te llame.

3 Y Chema, ¿qué le dice?
- [ ] ¡Qué bien que no vengas!
- [ ] Es una lástima que vengas.
- [ ] Es una lástima que no vengas.

4 ¿Qué dice Begoña cuando Chema le cuenta la cena sorpresa?
- [ ] ¡Qué bien!
- [ ] Muy bien.
- [ ] ¡Qué lástima!

5 ¿Qué dice Begoña cuando habla de las pruebas para la obra de teatro?
- [ ] Si después no me seleccionan…, ¡qué alegría!
- [ ] Si después no me seleccionan…, ¡qué decepción!
- [ ] Si vienes…, ¡qué sorpresa!

b Lee otra vez las respuestas de las preguntas 3, 4 y 5 del apartado anterior. Observa que aparecen tres formas de expresar decepción, ¿cuáles son?

✎ 5

Es una lástima que…, _____ y _____

Primer plano

4a Lola y Begoña llegan al piso y encuentran una carta. Escucha la conversación y marca la opción correcta.

1 ¿Para quién es la carta?	✓ Para Begoña.	☐ Para Lola.
2 ¿De quién es la carta?	☐ De Chema.	☐ De otra persona.
3 ¿Cómo empieza la carta?	☐ Querida…	☐ Hola…
4 ¿Cómo está quien escribe la carta?	☐ Contento.	☐ Enamorado.
5 ¿Cómo termina?	☐ Mil besos.	☐ Un abrazo.
6 ¿Qué tipo de carta es?	☐ Comercial.	☐ Personal.
7 ¿Cuál es el tema de la carta?	☐ Las últimas vacaciones.	☐ Los sentimientos.
8 ¿Cómo reacciona Begoña?	☐ Le gusta la carta.	☐ No le gusta la carta.

b

> Querida _____:
>
> Begoña, _____ flor _____, mi
> ángel _____,
> ¿recuerdas? Si te vas,
> _____, dejarás _____
> _____ americano _____ y
> _____ soñando con _____
> _____ más _____.
> Andrew,
> _____ _____.

¡Te atreves a escribir la carta que lee Begoña? Vuelve a escuchar el audio y completa la carta.

5a Los chicos se organizan para preparar una cena sorpresa a Ana y a Lázaro. Escucha la conversación y completa estas oraciones. Sirven para indicar una condición.

1 Si cenan aquí, _tiene_ que estar ordenado.

2 Si queréis, _____ la cena en un restaurante mexicano muy bueno que conozco.

3 Yo si puedo, te _____.

4 Si salgo pronto, _____ a ayudarte.

5 Si vosotros dos os encargáis de la cena, Andrew y yo _____ a comprar la bebida y el postre.

6 Si puedes, _____ nota de los ingredientes que necesitamos.

7 Si todos colaboramos y nos organizamos bien, _____ una cena fantástica.

b Escribe el número de las oraciones anteriores donde aparecen estas estructuras.

Si + [verbo en *presente*] + { [verbo en *presente*]   _1,_____
                              { [verbo en *imperativo*]   _____
                              { [verbo en *futuro*]   _____

c Vuelve a escuchar la conversación y completa estas oraciones
con palabras para hablar de un momento en el tiempo. 6

1 ¿Os acordáis de que *mañana por la noche* es la cena sorpresa de Ana y Lázaro?
2 Con las pruebas para la obra de teatro de _____ no hemos
tenido tiempo para nada.
3 _____ tengo que ir a la escuela a hablar con Antonio.

d ¿Puedes ahora distinguir los enunciados verdaderos (V) de los falsos (F)? 13

	V	F
1 La cena sorpresa de Ana y Lázaro es dentro de una semana.	☐	✓
2 Los chicos se organizan en parejas para preparar la cena.	☐	☐
3 Julián propone encargar la cena en un restaurante mexicano con servicio de comida a domicilio.	☐	☐
4 Julián y Lola se encargan de avisar a los vecinos.	☐	☐
5 Los ingredientes que necesitan para preparar la cena son: aguacates, chiles, limón, ajo y cebollas.	☐	☐
6 Para beber van a comprar tequila.	☐	☐

6 ¿Puedes ayudar a Andrew a ordenar este correo electrónico? 1

1 Sra. Luisa Blanco
Directora de estudios

2 Andrew White

3 Me llamo Andrew White. Tengo veintisiete años. Soy de Estados Unidos, nací en
Los Ángeles. Vine a España hace un tiempo para estudiar los autores del teatro
clásico español. Ahora estoy en la escuela de teatro *Talía*.

4 Aprovechando la ocasión, me despido cordialmente de usted,

5 Le solicito que me envíe toda la información disponible sobre su escuela para
poder hacer los trámites necesarios.

6 Estimada señora:

7 En el futuro me gustaría aumentar mi formación académica y profesional. Conocer a
profesionales de otras ciudades españolas puede ser una experiencia muy importante
para mí. Madrid es una magnífica ciudad y por eso me gustaría conocer con más
detalle su escuela: qué asignaturas hay, el programa de los cursos, los profesores,
los horarios, el sistema de becas y ayudas, el importe de la matrícula, etc.

8 Muchas gracias por su atención.

Orden correcto: ☐1☐ ☐ ☐ ☐ ☐ ☐ ☐ ☐

 1

7a Nuestros amigos escriben mucho: postales, cartas, correos electrónicos…
Lee los tres textos que tienes a continuación. Fíjate en cómo empiezan
y terminan y completa el cuadro con las expresiones que se utilizan.

A

14 de agosto de 2001

Querida Silvia:

¿Cómo va todo por tierras andaluzas? ¿Has conocido a mucha gente? Seguro que por la noche en Granada hay mucho ambiente. ¿Es verdad que en los bares, cuando pides algo para beber, también te sirven una tapa de tortilla, de queso, de chorizo…?
El próximo año podemos organizar una ruta por el sur de España durante el mes de septiembre. Seguro que ya conoces muchos sitios interesantes y me podrás hacer de guía.
Saludos a Ignacio de mi parte.

Un fuerte abrazo,

Lola

B

3 de mayo de 2001

Distinguidos señores:

Me dirijo a ustedes para comunicarles mi interés por recibir información sobre las becas que concede su organismo para estudiantes extranjeros de teatro. Próximamente, voy a finalizar el último curso de Arte Dramático en la escuela de teatro *Talía* y estoy ansioso por emprender nuevos proyectos y aumentar mi currículo académico y profesional. Espero no ocasionarles ninguna molestia y les doy las gracias por anticipado.

Atentamente, se despide de ustedes,

Julián Santacruz

C

26 de abril de 2001

¡Hola Chema!

¿Cómo va todo? Siento mucho no haberte enviado un correo antes, pero esta semana en la escuela nos estamos preparando para unas pruebas y la verdad es que me he olvidado de todo.
Estos últimos días han sido una locura: los chicos y yo no hemos parado. Estamos agotados. Ya no podemos más. ¡Suerte que el curso ya termina!
Estoy deseando que lleguen las vacaciones para volver a verte. ¿Qué te parece si nos vamos los dos solos una semanita? ¿Adónde te apetece ir?
El sábado, si puedo, te mando otro correo, ¿de acuerdo?
Y repito, me sabe mal no escribirte más a menudo.

Te quiero. Besos,

Begoña

Para empezar: *Querida ...,* _____, _____
Para terminar: *Un fuerte abrazo,* _____, _____

b Ahora, vuelve a leer los textos con más detalle. ¿Puedes identificar a cuál de nuestros amigos se refieren estas oraciones? Escribe el nombre de Lola, Julián o Begoña, según corresponda.

1 Tiene una amiga en Granada. *Lola.*
2 Está deseando que lleguen las vacaciones. _____
3 Está interesado/a en recibir información sobre unas becas. _____
4 Esta semana se ha olvidado de todo. _____
5 Quiere organizar una ruta por el sur de España con una amiga. _____

 1

8a Vuelve a mirar los textos del *ejercicio 7a*. ¿Puedes relacionar estas direcciones con la carta, la postal o el correo electrónico correspondiente? Fíjate en que hay una dirección sin carta.

1 A Silvia Valero Domínguez
c/ Felipe II, n.º41, 3.º 2.º
C. P. 18001 Granada
España

2 ☐ De:"Begoña"
<begoñarzak@maxmail.com>
Para:"Chema"
<chema@maxmail.com>

3 ☐ Sres. Santacruz
pza. Diego Rivera, n.º 28, entlo. 1.º 2.ª
México, D. F.

4 ☐ ESCUELA NACIONAL DE
TEATRO DE MADRID
av. Marqués de Riscal, edificio K
Universidad Autónoma de Madrid
C. P. 28004 Madrid
España

♭ Cuando escribimos, utilizamos abreviaturas. Busca en las direcciones que aparecen en el apartado anterior las abreviaturas de las siguientes palabras.

1 plaza = pza.
2 calle = _____

3 avenida = _____
4 Distrito Federal = _____

5 señores = _____
6 código postal = _____

9 Julián quiere escribir una carta a sus padres, pero se le ha estropeado el ordenador y te pide por favor que la escribas tú en el tuyo. Él después irá a tu casa para terminarla. ¿Le ayudas? Tiene que aparecer la información que te damos a continuación. Después de escribir, compara tu carta con el modelo que tienes en la solución.

• Saludos a los padres.
• Pregunta por la familia y por la salud de los abuelos.
• Tienes amigos, pero echas de menos a la familia.
• Esperas visitarlos a finales de septiembre.
• Besos y abrazos.

10 ¿Por qué no lees los siguientes diálogos? Observa los verbos destacados. Luego, para que te acuerdes, puedes completar el esquema colocando en el lugar correspondiente estas dos opciones: *infinitivo* o *gerundio*.

1 • ¿Sabes a quién he visto hoy? A Jesús, aquel chico de Zaragoza tan simpático. ¿Lo recuerdas?
• Claro, y ¿qué cuenta?
• **Acaba de llegar** de Italia. Ha estado allí una semana haciendo un curso de teatro de mimo.

2 • Rosa, ¿verdad que le pediste a Ana la sartén grande la semana pasada?
• Sí, ¿por qué?
• Porque la estoy buscando pero **sigue sin aparecer**.

3 • ¿Ya has llamado a Raquel para lo del viernes?
• Sí, la estoy llamando, pero todo el rato comunica.
• Prueba otra vez.
• **Sigue comunicando**. ¡Lleva una hora hablando por teléfono!

4 • ¡Qué frío! Ya está otra vez la puerta abierta. ¿Quién **ha vuelto a abrir** la puerta? Siempre pasa lo mismo. La cierro yo y pasa alguien y la abre.
• Seguro que ha sido Andrew, que es un despistado.

5 • Chicos, no tenemos nada de comida y mañana es la cena sorpresa de Ana y Lázaro. Lo había olvidado. **Hay que ir** a comprar hoy mismo. Andrew, ¿te va bien esta tarde?
• Estupendo. A las cinco y media en el supermercado.

Acabar de
Seguir sin   } + _____
Volver a
Hay que

Seguir + _____

Recursos

USUAL LETTERS FORMULAS

- **Date:** | Valencia, 14 de agosto de 2001 / 14-8-2001 |

- **Greetings:**

Formal	Informal
Sr./Sra. Rueda:	Querida Silvia:
Distinguido/s señor/es:	Queridos papá y mamá:
Estimado/a señor/señora:	¡Hola Chema!
Apreciado Señor Matos:	

- **Closings:**

Formal	Informal
Atentamente,	(Muchos) Besos,
Se despide atentamente,	Un (fuerte) abrazo,
Reciban un cordial saludo,	Un saludo / Saludos,

APOLOGIZE FOR SOMETHING YOU HAVE DONE §34

Lo siento mucho.

Siento
Perdona } + [nombre]   *Siento / perdona el retraso.*

Perdona que
Siento que } + [subjuntivo]   *Perdona que llegue tarde.*
Siento que tengamos que irnos ahora.

- To formally apologize, justification is usually given for why something has been done:

Perdóname/Disculpa + { pero / es que } + *no he oído tu llamada.*

Me sabe mal, pero es que no he oído tu llamada.

- To respond to an apology:

Bueno, no te preocupes.   *Tranquila.*
No importa.   *Vale, no pasa nada.*

EXPRESS DISAPPOINTMENT

¡Qué lástima!   *¡Qué lástima!*
¡Qué decepción!   *¡Qué decepción si no nos seleccionan!*

¡Qué lástima que...! } + [subjuntivo]   *¡Qué lástima que no venga!*
Es una lástima que...   *Es una lástima que no venga!*

EXPRESS CONDITION §54

Si + [presente], + { [presente] / [imperativo] / [futuro] }

Si queréis, reservo mesa en un restaurante.
Si te gusta, toma nota de los ingredientes.
Si venís pronto, prepararemos algo para cenar.

Querido Julián:
Te escribo…

TEMPORARY INDICATORS

Mañana	por la mañana	Dentro de un año	Aquel día
	por la tarde	El año que viene	A aquella hora
	por la noche	El año próximo	En aquel momento
			Ahora mismo

PERSONAL PRONOUNS WITH MUTUAL VERBS

Reciprocal verbs indicate that person A does something to person B, and that person B does the same to person A.

nos = tú y yo; nosotros y vosotros; o nosotros y ellos.

os = tú A y tú B; tú y él/ella; o vosotros y ellos.

se = él/ella y él/ella; ellos/ellas y ellos /ellas.

*Por el cumpleaños **nos** hacemos un regalo.*

*¿Por qué no **os** habláis?*

*Cada día **se** quieren más.*

Some reciprocal verbs are: *hacerse, hablarse, quererse, llamarse, escribirse, enviarse algo, mirarse.*

INFINITIVE VARIANTS MOST FREQUENTLY USED §29

To refer to…

- Something that has just happened.

  Acabar de + [infinitivo]

  ***Acaba de llegar** de Italia. Ha estado allí una semana.*

- The repetition of an action expressed using the infinitive.

  Volver a + [infinitivo]

  *¿Quién **ha vuelto a abrir** la puerta?*

- An ongoing situation.

  Seguir + [gerundio]

  ***Sigue comunicando**. ¡Lleva una hora al teléfono!*

- A situation which is ongoing but is expected to end shortly

  Seguir sin + [infinitivo]

  *He buscado la sartén varias veces, pero **sigue sin aparecer**.*

- To express in an impersonal way the need for an action (expressed with the infinitive) to be carried out.

  Haber que + [infinitivo]

  ***Hay que ir** a comprar hoy mismo.*

Acabamos de ganar el partido.

ABBREVIATIONS MOST FREQUENTLY USED §67

- For addresses:

  c/ calle [street]   **av.** avenida [avenue]   **pza.** plaza [square]
  n.º número [number]   **entlo.** entresuelo [mezzanine level]   **dcha.** derecha [right]
  izq. izquierda [left]   **tel.** teléfono [telephone number]   **Rte.** remitente [sender]
  C.P. código postal [postal/zip code]

- Forms of addressing people:

  Sr. señor [Mr/mister]   **Sra.** señora [Mrs./mistress]   **Srta.** señorita [Miss]
  D. don [similar to Sir]   **D.ª** doña [similar to Madam]   **Ud.** usted [You (formal)]
  Dr. doctor [Dr/doctor (masculine)]   **Dra.** doctora [Dr/doctor (feminine)]

PUNCTUATION MARKS §55-§66

See grammar appendix.

ADJECTIVE SUBORDINATED SENTENCES WITH THE VERB IN INDICATIVE FORM §45

See grammar appendix.

La lengua es un juego

13

11a Preparar un buen plato no es fácil. Si quieres cocinar bien, sigue todos los pasos de este juego. Primero relaciona los siguientes refranes con la explicación correspondiente.

1 Contigo pan y cebolla.
2 Al pan, pan y al vino, vino.
3 Ser (o quedarse) más fresco que una lechuga.
4 Con azúcar y miel todo sabe bien.
5 Estar sano como una manzana.

e

a Tener muy buena salud.
b No tener vergüenza, ser descarado.
c Decir las cosas tal como son, hablar de forma muy clara.
d Con tranquilidad y buenas maneras todo sale bien.
e Querer a una persona pase lo que pase, sin importar el dinero ni las comodidades.

b Ahora, primero subraya los nombres de alimentos y bebidas de los refranes del apartado anterior y después búscalos en esta sopa de letras. Presta atención porque en la sopa de letras aparecen los nombres de tres alimentos que no salen en los refranes; para descubrirlos, fíjate en los dibujos.

```
C R A F G U O J U A P R A W F I
E B H U L I M O N Z Ñ D R L K S
B I F T Y Ñ A O L U H O I U G Y
O U A Ñ V P N R G C Y J T E E O
L Q T P X A Z E I A E U H P A N
L E C H U G A A N R T D Z A U V
A Z U R D I N Q E S Ñ I X E R M
D V I N O W A P Ñ E N A M I E L
```

c ¿Qué tres alimentos aparecen en la sopa de letras pero no en los refranes? Escríbelos.

1 _____ 2 _____ 3 _____

d De las tres palabras del apartado anterior, ¿cuál es la que tiene tantas letras como cuadros hay aquí abajo? Después de descubrirla, intenta escribir palabras relacionadas con la comida y la bebida (productos, maneras de cocinar, tipos de bebida…) que empiecen por cada una de sus letras. ¡Cuantas más palabras escribas, mejor sabor tendrá tu plato! Mira las puntuaciones.

☐ _____
☐ _____
☐ _____
☐ _____
☐ _____
☐ _____

- De 1 a 5 palabras: tienes que prestar más atención a la receta. Vuelve a intentarlo.
- De 6 a 10 palabras: el plato tiene buen sabor, pero le falta un poco de sal.
- De 11 a 15 palabras: el plato sabe bien, pero todavía no llegas al nivel de un cocinero profesional.
- De 16 a 20 palabras: ¡Ya eres un cocinero profesional! ¡Enhorabuena!

La lengua es un mundo
Language is a world

12 Argentina, con 3.800.00 km², es conocida por la variedad de sus seis grandes regiones. Una manera de conocerlas es mostrando su gastronomía. Lee el artículo y después intenta adivinar de qué región es cada uno de los platos que aparecen al final. Las palabras destacadas son una pista. ¡Buen viaje y buen provecho!

13

La región de los grandes ríos

Es una extensa zona conocida por sus selvas y sus caudalosos ríos. La cocina muestra la influencia de los tres países con los que limita Argentina al este: Brasil, **Paraguay** y Uruguay. La carne se cocina asada, al estilo brasileño, y los peces de los grandes ríos que cruzan la selva se preparan al horno, a la parrilla o empanados.

La región de las altas cumbres

La del Aconcagua es la zona de los volcanes nevados y de los desiertos. La cocina de las altas cumbres es algo picante y sus vinos negros son excelentes. La gente del lugar aprecia tanto los salmones que abundan en sus lagos como la carne de **cerdo**. La mayoría de los platos se cocinan con **pimientos** pequeños y **maíz**.

La región helada

Región formada por la zona sur de Argentina, conocida como *Tierra del fuego*, y la Antártida. Famosa por los patés, los **ahumados** y el **marisco** (gambas, centollos, langostas,...), su exquisita gastronomía ofrece, además, todo tipo de carnes, desde el ciervo hasta el jabalí. A pesar de esta gran variedad, su verdadera especialidad son los chocolates, hay más de 130 variedades.

La región atlántica

En la costa patagónica se encuentran asados de cordero y todo tipo de pescados. La carne de tiburón es muy apreciada en esta zona y se acostumbra a cocinar a la parrilla. Es muy típico tomar el té con los **dulces de frutas** famosos en la zona.

La región del gaucho: La Pampa

Extensa llanura de hierba verde que cubre la cuarta parte del territorio argentino. Hay inmensos campos de trigo, maíz y girasol que son a diario cruzados por miles de cabezas de vacuno. La especialidad de esta zona es la carne de vaca asada o a la parrilla. Se conservan también platos de todas las nacionalidades que han habitado la zona, como el **pulpo a la gallega** y la **ensalada alemana** entre otros.

Buenos Aires

Buenos Aires es una megalópolis de once millones de habitantes. Aunque ofrece un amplio muestrario de la variedad gastronómica argentina, su verdadera especialidad es la cocina internacional, ya que se pueden encontrar los mejores platos del mundo. Sus calles están llenas de restaurantes franceses, españoles, alemanes e italianos, entre otros. A los bonaerenses les encanta la **pizza**.

Recetas de cocina:
www.cocinadelmundo.com

Información sobre Argentina:
www.argentinaturistica.com

Postales electrónicas:
www.es.bluemountain.com

Platos típicos	Ingredientes	Región
pulpo a la gallega	pulpo, pimentón, sal y aceite.	*La Pampa*
pizza bonaerense	maíz, ternera, tomate, queso y pimientos.	_____
tarta de frutas	harina, uvas, nueces, naranja y azúcar negro.	_____
charqui	carne de cerdo, pimientos y maíz.	_____
centollo al vapor	centollo.	_____
sopa paraguaya	pan de harina de maíz blanco.	
	con queso paraguayo, cebolla y especias.	_____

Evaluación

Evaluation

1 ¿Nos ayudas? ¿Por qué no reconstruyes la carta con las estructuras siguientes?

> por la noche • dentro de una semana • un beso muy fuerte
> querido David • aquel día • lo siento mucho • por la mañana
> ahora mismo • en ese momento • siento no haberte escrito antes

1_____:

2_____, pero es que no te puedes imaginar cómo ha sido mi viaje de vuelta.

Fui muy pronto al aeropuerto; eran más o menos las nueve… ¿Recuerdas que te dije que el avión salía 3_____?

Pues hubo una avería de no sé qué y al final mi vuelo salió 4_____. Sé que 5_____ te podía haber llamado y así haber pasado juntos un rato más, pero es que estaba tan triste… De todas maneras, 6_____ y espero que no estés enfadado…; es que… 7_____ fue todo demasiado duro para mí.

¡Sabes? 8_____ me arrepiento un poco de no haberte llamado, pero bueno, sé que lo entiendes.

9_____ voy a tener Internet en casa. ¿Me escribirás? Te mandaré mi dirección y si quieres, me escribes.

Bueno David, espero que todo vaya muy bien.

10_____,

Clara.

2 ¿Qué dirías en estas situaciones? Lee con atención las diferentes situaciones que te planteamos y después reacciona utilizando el enunciado más adecuado de los que aparecen en el cuadro.

1 Tiras un vaso de agua encima de alguien. ☐
2 No te has acordado de llamar a tu madre. ☐
3 Llegas tarde a una reunión de trabajo. ☐
4 Tu amigo no puede visitarte este verano. ☐
5 Te olvidas de hacer tus deberes de español. ☐
6 Hace mucho que no has contestado una carta. ☐
7 Tu amigo no puede ir contigo de vacaciones. ☐
8 No has felicitado a tu mejor amigo por su cumpleaños. ☐

> a Perdóname, pero no me he acordado de hacer los deberes.
> b Lo siento, es que no he tenido tiempo de llamarte.
> c Lo siento, se me olvidó que hoy era tu cumpleaños.
> d Lo siento. ¿Te he mojado?
> e Perdona que te escriba después de tanto tiempo.
> f Siento llegar tarde a la reunión.
> g Lamento que no puedas venir. Otra vez será.
> h Me sabe mal que no vengas de vacaciones, pero yo voy a ir porque ya tengo hecha la reserva desde hace dos meses.

Now I can:

☐ I can write everyday letters.
☐ I know how to express a condition.
☐ I know sentences to use to apologize.
☐ I know how to express getting discouraged.

Also I learned:

_____

_____

_____

_____

_____

leccióndoce 12
lessontwelve 12

¿Buscas trabajo?

Are you looking
for work?

En portada

¿Buscas trabajo? Bienvenido al mundo laboral. En esta lección vas a conocer las opiniones de nuestros amigos acerca de los exámenes, los tópicos, los jóvenes y el trabajo. Además, ellos te explicarán cuáles son las cualidades de un buen trabajador y cómo debes preparar un curriculum vitae. Si buscas trabajo, ésta es la lección adecuada.

Are you looking for work? Welcome to the working world. In this lesson you're going to find out our friends' opinions on exams, subjects, young people and work. In addition, they're going to tell you about the qualities of a good worker and how to prepare your résumé. If you're looking for work, this is the lesson for you.

¿Buscas trabajo?

Are you looking for work?

In this lesson you're going to learn:

- How to express judging and evaluating
- Ways to express feelings and preferences
- Ways to express being in favor or against a proposal or an idea
- Ways to control communication

1a Mira la foto de la página anterior de Antonio, Ana y Lázaro. ¿Recuerdas a qué se dedican? Completa las oraciones con las palabras del cuadro.

11, 12

> fontanero • portera • profesor • carpintero • director • albañil
> señora de la limpieza • electricista • mecánico

1 Antonio es el _director_ de la escuela de teatro *Talía* y el _____ de Julián, Begoña, Andrew y Lola.

2 Ana es la _____ del piso donde viven nuestros amigos y también la _____ del edificio.

3 Lázaro hace de todo un poco, es _____, _____, _____, _____ y _____.

b ¿Qué objeto tienen en la mano cada uno de nuestros amigos? Relaciona el objeto correspondiente con cada uno de ellos.

11, 12

1 Antonio   a un plumero para limpiar el polvo.
2 Ana   b una llave para hacer reparaciones.
3 Lázaro   c un libro de teatro.

c ¿Cuáles de estas cualidades crees que son apropiadas para cada una de sus profesiones? Completa la lista de cualidades de cada uno de ellos con ayuda de las palabras del cuadro.

11, 12

> hábil • creativo • organizada • comunicativo • agradable
> experiencia • paciente • observadora • dinámico

Antonio

Ana

Lázaro

creativo _____   _____   _____ con las manos

_____   _____ con la gente   _____ con _____

_____

 11, 12

2a Mañana Lola va a entrevistar en su programa al Sr. Pérez, un sindicalista de la ciudad, sobre el paro. Va a utilizar algunas de estas palabras. ¿Puedes relacionarlas con la definición adecuada? Si lo necesitas, utiliza el diccionario.

1 Inestabilidad laboral   a Fijo.
2 Contrato   b Número de horas de trabajo al día.
3 Estable   c Dividir.
4 Jornada laboral   d No tener trabajo fijo.
5 Salario/sueldo   e Convenio escrito entre el trabajador y el empresario.
6 Repartir   f El dinero que te pagan por tu trabajo.

1, 4, 5, 8, 12

b Lee la entrevista y marca si estas oraciones son verdaderas (V) o falsas (F) según la opinión del Sr. Pérez.

LOLA: Sr. Pérez, ¿por qué hay tanto paro en nuestra ciudad?
SR. PÉREZ: En mi opinión, no hay paro. A mí me parece que el problema es la inestabilidad laboral.
LOLA: No sé si lo he entendido bien. ¿Quiere decir que hay trabajo?
SR. PÉREZ: Creo que sí. En otras palabras, para mí el problema es que no se hacen contratos estables. O sea, que una persona trabaja un día en una empresa y no sabe si continuará. Estoy convencido de que la gente se siente insegura.
LOLA: ¿Qué soluciones propone?
SR. PÉREZ: En mi opinión, hay que hacer contratos más estables. Pero, además, considero que hay que reducir la jornada laboral.
LOLA: ¿Quiere decir que hay que trabajar menos y ganar menos?
SR. PÉREZ: No, no, no quería decir eso. Desde mi punto de vista, hay que repartir el trabajo, pero el salario tiene que ser el justo para vivir dignamente.
LOLA: Me parece que no lo he entendido bien.
SR. PÉREZ: Lo que quiero decir es que muchos empresarios están de acuerdo en reducir la jornada, pero dicen que sólo si conlleva una reducción de salario. ¡Es espantoso! Los españoles tienen ya problemas con sus sueldos de jornada completa. Los alquileres, la comida, todo sube y sube. ¿Lo ve?
LOLA: A mí me parece que lo que dice es muy difícil.
SR. PÉREZ: Mejor dicho, yo me refería a que un sueldo bajo es una injusticia social.

	V	F
1 No hay paro.	✓	
2 Un contrato inestable crea inseguridad.		
3 No se debe reducir la jornada laboral.		
4 Si reducimos la jornada laboral, el salario debe bajar.		
5 Un sueldo bajo es una injusticia social.		

1, 4, 5, 12

c Ahora mira el cuadro con las estructuras que utilizan los dos durante la entrevista. ¿Te atreves a clasificarlas?

estoy convencido de que • ~~en mi opinión~~ • no quería decir eso • desde mi punto de vista
lo que quiero decir es que • mejor dicho, yo me refería a • para mí • en otras palabras • considero

Expresar opinión: *En mi opinión,* _____ , _____ ,
_____ y _____ .

Corregir o aclarar: _____ , _____ ,
_____ y _____ .

3 ¿Quieres saber lo que opinan nuestros amigos sobre algunos temas? Escucha e indica el número del diálogo en el que se tratan los siguientes temas.

1, 4, 5

[4] Sobre los jóvenes y los contratos basura.

[ ] Sobre las vacaciones.

[ ] Sobre cambiar de trabajo.

[ ] Sobre los contratos basura y los problemas sociales.

[ ] Sobre la liberación de la mujer.

[ ] Sobre cómo reducir el paro.

4a Hoy nuestros amigos han realizado las pruebas de teatro. Ahora están hablando sobre cómo les ha ido. ¿Puedes escuchar la conversación y señalar la respuesta adecuada en cada caso?

1, 2, 3, 4, 5

1 Begoña está convencida de que hizo las pruebas _____.
[ ] *muy bien*   [✔] *fatal*   [ ] *bien*

2 Andrew _____.
[ ] *está de acuerdo*   [ ] *no dice nada*   [ ] *no está de acuerdo*

3 Para Begoña hoy es _____.
[ ] *un día normal*   [ ] *el mejor día de su vida*   [ ] *el peor día de su vida*

4 A Begoña las pruebas _____.
[ ] *no le gustan nada*   [ ] *le encantan*   [ ] *le alegran*

5 Según la conversación, Begoña no quiere oír _____.
[ ] *a Lola*   [ ] *los programas de la TV*   [ ] *los resultados de las pruebas*

b Vuelve a escuchar el diálogo y completa el texto con las expresiones del cuadro.

1, 2, 3, 4, 5

> no estoy de acuerdo • no soporto las pruebas • ~~estoy convencida~~
> es el peor día • no quiero oírlos • quieres decir que

BEGOÑA: Lo hice fatal. 1 *Estoy convencida*. Estoy segura. ¿A que sí?

ANDREW: No, no, no. 2_____.

BEGOÑA: Me temblaban la voz y las piernas, me temblaba todo. 3_____ de mi vida. 4_____.

LOLA: No te tortures…

BEGOÑA: 5_____ he fracasado, ¿no?

LOLA: No…, quiero decir que… me preocupa verte así.

BEGOÑA: Déjalo. No tengo futuro aquí. Me voy a Bilbao.

LOLA: Begoña, espera, espera. Esta tarde sabremos los resultados.

BEGOÑA: 6_____.

LOLA: Además ¿qué voy a hacer si te vas? ¿Compartir piso con estos dos? Me alegraría oír que te quedas.

2, 3

5 Los siguientes diálogos están incompletos. En el cuadro tienes las intervenciones que faltan. ¿Sabes a qué diálogo corresponde cada una?

> a Me molesta mucho que no friegues los platos.
> b Me preocupa que no encuentres un trabajo bien pagado.
> c Me alegra que estés aquí.
> d Me irrita la desorganización de los cursos.
> e Me gusta oír esta canción a todo volumen.
> f Me preocupa que no se actúe seriamente contra el paro.
> g Me interesa saber qué pasa en el mundo.
> h En verano, me molestan las moscas.

1 BEGOÑA: Andrew, estoy muy contenta de verte. *Me alegra que estés aquí.* He preparado una cena especial para los dos.

2 BEGOÑA: Lola, ¿qué opinas tú sobre el problema del paro?
   LOLA: _____
   _____

3 JULIÁN: Andrew, ¿tú lees todos los días el periódico?
   ANDREW: Sí, claro. _____
   _____

4 JULIÁN: Mi padre siempre me dice: "_____
   _____", porque sabe
   que para los jóvenes es muy difícil encontrar un buen
   trabajo, con contrato y estable.

5 BEGOÑA: ¿Cuál es tu estación favorita, Lola? La mía es el
   verano. El buen tiempo me alegra, estoy muy contenta.
   LOLA: Pues a mí _____
   Prefiero el invierno.

6 LOLA: Si tenemos que vivir juntas, opino que lo mejor es
   que seamos sinceras y nos digamos lo que pensamos.
   BEGOÑA: Estoy de acuerdo contigo. A ver, Lola, ¿a ti que te
   molesta de mí?
   LOLA: Pues mira, _____

7 ANDREW: _____
   No hay quien se aclare.
   JULIÁN: No están desorganizados. Lo que pasa es que
   tienen muchísimo trabajo.

8 JULIÁN: Perdona, Begoña, ¿el volumen está muy alto?
   BEGOÑA: No, no te preocupes. _____
   _____

6a Nuestros amigos están hablando. ¿Quieres saber qué dicen? Lee el diálogo y contesta a las preguntas que aparecen al final del ejercicio.

BEGOÑA: Vaya caras… Chicos, es el mejor día de mi vida.
LOLA-JULIÁN-ANDREW: ¿Sí?
BEGOÑA: Pues sí. Bueno. Tengo noticias. ¿Estáis preparados? Me quedo.
ANDREW: ¿Te… quedas? ¿De verdad?
BEGOÑA: De verdad. Y me gustaría deciros por qué. Lo primero…, por una carta preciosa. Y lo… primero también…, por una compañera de piso que necesita…, pues eso, una compañera de piso. Y… más primeros…, por un mexicano cantarín y… el mejor profesor del mundo. Me quedo por vosotros y por mí.
LOLA: ¿Qué os parece si montamos una fiesta para celebrarlo? Y bailamos toda la noche.

1 ¿Para Begoña hoy ha sido un buen día?
Sí, para Begoña hoy ha sido _____ su vida.
2 ¿Qué piensa Begoña de Antonio?
Piensa que es _____

b Lee otra vez la conversación y di si las siguientes oraciones son verdaderas (V) o falsas (F).

	V	F
1 Lola, Andrew y Julián están tristes al principio de la conversación.	✓	
2 Begoña piensa que hoy es el peor día de su vida.		
3 Begoña ha decidido irse a Bilbao.		
4 Begoña piensa que su profesor es el mejor del mundo.		
5 Lola propone celebrar una fiesta.		

7a Escucha cómo nuestros amigos opinan sobre diversos temas. A continuación, tienes algunas oraciones extraídas de los diálogos, ¿puedes completarlas?

1 ¿Qué *piensas acerca* de los sueldos españoles, Andrew?
2 En _____ están bien, no sé de qué se quejan los trabajadores.
3 No sé si lo _____ bien.
4 ¿Qué _____ la dieta mediterránea, Julián?
5 En _____ no es tan buena y sana como dicen.
6 ¿Qué _____ de los tópicos, Andrew?
7 Yo _____ a que la mayoría de los tópicos tienen algo de cierto.
8 A mi _____ los exámenes son una pérdida de tiempo, no sirven para nada.
9 ¿Quieres _____ a los alumnos no se les tiene que evaluar?

b Ahora, fíjate en estas opiniones y subraya los grupos de verbos que encuentres.

1 A mí me empieza a gustar España. En mi opinión aquí se vive muy bien.
2 Yo dejaré de comer ajos. Me sientan fatal.
3 Yo pienso viajar mucho para descubrir si los tópicos son verdad.
4 Los profesores tienen que valorar otros factores además de los exámenes, como la asistencia a clase, el esfuerzo, etc.

Primer plano

 First look

📝 11, 12

8a Aquí tienes la divertida biografía de Jaime Águilas Estrella. ¿Por qué no la lees? Luego escribe su currículo.

1 de agosto de 2005
Águilas

Yo, Jaime Águilas Estrella, con DNI 56.743.678, nací una estrellada noche en Águilas (Murcia, España) un 1 de enero de 1970. Terminé los estudios primarios en 1984. Empecé la enseñanza secundaria, pero dejé de estudiar dos años después. Como tenía que trabajar, así lo hice, y empecé a repartir flores a domicilio; fui repartidor. Muchos de los encargos eran de un enamorado para su novia, y todos los ramos de flores llevaban notas de amor, de perdón, de reconciliación, etc. Lo sé porque en el camino las leía y vi que no tenían mucha calidad. Así que tenía que escribirlas yo de nuevo para mejorarlas. Incluso escribí algunas en catalán, alemán y francés. Cuando llevaba repartiendo un año, los clientes empezaron a pedir más y más flores; estaban encantados. Tuve que dejar de repartir para ser redactor y escribir todo el día esas maravillosas notas de amor. En 1988, un año después de empezar a escribir a tiempo completo, fundé mi propia floristería: *Flores Extrarrosas*. El negocio empezó a ir viento en popa y tres años más tarde abrí más floristerías. Desde 1991 cuento con una cadena de veinte floristerías por toda España. Fue entonces cuando tuve que dejar de escribir, para dedicarme exclusivamente a dirigir mi negocio. Ahora estoy aburrido y cansado y quiero cambiar de trabajo; quiero volver a escribir notas de amor otra vez.
Pueden localizarme en el siguiente número de móvil 678 903 456 o en la calle Flora Tristán, n.º 12.

CURRÍCULUM VITAE

Datos personales:
Jaime Águilas Estrella.
_____
_____
_____
_____
_____

Estudios:
_____

Idiomas:
_____
_____
_____

Experiencia laboral:
_____
_____
_____
_____

📝 9, 10

b Vuelve a leer la biografía y responde a estas preguntas.

1 ¿Cuándo terminó los estudios primarios?
Terminó los estudios primarios *en 1984.*

2 ¿Cuándo dejó de estudiar?
Dejó de estudiar _____

3 ¿Qué tenía que hacer?
_____

4 ¿Qué empezó a hacer para ganar dinero?
_____

5 ¿Qué tenía que hacer con las notas?
_____

6 ¿Qué empezaron a pedir los clientes?
_____

7 Cuando llevaba un año repartiendo, ¿qué tuvo que dejar de hacer?
_____

8 ¿Desde cuándo no escribe?
_____

📝 9, 10

c Fíjate en las estructuras que aparecen en las preguntas del apartado anterior y completa.

Dejar de		
Tener que	+	_____
Empezar a		

9a ¿Sabes dónde tienen lugar los diferentes diálogos? Relaciona el lugar con el diálogo correspondiente.

 7, 8, 9, 10

> En el bar de una escuela de idiomas • En una consulta médica
> En una oficina • En el salón de una casa • En un taller mecánico
> En una estación de autobuses

Diálogo n.° 1
- Te invito a otro café. ¿Quieres?
- Vale, gracias.
- Oye, tú llevas mucho tiempo viviendo en España, ¿no?
- Desde hace un año.
- ¿De verdad? Pues hablas español muy bien, pero que muy bien.
- Gracias. Empecé a estudiar español hace dos años, en mi país.
En el bar de una escuela de idiomas

Diálogo n.° 2
- Bueno, Pili, ¿ya has analizado el informe?
- ¡Qué va! Llevo trabajando tres tardes en él y no hay manera, no es fácil.
- ¡Pues tiene que estar para mañana!

Diálogo n.° 3
- Perdone señora, ¿sabe si ha salido ya el último autobús para Sevilla?
- ¡Qué va! Llevo esperando desde las tres y todavía no ha pasado.
- Siempre con retraso. La próxima vez pienso viajar en tren.

Diálogo n.° 4
- Venga Juan, deja de hablar ya por teléfono. Llevas más de media hora hablando. ¡Verás qué factura!
- Ya voy mamá.

Diálogo n.° 5
- Buenas, venía a por el coche ¿ya está arreglado?
- ¡Uf! ¡Qué va! Llevo toda la mañana y aún queda mucho.
- Pero si tenía que estar hoy.
- Sí, sí, ya lo sé, pero hace falta más tiempo, pase mañana.

Diálogo n.° 6
- Perdone, ¿lleva mucho tiempo esperando al doctor Gómez?
- Ay sí, desde las cinco.
- Lo siento. El doctor Gómez empezará a visitar pacientes enseguida.

b Ahora, vuelve a leer los diálogos del ejercicio anterior y anota la cantidad de tiempo de la que hablan en cada uno de ellos.

7, 8

Diálogo n.° 1: lleva viviendo en España *un año.*
Diálogo n.° 2: lleva trabajando _____.
Diálogo n.° 3: lleva esperando el autobús _____.
Diálogo n.° 4: lleva hablando _____.
Diálogo n.° 5: lleva arreglándolo _____.
Diálogo n.° 6: lleva esperando al doctor _____.

c ¿Por qué no buscas en los diálogos las perífrasis que aparecen en cada uno de ellos?

9, 10

Diálogo n.° 1: *empece a estudiar*   **Diálogo n.° 4:** _____
Diálogo n.° 2: _____   **Diálogo n.° 5:** _____
Diálogo n.° 3: _____   **Diálogo n.° 6:** _____

*Opino que deberíais
estudiar más.*

EXPRESS VALUES AND JUDGEMENTS §42

• To ask for an opinion:

| ¿Qué opinas del | nuevo horario? | ¿Cuál es tu opinión sobre | mi propuesta? |

• To express an opinion or an evaluation:

| SER + [nombre] + (muy) [adjetivo] | Es una **propuesta** muy **inteligente**. |

The speaker expresses his personal opinion on a subject.

| Para mí / En mi opinión / A mí modo de ver / Desde mi punto de vista |
las mujeres trabajan muchas horas.

A contrast to other people's opinions can be expressed using *yo* or *a mí.*

| (A mí) Me parece que / (Yo) Opino que | este trabajo no está bien pagado. |

• To indicate total certainty:

| Estoy convencido de que / Está claro que | la gente no tiene seguridad. |

• To present an idea as being not very certain:

| Tengo la impresión de que | algunas personas no quieren trabajar. |

EXPRESS FEELINGS AND PREFERENCES §43

| (A mí) me
(A tí) te
(A él / usted) le
(A nosotros) nos
(A vosotros) os
(A ellos / ustedes) les | + | interesa
preocupa
molesta
alegra
irrita
gusta | + | [nombre singular]
[infinitivo]
[subjuntivo] | **A nosotros nos preocupa esta situación** *tan insegura.*
Me interesa asistir *a la reunión de dirección.*
Me molesta que tarden *tanto en dar una respuesta.* |

• If the noun is plural, the verb will also be plural: | Nos molesta**n** **los** ruido**s**. |

TO SHOW AGREEMENT WITH AN IDEA

Exacto
Por supuesto
Sin duda

Claro que sí
Sin ninguna duda
Desde luego

💬 *Me parece que ir a la playa no es
una buena idea.*
💬 **Desde luego.** *Hoy no hace buen día.*

• To indicate total agreement:

*Estoy **completamente a favor**.*
*Estoy **totalmente de acuerdo**.*

TO SHOW DISAGREEMENT WITH AN IDEA

💬 *Creo que va a llover*   💬 **Yo creo que no.**

• To strongly reject an idea:

*Yo **no estoy en absoluto de acuerdo** con tu propuesta. No me parece justa.*
*Yo **estoy totalmente en contra de** la ampliación de horarios comerciales.*
*No voy a ir con Eva. **De ninguna manera**.*

• Strong disagreement with information that conflicts with information that the speaker already has.

¡Cómo que + [repetición de la idea]!	💬 *¿Quedamos mañana?*
	💬 *¡Cómo que mañana!*

CORRECT SOMETHING WE HAVE SAID

• To clarify what one has said because the other speaker has not understood:

> *Yo no me refería a eso, yo me refería a que tienen que ser responsables.*
> *No quería decir eso, sino que tenemos que esforzarnos un poco más.*
> *Me parece que Juan no te conviene. Lo que quiero decir es que es un chico raro.*

• The person speaking feels dissatisfied with the way he has expressed something:

> *Todo el mundo tiene problemas para encontrar trabajo. Mejor dicho, bastante gente.*

• To express the same idea by paraphrasing to make sure that the other speaker has understood:

> *Tienen que reducir los impuestos. En otras palabras, que la gasolina sea más barata.*

TO BE SURE OF UNDERSTANDING WHAT ANOTHER PEOPLE SAY

• To repeat what another person has said by paraphrasing:

¿Quieres decir que + [frase]?	No sé si / Me parece que no / A ver si *lo he entendido bien.*

TO MAINTAIN THE ACTIVITY OF A CONVERSATION IN THE CASE OF ANY DOUBT

• To make sure that the message has been understood: *¿Lo has entendido?*
¿Me entiendes? ¿Lo ves?

• To ask the other speaker for confirmation: *¿Vale? ¿De acuerdo?*
¿No crees? ¿Verdad? ¿No?

PREPOSITIONAL SENTENCES §13

See grammar appendix.

SUPERLATIVE RELATIVE §6

See grammar appendix.

INDICATE LENGTH §31

See grammar appendix.

INFINITIVE VARIANTS §29

See grammar appendix.

*Lo has
entendido
¿No?*

Mmmm…

Lección 12
Lesson 12

La lengua es un juego

Language is a game

10 Bienvenido al último juego del nivel intermedio. Para jugar escucha el audio y contesta a las preguntas (deja en blanco las que no sepas). Cuando acabes, suma los puntos y comprueba tu clasificación. Recuerda que puedes repetir la carrera cuando quieras. ¡Buena suerte!

10-14 pts.

15-19 pts.

20-24 pts.

25-26 pts.

29-32 pts.

33-36 pts.

menos de 10 pts. Te falta gasolina, vuelve a empezar

SALIDA

36 35 34 33 32 31 30 29 28 27 26 25 24 23 22 21 20 19 18 17 16 15 14 13 12 11 10 9 8 7 6 5 4 3 2 1

á

A

11a Si buscas trabajo, este artículo te interesa. Léelo y, después, intenta responder a esta pregunta: ¿cuáles son los pasos que hay que seguir para formar parte de una ciberagencia?

📝 11, 12

INTERNET: Sitios para conseguir empleo

Internet puede ser una buena ventana para asomarse cuando se está buscando trabajo. Con el *currículum vitae* preparado es posible conseguir empleo desde casa en alguna de las numerosas agencias de empleo virtuales que ofrecen sus servicios en la Red.

Es necesario aclarar que, aunque las oportunidades de éxito en la búsqueda de un trabajo son reales, ninguna **compañía** garantiza una respuesta inmediata ni el interés que el trabajo pueda tener para el candidato.

Por lo general, las agencias procuran cubrir todo el mercado laboral, pero están principalmente orientadas hacia áreas como la administración, las finanzas, la tecnología y el **márketing**.

Para formar parte de la base de datos de estas ciberagencias hay que **registrarse** como usuario y luego completar una solicitud de empleo señalando el área profesional en la que se está buscando trabajo, el lugar de residencia y una dirección de correo electrónico. Con todos estos datos se elabora una ficha que sirve para clasificar al usuario y agilizar la búsqueda de los **contratantes**.

Una vez que el currículo ha sido cargado en el sitio, sólo queda esperar a que alguna empresa se muestre interesada. Si esto ocurre, la agencia se encargará de coordinar una entrevista.

En los próximos años se espera no sólo que estas agencias gestionen gran parte de los nuevos contratos laborales, sino que, además, sirvan de apoyo a los jóvenes que buscan su primer trabajo.

Adaptado de Marcello Bellucci, *Buscadores de trabajo*, en *Clarín*, 22 de marzo de 2000.

Para formar parte de una ciberagencia:

1.° Hay que _____ .   2.° _____ .

b ¿Eres capaz de encontrar en el artículo palabras relacionadas con Internet? Fíjate en las letras que te proporcionamos, te dan la pista.

1 *agencias* de *empleo virtuales*   6 c_____
2 r_____   7 u_____
3 b_____   8 d_____ d___ c_____ e_____
4 t_____   9 c_____
5 b_____ d___ d_____   10 s_____

c Ahora, fíjate en las palabras destacadas en el artículo. ¿De cuál de las palabras que tienes a continuación son sinónimas cada una de ellas?

1 empresa: _____   3 empresarios: _____
2 técnicas de venta: _____   4 inscribirse: _____

Búsqueda de trabajo *on line*:
www.trabajando.com

Preparación del currículo:
www.cufuturo.com.ve/curri.html

Emisora de televisión mexicana:
www.televisa.com

Lección 12
Lesson 12

Evaluación

Evaluation

Now I can:

- ☐ I know how to express judging and evaluating.
- ☐ I am able to express feelings and preferences.
- ☐ I know how to express being in favor or against an idea.
- ☐ I know ways to control communication.

Also I learned:

_____
_____
_____
_____
_____

1 Para comprobar que dominas bastante bien lo que has trabajado en esta lección, elige la respuesta correcta.

1 Es la mejor idea _____ todas.
☐ por   ☐ de   ☐ que

2 Begoña, _____ de llorar. Me estás poniendo nerviosa.
☐ dejar   ☐ llevas   ☐ deja

3 Paco, cállate ya, ___ hablando tres horas.
☐ tienes   ☐ llevas   ☐ piensas

4 No me molesta que no salgas; yo _____ salir de todos modos.
☐ tengo   ☐ dejo   ☐ pienso

5 ____ cinco meses que conozco a Julián.
☐ De hace   ☐ Hace   ☐ Desde

6 Llevo _____ en México tres años.
☐ viviendo   ☐ vivir   ☐ vivió

7 No, Andrew; eso no está bien. _____ que hacerlo así.
☐ Dejas   ☐ Tienes   ☐ Llevas

8 Trabajo en la clínica Plas ___ diez años.
☐ desde hace
☐ desde
☐ de

9 ¿A qué hora _____ a trabajar?
☐ empiezas
☐ dejas
☐ piensas

10 _____ si te puedes llevar el coche, mi respuesta es no.
☐ Acerca
☐ Desde hace
☐ En cuanto a

2 Aquí tienes el diálogo del equipo directivo de una empresa que tiene problemas de competitividad y está buscando soluciones. En la conversación faltan algunas palabras, colócalas en el sitio correcto.

> lo que quiero decir es que • cómo que • tenemos que • empezamos en cuanto a • hace • estoy totalmente de acuerdo contigo ¿me entiendes? • a mí me preocupa • tengo la impresión

SRA. RICO: Opino que debemos ampliar la plantilla; si no, perderemos competitividad.
SR. BUENO: A ver, **1** _____ ampliar el número de trabajadores hay varios problemas; el más importante es que no tenemos recursos.
SRA. RICO: ¡ **2** _____ no tenemos recursos! Los tenemos, pero hay que invertirlos en personal.
SR. BUENO: Me parece muy bien, pero **3** _____ más el tema de la informatización de la empresa.
SRA. RICO: Desde luego, pero **4** _____ tres semanas que no podemos aceptar más pedidos por falta de personal. Vamos a perder a los clientes alemanes.
SR. BUENO: **5** _____ si modernizamos la empresa vamos a ser más competitivos.
SRA. RICO: No está claro que vayamos a serlo. Al menos, no de inmediato. Es una cuestión muy urgente, **6** _____
SR. BUENO: Sí, sí te entiendo, pero pienso que **7** _____ a perdernos. Según lo dicho, **8** _____ de que hay dos soluciones sobre la mesa: una es contratar más personal y la otra es la informatización, ¿no?
SRA. RICO: Sí, tú piensas que **9** _____ invertir en informática, y yo, que en personal.
SR. BUENO: Como no nos ponemos de acuerdo, pediremos al asesor que nos desarrolle un informe. Podemos pasarlo a la junta y allí se decidirá.
SRA. RICO: **10** _____.
SR. BUENO: Perfecto.

1 ¿Puedes señalar la respuesta más adecuada?

1 ¿Crees que llevas una vida sana?
- [ ] Estoy segura de que el pan engorda.
- [ ] Con tanta polución, la ciudad me mata.
- [ ] Yo creo que sí. Hago mucho deporte.

2 ¿Qué encabezamiento te parece mejor para escribir una carta comercial?
- [ ] Distinguidos señores:
- [ ] Fabulosos señores:
- [ ] Un fuerte abrazo:

3 Begoña, ¿tú qué opinas de la dieta mediterránea?
- [ ] Bueno, yo creeré que es muy sana.
- [ ] A mí me parece que es muy sana.
- [ ] A mí me pareció que es muy sana.

4 ¿Crees que vendrá Begoña a la charla sobre comida sana?
- [ ] Tienes razón, lleva una vida muy sana.
- [ ] A mí me ha dicho que si puede, vendrá.
- [ ] Total, que la gastronomía no es lo suyo.

5 Begoña llega tarde. ¿Cómo crees que se disculpa?
- [ ] ¡Qué lástima que no vengáis!
- [ ] A mí me parece extraordinaria.
- [ ] Perdonadme. No ha sido culpa mía. El bus tardó mucho en llegar.

6 ¿Sabes cuántos japoneses visitan la Sagrada Familia?
- [ ] Todos la visitaron mañana.
- [ ] El 40 % de la población sólo habla japonés.
- [ ] Creo que unos 3.000 japoneses al año.

7 ¿Conoces algún sitio donde dormir?
- [ ] El hotel donde dormí la última vez estaba muy bien.
- [ ] Las agencias que buscan alojamiento son muy caras.
- [ ] Si vas a Burgos, te visitaré.

8 Un famoso cantante suspende su concierto. El público se queja:
- [ ] ¡Qué decepción! ¡Que nos devuelvan el dinero!
- [ ] Me sabe mal, pero no llevo dinero.
- [ ] Pues a mí me gustó.

9 ¿Estás a favor de la dieta vegetariana?
- [ ] A mi modo de ver, la carne está muy cara.
- [ ] Estoy en contra porque creo que es insuficiente.
- [ ] Sí, quizás sí, pero me gustará más la carne.

This is how you can learn

A text is easier to understand if you already know what it's about. This is why it's better to choose subjects that you already know about **or that motivate you.**

Try to predict the information that will appear. You will be able to predict a lot of information by reading the title and looking at the format and the illustrations. If the text contains drawings or graphs, pay close attention to them; they can help you understand it.

Notice how the information is organized, whether the ideas are clearly organized and if the text has different sections.

Frequently we don't have to understand everything in order to get the gist of it. **Try scanning the text,** only paying attention to **key words.** Sometimes, though, we have to look for specific information.

Learning query

Before beginning this part I couldn't _____

_____,

but now I can _____
_____
_____.

I think that I should _____
_____
in order to learn more.

Regarding grammar, vocabulary, reading and listening, I've discovered that I have to do more _____
_____
_____.

I've noticed that Spanish and Latin American cultures and customs are similar to mine in that _____
_____,
but they're different from mine in that _____
_____
_____.

I've listened to the listening _____ to pay attention to pronunciation.

I felt _____
_____
when I was studying Spanish.

My goal for the next level is _____
_____
_____.

2 Olga ha asistido a una conferencia sobre vida sana y ahora está escribiendo esta carta a sus padres. ¿La ayudas llenando los huecos en blanco?

> así que • culpa • después • incluso • llevo • creo • hablando
> tarde • opinión • segura • parece • parecen

Queridos padres:

Os echo de menos y es probable que vaya a veros pronto. 1_____ ya un año trabajando aquí y 2_____ que por fin tendré dos semanitas de vacaciones, que me iré de maravilla para reponerme –¡estoy agotada!–. Y, 3_____ de reponerme, ayer asist a una conferencia sobre vida sana. El conferenciante era un homeópata muy conocido. Su charla empezó como todas: "Distinguidos señores, siento llegar 4_____, pero ha sido 5_____ del metro, que funciona fatal". 6_____ estuvo más interesante, 7_____ dijo algunas cosas que a mí me 8_____ fantásticas. En su 9_____, es recomendable dormir en el suelo y ducharse con agua fría durante todo el año. Estoy 10_____ de que dormir en el suelo es fabuloso para la espalda, pero me 11____ exagerado lo de ducharse todos los días con agua fría.

Bueno, tengo que trabajar, 12_____ os dejo ya.

Muchos besos de vuestra hija,

Olga.

3 ¿Por qué no completas estas frases?

1 Yo creo que es sanísima. Es _____, creo que es la mejor.
☐ total ☐ más ☐ menos

2 🗨 ¿Cuánta gente crees que vivía en el campo en la Edad Media?
🗨 No sé, centenares de ____. La mayoría de las personas vivía en el campo.
☐ mil ☐ cientos ☐ miles

3 A mí el plato que _____ es el cocido.
☐ menos me gustas
☐ más me gusta
☐ más me gustan

4 ¿Recuerdas el hotel _____ dormimos en Londres?
☐ que ☐ donde ☐ cuando

5 ¡Es increíble! ¡El _____ de la población fuma!
☐ 60% ☐ mitad ☐ sesenta

6 La persona con ____ hablé me dijo que me corresponden cuatro meses de paro.
☐ quien ☐ cual ☐ quién

7 Si sigue _____ así, no podremos salir de casa.
☐ llovido ☐ llover ☐ lloviendo

8 Creo que vendré el miércoles, _____ no estoy segura.
☐ ni ☐ pero ☐ y

9 Mañana por la _____, sobre las diez, iré a tu casa.
☐ mañana
☐ madrugada
☐ tarde

10 🗨 ¿Todavía te ves con Begoña?
🗨 Ahora no nos vemos tanto, pero _____ llamamos todas las semanas.
☐ me ☐ os ☐ nos

redes de palabras

word webs

In this section we'll show you a way to organize and memorize vocabulary. We tend to remember words by relating them to other words, and below we'll show you some wordwebs which will help you do this in a comprehensive way.

The pink balloon brings to light the subject of the wordweb, while words directly related to the main subject appear in blue. The yellow balloons, which extend out from the blue ones, include small groups of words which are associated with the subject in the blue balloon. The green balloons are linked to the blue ones, either because the words in them are derivations of the words in the green balloons, or because they have a related meaning. Finally, the orange balloons (if there are any) contain words closely related to those in the green balloons, again either by derivation or subject.

You will find some empty balloons in these wordwebs; we encourage you to fill them in yourself. Of course you can also enlarge any web or create your own wordwebs.

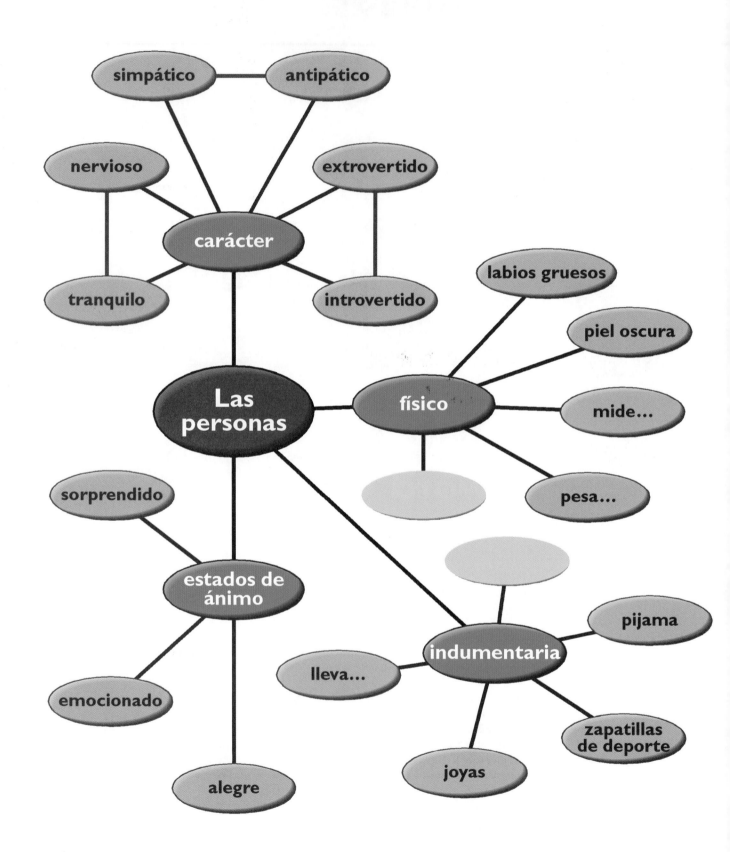

simpático — antipático

nervioso

extrovertido

carácter

tranquilo

introvertido

labios gruesos

piel oscura

Las personas

físico

mide...

sorprendido

pesa...

estados de ánimo

indumentaria

pijama

emocionado

lleva...

zapatillas de deporte

alegre

joyas

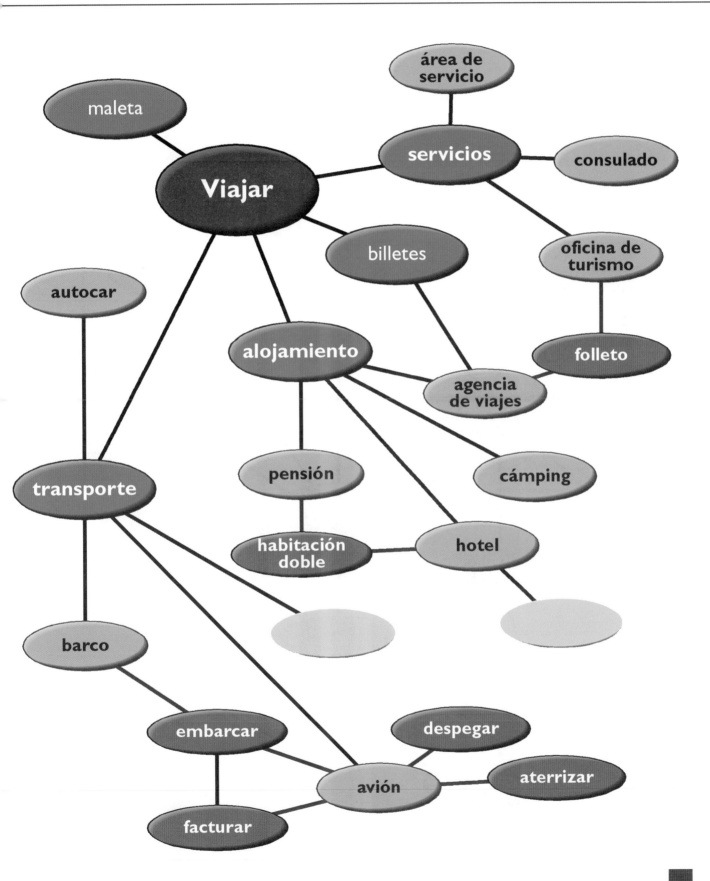

área de
servicio

maleta

servicios

Viajar

consulado

billetes

oficina de
turismo

autocar

alojamiento

folleto

agencia
de viajes

transporte

pensión

cámping

habitación
doble

hotel

barco

embarcar

despegar

aterrizar

avión

facturar

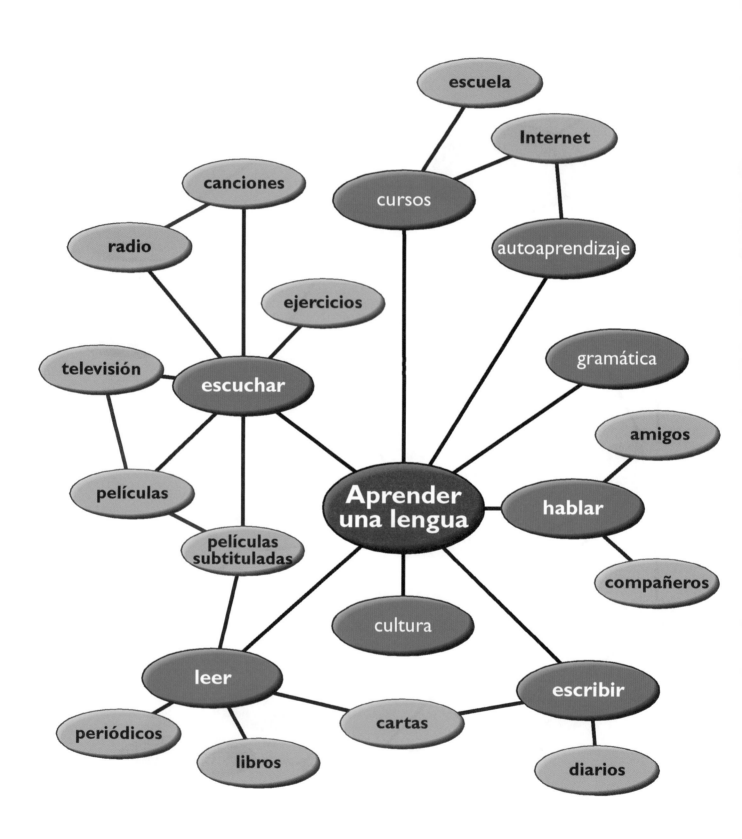

escuela

Internet

canciones

radio

cursos

autoaprendizaje

ejercicios

gramática

televisión

escuchar

amigos

películas

Aprender una lengua

hablar

películas subtituladas

compañeros

cultura

leer

escribir

periódicos

cartas

diarios

libros

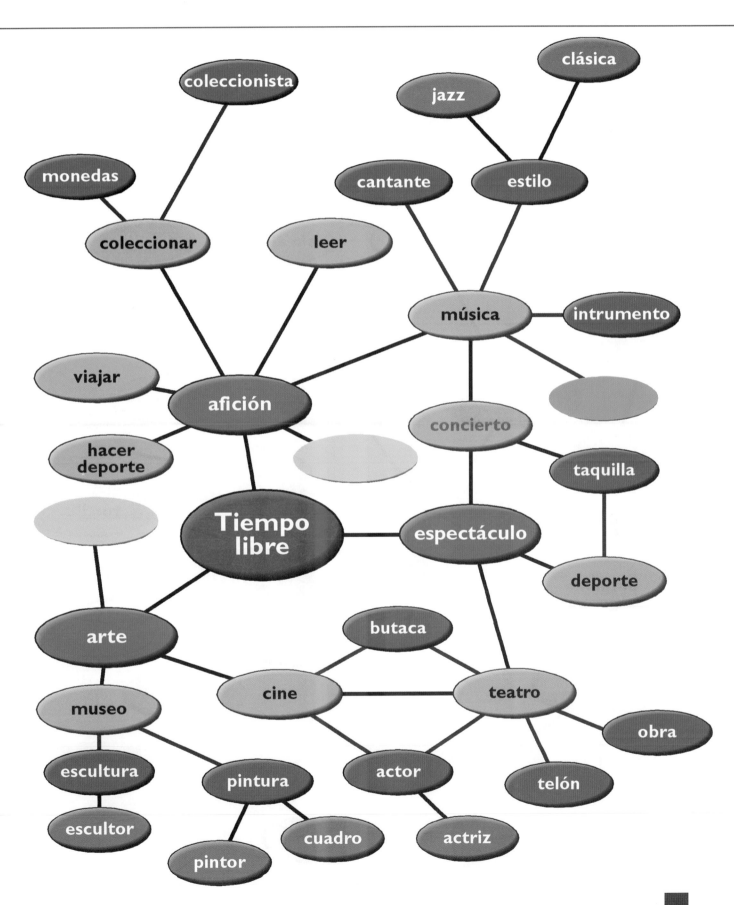

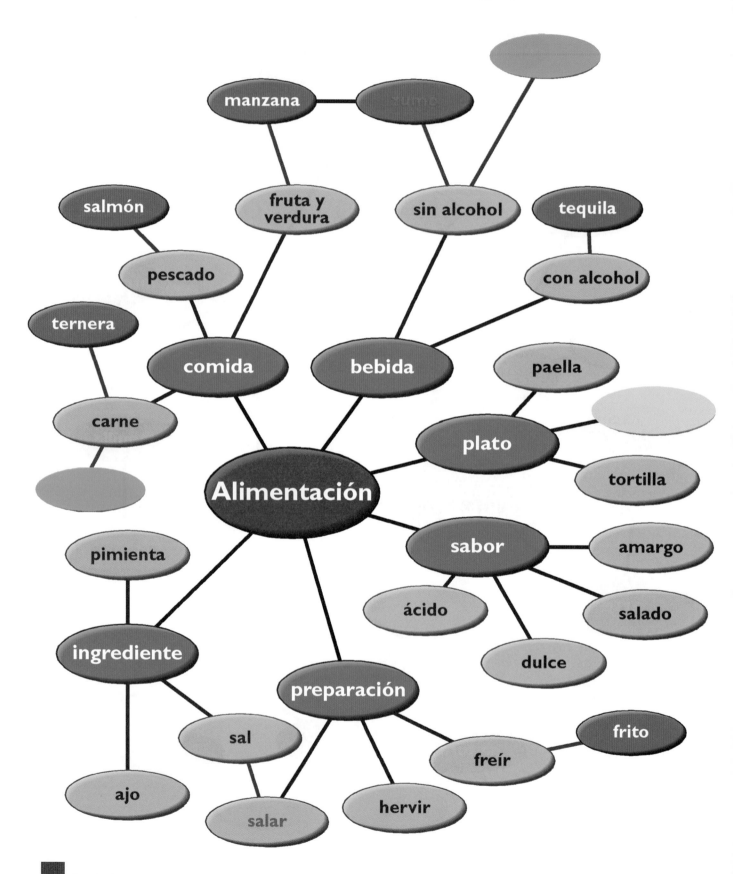

anestesia

operación

quuirófano

hospital

aspirina

jarabe

pastillas

antibiótico

medicina

farmacia

estar en forma

Salud

infección

enfermedad

resfriado

gripe

síntoma

estornudo

tos

dolor de ...

fiebre

mareo

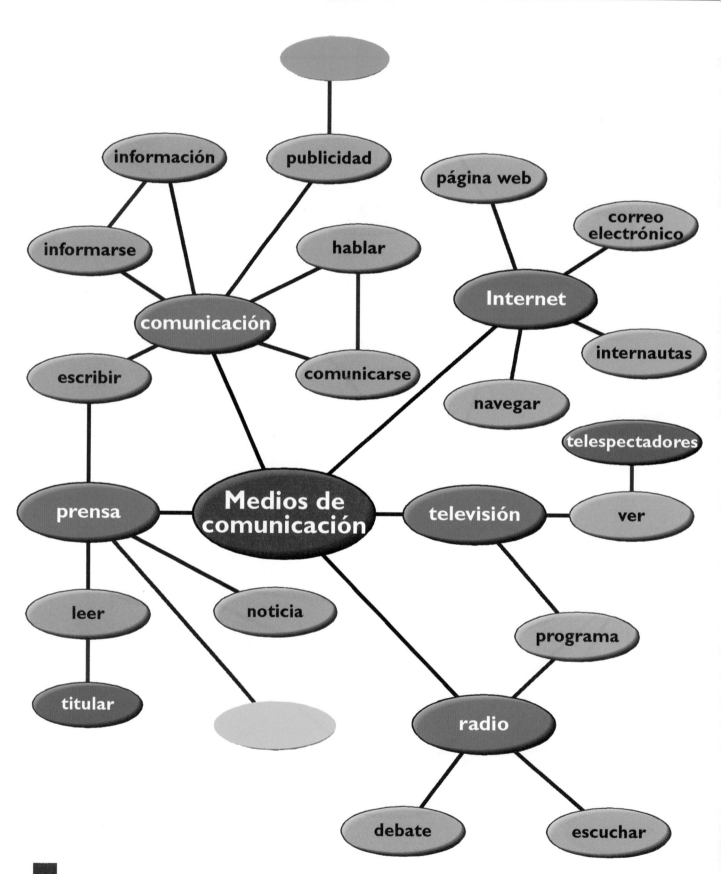

información

publicidad

página web

informarse

hablar

correo electrónico

comunicación

Internet

escribir

comunicarse

internautas

navegar

telespectadores

prensa

Medios de comunicación

televisión

ver

leer

noticia

programa

titular

radio

debate

escuchar

apéndice gramatical

grammar appendix

Apéndice gramatical
Grammar appendix

INDEX OF THE GRAMMAR APPENDIX

Apéndice gramatical
Grammar appendix

■ ACCENTUATION AND INTONATION (§1-§2)

§1 ACCENTUATION

The majority of Spanish words have a stressed syllable, which is pronounced with more emphasis than the other unstressed syllables. Look at the following words in which the stressed syllable is in boldface type: **ca**.sa, re.**loj**, **ár**.bo.les, pa.**pe**.les.

In Spanish, the stressed syllable − the one that is pronounced with more emphasis and lasts longer − is used to distinguish between words with different meanings: a.**bra**.zo, a.bra.**zó**.

Sometimes, this phonetically stressed syllable is indicated in writing through the use of an accent mark (´) over the vowel. Below are the rules for placing accent marks by using this symbol.

First, by knowing which syllable is stressed in the word, you can classify it in one of the following four categories:

1. Words with the stress on the final syllable are *agudas*: re.**loj**, ca.**mión**

2. Words with the stress on the second to the last syllable are *llanas*: **ma**.pa, **há**.bil

3. Words with the stress on the third to the last syllable are *esdrújulas*: **rá**.pi.do, **mé**.di.co

4. Words with the stress on the fourth to the last syllable are *sobreesdrújulas*: **bé**.be.te.lo, **có**.me.te.la

Words with the stress on the last syllable (*agudas*) have accents when they end in a vowel or the letters *n*, *o*, or *s* (as in *papá, camión, verás*). Words with the stress on the second to the last syllable (*llanas*) have accents when they end in any letter other than a vowel, or *n* or *s* (*hábil, lápiz*). All words with the accent on the third or fourth to the last syllable (*esdrújulas* and *sobreesdrújulas*) have an accent on the vowel of the stressed syllable (*música, mágico, bébetelo*).

When a closed vowel [i, u] is stressed and appears either before or after another vowel [e, a, o], it always appears with a written accent mark: *María, raíz, Raúl, confíe, feísimo, Eloísa, envío, acentúa, actúe, continúo, aúlla, reúne*.

§2 SENTENCE INTONATION

Intonation is the uttering of tones (melody), using the correct pitch, when pronouncing a sentence, which constitutes a distinguishing feature of any language or speaker. Specifically, intonation indicates the intention of a sentence: for instance, to state something, ask a question, or make an exclamation or indicate the speaker's mood.

A sentence can be composed of one or several phonetic groups, which are parts of the sentence inside two pauses or changes in inflection.

Since the significant differences expressed through intonation can show either falling or rising inflection in a stressed-syllable group, this intonation is usually represented using different symbols, which indicate the direction and degree of rise or fall in a melodic curve. Such symbols are placed at the end of the specific phonetic group.

Symbols for representing intonation:

1. Inflection in which the intonation falls dramatically [⇓].

2. Inflection in which the intonation falls less dramatically [↓].

3. Inflection in which the intonation rises dramatically [⇑].

4. Inflection in which the intonation rises less dramatically [↑].

5. The symbol [#] indicates a pause, either short or long, in the utterance (to articulate a word or words).

In the following charts the melodic inflection of the main types of phrases are summarized. To help you remember them, they are classified by the number of each phonetic group and the different meanings of the examples.

In the pronunciation exercises in the book focused on intonation, these same symbols are used to represent melodic inflection, and the sentences are recorded as listening for you to practice by imitating the intonation. We recommend that you read the examples aloud while paying special attention to their melody.

Sentences in a phonetic group

Falling inflection

Intonation	Meaning / Intention	Examples
[⇓]	Short statements	– Está en casa ⇓. – No vive aquí ⇓.
	Questions using question words (informative questions)	– ¿Cómo se llaman ⇓? – ¿Cuándo vinieron ⇓?
	Exclamations	– ¡Qué frío hace ⇓! – ¡Cómo llueve hoy ⇓!
	Orders or sentences expressing anger	– ¡Abre la puerta ⇓! – ¡Márchese de aquí ⇓!
	Requests and polite forms	– Buenas tardes ⇓, Juan ⇓. – Hasta la vista ⇓. – Usted perdone ⇓.

Rising inflection

Intonation	Meaning / Intention	Examples
[⇑]	Yes / no questions	– ¿Trabajas mucho ⇑? – ¿Vives en Madrid ⇑?
	Tag questions following statements	– Trabajas mucho ⇓ ¿no ⇑? – Yo me llamo Begoña ⇓ ¿y usted ⇑?
	Unfinished statements	– En ese caso...⇑ – Si yo fuera usted...⇑

Rising and falling inflection

Intonation	Meaning / Intention	Examples
[↑ ⇓]	Repeated questions	– ¿Que si te gusta la fruta ↑ ⇓?
	Questions to confirm an answer	– ¿Que si has pagado la factura ↑⇓?
	Hypothetical questions or assumptions	– Entonces, ¿te quedas ↑ ⇓? – ¿De modo que no sales ↑ ⇓?
	Questions expressing surprise	– ¿Estarán enfermos ↑ ⇓? – ¿Habrán hablado con el jefe ↑ ⇓?

Sentences with two phonetic groups

Rising and falling inflection

Intonation	Meaning / Intention	Examples
[...⇑ ...⇓]	Statements	– En el mercado nuevo ⇑, se vende mucha fruta ⇓. – Las ventanas de mi casa ⇑ estaban cerradas ⇓. – Estaban cerradas ⇑ las ventanas de mi casa ⇓.
	Statements with a subordinate clause	– Cuando nos veamos ⇑, te lo contaré ⇓. – En cuanto se reúnen ⇑, empiezan a discutir ⇓. – Empiezan a discutir ⇑ en cuanto se reúnen ⇓.
	Statements with conjunctions	– Llegaron a casa ⇑ y se pusieron a estudiar ⇓. – Gritaban mucho ⇑, pero no tenían razón ⇓.
	Questions with two possibilities using "or"	– ¿Comes con nosotros ⇑ o comes fuera ⇓? – ¿Vamos al cine⇑ o vamos al teatro ⇓?

Sentences with three or more phonetic groups

Rising and falling inflection

Intonation	Meaning / Intention	Examples
[...⇑ ...↑ ...⇓]	Statements with three phonetic groups	– El anciano soldado⇑ tenía fija en su mente ↑ la batalla de Berlín ⇓.
[⇑ ...↓, ...↓, ...↑ y ...⇓]	List at the end of a sentence	– En las casas del pueblo⇑ había vacas ↓, caballos ↓, perros pastores ↑ y otros animales domésticos ⇓.

■ PRESENCE / ABSENCE OF THE ARTICLE (§3-§4)

Spanish nouns can appear before a determiner (adjectival words before descriptive adjectives, such as *a, an, your, their*) or without a determiner. Here we are speaking especially about in respect to adjectives. Moreover, sometimes articles before nouns are automatically required; other times an alternative is possible between the presence or absence of the article in order to express different nuances in the meaning of a noun.

§3 THE NECESSARY PRESENCE OF THE ARTICLE

1. With common nouns (i.e., not proper nouns) that act as the subject and appear before the verb.

> *El **estudiante** ya ha llegado.*
> *Los **estudiantes** han llegado.*
> *El **vecino** tiene el coche estropeado.*
> *Los **vecinos** tienen los coches en el garaje.*

2. With common nouns (i.e., not proper nouns) that act as the subject but appear after the verb.

> *A María le duele **la cabeza**.*
> *A Juan le interesan **los libros**.*
> *A María le gusta **la tortilla** de patatas.*

3. With singular countable nouns that act as a direct object.

> *Quiero **un lápiz**.*
> *Quiero **el libro** grande.*

4. Those nouns that refer to a person using his/her last name preceded by a generic title (Mr., Ms. or family), or when they refer to the members of a family or group of people with the same name.

> *La **señora Pérez** no ha venido.*
> *La **familia Martínez** no ha venido.*
> *Los **Fernández** se han ido de vacaciones.*

5. The majority of proper names for geographical features usually use the article, regardless of whether the common noun to which they refer appears or not.

> *El (río) **Ebro***
> *El (mar) **Cantábrico***
> *Los (montes) **Pirineos***

6. In the following construction, lo is used to refer generically to a known idea, or to refer to a thing or an idea that the speaker does not want to (or cannot) name -- *lo que* (*that which* or *the thing that*)+ [verb]:

> *Me extraña **lo que dices**.*

> *He pensado en todo **lo que hablamos** ayer.*
> *Lamento **lo que** le **ha hecho** Ricardo.*

§4 PRESENCE / ABSENCE OF THE ARTICLE

1. The article is used when speaking about something that has already been mentioned. It is not used when speaking about something for the first time if the noun appears after the verb.

> *Por cierto, ya tienes **las** camisas planchadas.*
> *¿Tienen (Ø) camisas de manga larga?*

2. The article is used to refer to concrete objects. It is not used to emphasize the genre or type of thing nor to refer to a concrete element.

> *¿Dónde hay **un** teléfono?*
> *He visto **un** cuadro precioso.*
> *Dame **el** pan.*

> *¿Tienes (Ø) teléfono móvil?*
> *¿Tienes (Ø) pan?*
> 🗩 *¿A qué te dedicas?*
> 🗩 *Vendo (Ø) cuadros.*

3. The article is used to refer to a specific time or indicate a time using the prepositions *desde* (from)… *hasta* (to) between two times. It is not used to indicate time when the prepositions *de* (from)… *a* (to) are used.

> *Es **la** una y media.*
> *Son **las** cuatro menos cuarto.*
> *Trabajo **desde las** cuatro **hasta** las ocho.*

> *Trabajo **de** (Ø) cuatro **a** las ocho.*

4. The article is used with the names of professions (or jobs) when more information about the profession is added. It is not used to classify a person in his / her profession.

> *Aquél es **el** periodista que escribe tan bien.*
> *Te presento a mi hermano. Es (Ø) economista.*

5. The article is not used for days of the week with the structure *ser* (to be) + *ser* + [day]. It is used to refer to days of the week in all other cases:

> *Hoy es (Ø) martes.*
> *¿Nos vemos en tu casa **el** martes?*

6. We use the article plus the preposition *a* (at) when referring to age, but we do not use it in any other case when talking about age:

> *Juan se casó **a los** veinte años.*
> *Juan se casó **con** (Ø) veinte años.*
> *Juan tenía (Ø) veinte años.*

7. We do not use the article when addressing another person directly. When we are not directly addressing the person we are talking about, the article is used:

Encantado, (Ø) señora Pérez.
Buenos días, (Ø) señor Canosa.
*¿Puedo hablar con **el** señor Canosa?*

8. We do not usually use the article with the proper names of cities, countries and continents. The article is used when these places are specified by an adjective or a complement:

*(Ø) **América** es un continente muy extenso.*
*Ahora vivo en (Ø) **Madrid**.*

***La América occidental** tiene muchos parques naturales.*
*Le encanta leer novelas ambientadas en **el Madrid de los Austrias**.*
***La Barcelona de principios de siglo** era muy acogedora.*
***La María que tú conoces** es muy guapa.*

There are some exceptions of cities and countries in which the article is part of the proper name: *El Cairo, Los Estados Unidos y Estados Unidos, La Habana, La Haya, Emiratos Árabes Unidos....*

■ THE ADJECTIVE (§5-§6)

§5 THE ADJECTIVE: POSITION AND REDUCED FORMS

An adjective can be placed before or after the noun, depending on the type of adjective.

Specifying Adjectives and Adjectives Indicating Origin
Adjectives which specify the noun, reducing the number of possible noun referents (the noun referred to), or that refer to the place of origin of the noun, such as español, brasileño, americano, always go after the noun.

Ha llegado el alumno brasileño.
Ha llegado el ~~brasileño alumno~~.

Es un trabajo literario.
Es un ~~literario trabajo~~.

Explicative Adjectives
Explicative adjectives, which do not reduce the number of possible noun referents, but describe an objective quality of the noun or all the possible noun referents (*rojo, interesante,*

guapo, agradable, alto), generally go after the noun. When this type of adjective is placed before the noun, there is usually a change in meaning.

Sometimes the difference is that, with the adjective preceding the noun, the quality is presented as more objective, without implying a restrictive value.

Ha recibido una carta maravillosa (y no horrorosa)
Ha recibido una maravillosa carta (~~y no horrorosa~~)

Some adjectives can also be placed before the noun, giving it an explicative(but not restrictive) value.

Todo esto pasó en los campos verdes de Galicia.
(Not all this happened in the green fields of Galicia.)
Todo esto pasó en los verdes campos de Galicia.
(All this happened in the green fields of Galicia.)

The meaning of certain adjectives changes completely depending on whether they come before or after the noun.

Un pobre hombre (pathetic)
Un hombre pobre (without money)
Un gran hombre (great)
Un hombre grande (big)
Un buen pastel (big or well-made)
Un pastel bueno (delicious)

Look carefully at the adjectives bueno and grande (along with other indeterminate adjectives). When they precede the noun, they use a reduced form (*buen, gran*); that is, they lose their last syllable.

§6 RELATIVE, SUPERLATIVE ADJECTIVES

These are used to indicate that an element stands out for its being superior or inferior in comparison with another element or group of elements. The following structures are used:

1. [ser] + [article] + que + [verb] + más / menos + de + [noun]
*Carlos **es el que** tiene más amigos **de los dos**.*
*Isabel **es la que** lleva menos dinero **de las tres**.*

2. [article] + [noun] + más / menos + [adjective] + (que + [verb]) / (de todos)
*Es el trabajo **más interesante que conozco**.*
*Es el trabajo **menos interesante que conozco**.*
*Es el trabajo **más interesante de todos**.*
*Es el trabajo **menos interesante de todos**.*

3. [article] + [noun] + mejor / peor + [adjective] + (de + [noun]) / (de todos)

*El trabajo **mejor de todos** es el de jefe de ventas.*
*El trabajo **mejor pagado de la empresa** es el de dirección.*
*El trabajo **peor de todos** es el de jefe de compras.*
*El trabajo **peor pagado de la empresa** es el de secretaria.*

4. [article] + mejor / peor + [noun] + que + [verb] / (of all) / (de [noun])

*Hoy ha sido **el mejor** día **de** todos.*
*Hoy ha sido **el mejor** día **de** mi vida.*
*Hoy ha sido **el peor** día **que** recuerdo.*

5. [article] + [noun] + que + más / menos + [verb] + [sentence]

*El **problema que más me preocupa** es el trabajo.*
*El **libro que menos interesa** es el de Juan.*

■ DEMONSTRATIVES AND POSSESSIVES (§7-§8)

§7 NEUTRAL DEMONSTRATIVES

Demonstratives (specifying the thing referred to in a sentence) vary in gender (*este, esta*) and number (*estos, estas*) in all their forms. Gender and number are determined by the noun (referent) that they replace or go with. Remember that in Spanish there are no gender-neutral words, but the pronoun forms *esto, eso* and *aquello* are called neutral demonstratives. They are used in the following situations:

1. When the identity or quality of irreverent is unknown.

💬 *¿Qué es **esto**?*
　💬 ***Eso** parece papel mojado.*

💬 *¿Qué te parece que es **aquello**?*
　💬 *No lo sé.*

2. When referring to an entire sentence or part of a text or utterance.

***Aquello** que me dijo no lo he podido volver a repetir.*
***Esto** no está bien escrito.*
***Eso** no me gusta nada.*

The use of the neutral forms for referring to people is considered pejorative.

§8 POSSESSIVE ADJECTIVES AND PRONOUNS

The possessive forms can appear before the noun as determiners (noun modifiers), or after the noun as adjectives, or they can be used without explicitly mentioning the referent. When the noun does not appear, they are called possessive pronouns. Possessive pronouns and possessive determiners as well as adjectives are used to indicate the relationship of possession between the noun referent (regardless of whether it is explicitly mentioned or not) and its owner.

The different forms of the possessive are described in the chart below, according to their position with regard to the noun (before or after), their agreement with the noun, and the person to whom they refer.

*Note: Since adjectives in English only vary in the person to whom they refer (I, you, etc.), but not in gender or number, for each possessive pronoun in English there are four possible variations in Spanish.

POSSESSIVE	determiner		adjective		pronoun	
poseedor	Singular	Plural	Singular	Plural	Singular	Plural
yo	mi libro	mis libros	el libro **mío**	los libros **míos**	el **mío**	los **míos**
	mi mesa	mis mesas	la mesa **mía**	las mesas **mías**	la **mía**	las **mías**
tú	tu libro	tus libros	el libro **tuyo**	los libros **tuyos**	el **tuyo**	los **tuyos**
	tu mesa	tus mesas	la mesa **tuya**	las mesas **tuyas**	la **tuya**	las **tuyas**
él / ella / usted	su perro	sus perros	el perro **suyo**	los perros **suyos**	el **suyo**	los **suyos**
	su casa	sus casas	la casa **suya**	las casas **suyas**	la **suya**	las **suyas**
nosotros / nosotras	nuestro libro	nuestros libros	el libro **nuestro**	los libros **nuestros**	el **nuestro**	los **nuestros**
	nuestra mesa	nuestras mesas	la mesa **nuestra**	las mesas **nuestras**	la **nuestra**	las **nuestras**
vosotros / vosotras	vuestro libro	vuestros libros	el libro **vuestro**	los libros **vuestros**	el **vuestro**	los **vuestros**
	vuestra mesa	vuestras mesas	la mesa **vuestra**	las mesas **vuestras**	la **vuestra**	las **vuestras**
ellos / ellas / ustedes	su perro	sus perros	el perro **suyo**	los perros **suyos**	el **suyo**	los **suyos**
	su casa	sus casas	la casa **suya**	las casas **suyas**	la **suya**	las **suyas**

Remember that the form nuestro (our) means a group of possessors, which includes the speaker, *yo*. The form vuestro (your) includes a group of possessors, which excludes the speaker, *yo*, and includes the listener *tú* along with at least one other person. The form *su* (their) refers to a group of possessors, which excludes both the speaker and the listener.

Note that possessive determiners are not preceded by a definite article (*Mi casa* and not ~~la mi casa~~), while possessive adjectives are always preceded by the noun plus the definite article, *la mesa mía*, or by another determiner **una** *mesa mía*, **dos** *mesas mías*, **esa** *mesa mía*, etc. The noun may not appear if it can be understood from the context: : *Ésta es tu mesa y ésa es la [mesa] mía.*

Pronoun forms always have a definite article (*el mío, la mía*, etc.). When they appear along with other elements (*uno mío, dos míos, esos míos*, etc.), they are considered adjectives instead of pronouns. Possessive pronouns in attributive sentences with the verb ser can appear either with or without the determiner, which indicates that both speakers have previous awareness of the noun referred to.

*Esta casa es **tuya.***
*Esta casa es **la tuya.***
*Estas monedas son **nuestras.***
*Estas monedas son **las nuestras.***

■ NUMBERS AND INDEFINITES (§9-§12)

Numbers are kinds of words that allow you to express the number or quantity of living beings or objects (cardinal numbers) and the order and placement of those elements together (ordinal numbers). They function as determiners, either adjectives or pronouns.

§9 CARDINAL NUMBERS

Cardinal numbers are a class of words which allow us to express the number and quantity of beings or objects. Remember that they can be used as adjectives or determiners, in which case they are always placed before the noun, or as pronouns. Cardinal numbers are unalterable, with the exception of those that contain *uno*, which must agree with the gender of the noun or another referent. Masculine numbers with *uno* used as adjectives adopt the form *un, veintiún, treinta y un*, etc. The definite article can appear before a cardinal number regardless of whether the referent is explicitly expressed or not.

*En la estantería hay **veintiún libros** y **veintiuna rosas.***
*En la estantería hay **veintiuno / veintiuna.***
***Los cuatro chicos** pasean por la calle.*
***Cuatro chicos** pasean por la calle.*
***Cuatro** pasean por la calle.*
***Los cuatro** pasean por la calle.*

Below is a chart of cardinal numbers.

Number	cardinal number	Number	cardinal number	Number	cardinal number	Number	cardinal number
1	Un(o) / una	22	veintidós	800	ochocientos / as	10.111	diez mil ciento once
2	dos	...	...	...	...	10.112	diez mil ciento doce
3	tres	31	treinta y un(o) / a	900	novecientos / as	...	...
4	cuatro	...	...	...	...	10.120	diez mil ciento veinte
5	cinco	100	cien	1.000	mil	10.121	diez mil ciento veintiun(o) / a
6	seis	101	ciento un(o) / a	...	...		
7	siete	102	ciento dos	1.200	mil doscientos / as	...	...
8	ocho	...	...	...	...	10.200	diez mil doscientos
9	nueve	200	doscientos / as	2.000	dos mil	...	...
10	diez	201	doscientos un(o) / a	...	...	12.120	doce mil ciento veinte
11	once	...	...	2.120	dos mil ciento veinte	12.121	doce mil ciento veintiun(o) / a
12	doce	300	trescientos / as	2.121	dos mil ciento veintiun(o) / a		
13	trece	...	...			...	...
14	catorce	400	cuatrocientos / as	2.200	dos mil doscientos	100.000	cien mil
15	quince	...	...	...	...	...	...
16	dieciséis	500	quinientos / as	3.000	tres mil	110.000	ciento diez mil
17	diecisiete	...	...	...	...	...	...
18	dieciocho	600	seiscientos / as	10.101	diez mil ciento un(o) / a	200.000	doscientos / as mil
19	diecinueve	...	...	...	...	...	...
20	veinte	700	setecientos / as	10.110	diez mil ciento diez	1.000.000	un millón
21	veintiun(o) / a	...	...			1.000.001	un millón un(o) / a

§10 ORDINAL NUMBERS

Ordinal numbers allow us to express the order or sequence of elements in a group. Remember that they agree in gender and number with the referent. They also have the same meaning regardless of whether they appear before or after the referent. Only those that end in 1 and 3 change forms if they appear before the noun, *primer o tercer*, or after the noun, *primero y tercero*.

Ordinal numbers can have any type of article, or can appear without any article. **El primer** *premio.*/ **Un** *premio* **tercero.**/ **Este** *premio* **primero.**/ *Puesto* **segundo.**/ **Tercer** *capítulo.*

The noun can also be omitted if understood from the context: *El capítulo* **tercero** *del libro trata sobre los bosques y el* **cuarto** *[capítulo], sobre los desiertos.*

The most frequently used ordinal numbers are shown below:

Number	Ordinal number	Number	Ordinal number
1	primer(o)/ a / os / as	...	...
2	segundo / a / os / as	30	trigésimo / a / os / as
3	tercer(o) / a / os / as	31	trigésimo primero / a / os / as
4	cuarto / a / os / as		
5	quinto / a / os / as	...	...
6	sexto / a / os / as	40	cuadragésimo / a / os / as
7	séptimo / a / os / as	41	cuadragésimo primero / a / os / as
8	octavo / a / os / as		
9	noveno / a / os / as	...	...
10	décimo / a / os / as	50	quincuagésimo / a / os / as
11	undécimo / a / os / as	51	quincuagésimo primero / a / os / as
12	duodécimo / a / os / as		
13	decimotercer(o) / a /os / as	...	...
14	decimocuarto / a / os / as	60	sexagésimo / a / os / as
15	decimoquinto / a / os / as		
16	decimosexto / a / os / as	...	...
17	decimoséptimo / a / os / as	70	septuagésimo / a / os / as
18	decimoctavo / a / os / as		
19	decimonoveno / a /os / as	...	...
20	vigésimo / a / os / as	80	octogésimo / a / os / as
21	vigésimo primero / a / os / as	...	...
		90	nonagésimo / a / os / as
		...	...
		100	centésimo / a / os / as
		101	centésimo primero / a / os / as
		...	...

§11 FRACTIONS

Fractions indicate a part or portion of something with regard to the whole. There is no one way to form fractions: it depends on the number referred to. From the number 4 to 10, and their parallels in the hundreds up to 1,000, the following forms are used for fractions:

1/2: medio, mitad(es)
1/3: tercio(s)
1/4: cuarto
1/5: quinto
1/6: sexto
1/7: séptimo
1/8: octavo
1/9: noveno
1/10: décimo
1/100: centésimo
1/1000: milésimo
1/100.000: cienmilésimo

After the number 10, fractions are formed by adding *–avo* to the cardinal number:

1/11: onceavo
1/12: doceavo
1/13: treceavo
1/14: catorceavo
1/15: quinceavo
[...]
1/20: veinteavo
[...]
1/30: treintavo
[...]
1/36: treintaiseisavo
[...]
1/200: doscientosavo

Fractions higher than the number 4 can vary according to gender and number:
   Compró un **cuarto** *de kilo de queso.*
   La **cuarta** *parte de los alumnos ya lo sabía.*
   Sólo se ven tres **quinceavas** *partes del iceberg.*

Fractions are preceded by a cardinal number, which indicates the fraction itself, or by a definite article:
   Ha traducido **la mitad** *del libro.*
   Ha traducido **dos tercios** *del texto.*

The word *parte* can also be used, as shown below:
   Tiene **la veinteava** *parte de la empresa.*
   Tiene **dos décimas** *partes de la compañía.*

We use number + % to indicate the percentage of a quantity:
   dos por ciento: 2%   *diez por ciento: 10%*
   tres por ciento: 3%   *veinte por ciento: 20%*

PLEASE NOTE! *one hundred percent: 100%.*

§12 INDEFINITE PRONOUNS OR DETERMINERS

Form	Example
algun(o) / alguna / algunos / algunas	*Julián tiene **algunas** novelas.*
ningun(o) / ninguna	*No tengo **ninguna** taza rota.*
	*Este año no tengo **ningún** libro.*
bastante / bastantes	*Ya tengo **bastantes** recetas de cocina.*
demasiado / demasiada / demasiados / demasiadas	*Según Andrew, Begoña tiene **demasiadas** camisetas.*
mucho / mucha / muchos / muchas	*Lola tiene **muchos** vestidos.*
poco / poca / pocos / pocas	*Ana tiene **pocos** pantalones.*
más	*Begoña tiene **más** camisetas que Lola.*
menos	*Begoña tiene menos vestidos que Lola.*
otro / otra / otros / otras	*Quiero otro helado.*
todo / toda / todos / todas	*Ya sé **todas** las preguntas.*
un(o) / una / unos / unas	*He encontrado **unas** fotos antiguas.*
varios / varias	*Tenemos que arreglar **varias** cosas.*
los / las demás	*Juan y Pedro pueden quedarse; **los demás** alumnos pueden irse.*

Indefinite pronouns are forms that indicate an imprecise amount of something. They act as determiners when accompanied by a noun (*He comprado **algunos** libros*), or as pronouns when the noun is not explicitly expressed (*He comprado **algunos***). In both cases they must agree in gender and number with the referent.

The usage of indefinite pronouns or determiners are shown in the chart above.

The indefinite pronouns *alguien* (someone), *nadie* (no one / nobody), *algo* (something) and *nada* (nothing) may only act as pronouns and are unalterable in form:

- 💬 *¿Hay **alguien**?*
  - 💬 ***Nadie** ha contestado.*
- 💬 *¿Ves **algo**?*
  - 💬 *No veo **nada**.*

Alguien and *nadie* refer to people, while algo and nada refer to things.

Those indefinites used as pronouns or determiners are indicated in the chart above.

When they appear before a noun, the forms *uno* (one/a), *alguno* (some), and *ninguno* (no/any/none) lose their final –o; that is, they are reduced.

*Tengo **un** libro.* → *Tengo **uno**.*

*Tengo **algún** libro.* → *Tengo **alguno**.*

*No tengo **ningún** libro de física.* → *No tengo **ninguno**.*

Please note that, when the negative indefinites *ningún* (none / any), *nada* (nothing / anything) and *nadie* (no one / anyone) appear at the end of the sentence, the verb is preceded by the negative adverb, *no*.

***Ningún** libro le gustó a Juan.* → *Juan **no** compró **ningún** libro.*

***Nada** le gustaba a Juan.* → *A Juan **no** le gustaba **nada**.*

***Nadie** sabía la dirección.* → *La dirección **no** la sabía **nadie**.*

■ EXPRESSIONS AND PHRASES (§13)

§13 PHRASES

There are some expressions or phrases (locuciones) in Spanish whose meaning and function are important to know. There are various types of phrases, depending on the nature of the phrase and the function usually expressed (nominal, verbal, adverbial and prepositional). You should learn to look for these in the dictionary. Below are some of the more frequently used phrases, indicating their meaning and in bold-face type, the element used to explain them in a dictionary.

1. Noun phrases
— ***ama** de casa* (housewife): *María es **ama de casa** y cuida de sus hijos.*
— ***arco** iris* (rainbow): *Después de la lluvia siempre sale el **arco iris** en el cielo.*

— **escalera** de caracol (winding staircase): *Se sube a la torre por una* **escalera de caracol**.

2. Verb phrases
— *dar a* **luz** (to give birth): *María* **dio a luz** *en el hospital.*
— *echar la* **culpa** (to blame): *Juan* **echó la culpa** *del accidente a la niebla.*
— *prestar* **atención** (to pay attend): *Carlos no* **presta atención** *en clase de conversación.*

3. Adverbal phrases
— *a lo* **mejor** / *tal* **vez** (maybe): *No responde al teléfono,* **a lo mejor (tal vez)** *no está en casa.*
— *por lo* **general** (generally): *Los sábados* **por lo general** *vamos al cine.*

4. Prepositional phrases
— *a* **causa** de (because of): *El barco se hundió* **a causa de** *la tormenta.*
— *a* **partir** de (beginning): **A partir de** *mañana se cierra por las tardes.*
— *a* **través** de / *por* **medio** de (through): *Conoció a María* **a través de** *(por medio de) su prima.*
— *con* **vistas** a (in order to): *Estudia español* **con vistas a** *viajar por América del Sur.*

■ THE VERB (§14-§17)

Added on to the verb tenses of the previous level are those introduced and worked on in this level.

Formas no personales	1ª conjugación	2ª conjugación	3ª conjugación
Infinitivo	estudi**ar**	beb**er**	viv**ir**
Gerundio	estudi**ando**	beb**iendo**	viv**iendo**
Participio	estudi**ado**	beb**ido**	viv**ido**

§14 FORMS OF THE PRESENT TENSE

Presente de indicativo	ESTUDIAR	BEBER	VIVIR
yo	estudi**o**	beb**o**	viv**o**
tú	estudi**as**	beb**es**	viv**es**
él / ella / usted	estudi**a**	beb**e**	viv**e**
nosotros / nosotras	estudi**amos**	beb**emos**	viv**imos**
vosotros / vosotras	estudi**áis**	beb**éis**	viv**ís**
ellos / ellas / ustedes	estudi**an**	beb**en**	viv**en**

Presente de subjuntivo	ESTUDIAR	BEBER	VIVIR
yo	estudi**e**	beb**a**	viv**a**
tú	estudi**es**	beb**as**	viv**as**
él / ella / usted	estudi**e**	beb**a**	viv**a**
nosotros / nosotras	estudi**emos**	beb**amos**	viv**amos**
vosotros / vosotras	estudi**éis**	beb**áis**	viv**áis**
ellos / ellas / ustedes	estudi**en**	beb**an**	viv**an**

Imperativo	ESTUDIAR	BEBER	VIVIR
tú	estudi**a**	beb**e**	viv**e**
usted	estudi**e**	beb**a**	viv**a**
vosotros / vosotras	estudi**ad**	beb**ed**	viv**id**
ustedes	estudi**en**	beb**an**	viv**an**

§15 FORMS OF THE PAST TENSE

Pretérito indefinido	ESTUDIAR	BEBER	VIVIR
yo	estudi**é**	beb**í**	viv**í**
tú	estudi**aste**	beb**iste**	viv**iste**
él / ella / usted	estudi**ó**	beb**ió**	viv**ió**
nosotros / nosotras	estudi**amos**	beb**imos**	viv**imos**
vosotros / vosotras	estudi**asteis**	beb**isteis**	viv**isteis**
ellos / ellas / ustedes	estudi**aron**	beb**ieron**	viv**ieron**

Pretérito imperfecto de indicativo	ESTUDIAR	BEBER	VIVIR
yo	estudi**aba**	beb**ía**	viv**ía**
tú	estudi**abas**	beb**ías**	viv**ías**
él / ella / usted	estudi**aba**	beb**ía**	viv**ía**
nosotros / nosotras	estudi**ábamos**	beb**íamos**	viv**íamos**
vosotros / vosotras	estudi**abais**	beb**íais**	viv**íais**
ellos / ellas / ustedes	estudi**aban**	beb**ían**	viv**ían**

§16 FORMS OF THE FUTURE TENSE

Futuro simple	ESTUDIAR	BEBER	VIVIR
yo	estudiar**é**	beber**é**	vivir**é**
tú	estudiar**ás**	beber**ás**	vivir**ás**
él / ella / usted	estudiar**á**	beber**á**	vivir**á**
nosotros / nosotras	estudiar**emos**	beber**emos**	vivir**emos**
vosotros / vosotras	estudiar**éis**	beber**éis**	vivir**éis**
ellos / ellas / ustedes	estudiar**án**	beber**án**	vivir**án**

§17 COMPOUND FORMS

For every simple form, there is a corresponding compound form made up of the verb participle and the corresponding conjugated form of the verb *haber* (have).

Pretérito perfecto de indicativo	ESTUDIAR	BEBER	VIVIR
yo	he estudiado	he bebido	he vivido
tú	has estudiado	has bebido	has vivido
él / ella / usted	ha estudiado	ha bebido	ha vivido
nosotros / nosotras	hemos estudiado	hemos bebido	hemos vivido
vosotros / vosotras	habéis estudiado	habéis bebido	habéis vivido
ellos / ellas / ustedes	han estudiado	han bebido	han vivido

Pretérito pluscuamperfecto de indicativo	ESTUDIAR	BEBER	VIVIR
yo	había estudiado	había bebido	había vivido
tú	habías estudiado	habías bebido	habías vivido
él / ella / usted	había estudiado	había bebido	había vivido
nosotros / nosotras	habíamos estudiado	habíamos bebido	habíamos vivido
vosotros / vosotras	habíais estudiado	habíais bebido	habíais vivido
ellos / ellas / ustedes	habían estudiado	habían bebido	habían vivido

■ CONJUGATION OF IRREGULAR PRESENT TENSE (§18-§23)

Irregular verbs have certain variations in some of its conjugated forms, which appear systematically in different types of groups by verb tense.

The different types effect the conjugated forms in the present, past and future tenses.

Some verbs have a mixed irregular type in the present and future tenses. In order to remember and understand them better, they appear based on certain topics.

You also have to keep in mind that these verbs show their irregularity in the following ways:

- one topic (present tense, such as *contar*; past tense, such as *andar*),
- two topics (present and past, such as *dormir*),
- three topics (present, past and future, such as *poder*, *decir*, etc.).

§18 IRREGULAR PRESENT TENSE (e ⇨ ie)

There are verbs in which the [e] in the root becomes [ie] in certain persons of the present tense, but only when the stressed accent falls on the verb root.

The forms of the imperative marked with an asterisk (*) below are very rarely used.

Some verbs which show this irregularity are: *acertar, apretar, empezar, encender, cerrar, negar,* and *perder,* as well as other uncommon verbs.

	PENSAR	QUERER
Indicativo		
yo	pienso	quiero
tú	piensas	quieres
él / ella / usted	piensa	quiere
nosotros / nosotras	pensamos	queremos
vosotros / vosotras	pensáis	queréis
ellos / ellas / ustedes	piensan	quieren
Subjuntivo		
yo	piense	quiera
tú	pienses	quieras
él / ella / usted	piense	quiera
nosotros / nosotras	pensemos	queramos
vosotros / vosotras	penséis	queráis
ellos / ellas / ustedes	piensen	quieran
Imperativo		
tú	piensa	quiere*
usted	piense	quiera*
vosotros / vosotras	pensad	quered*
ustedes	piensen	quieran*

	ENTENDER	PREFERIR
Indicativo		
yo	entiendo	prefiero
tú	entiendes	prefieres
él / ella / usted	entiende	prefiere
nosotros / nosotras	entendemos	preferimos
vosotros / vosotras	entendéis	preferís
ellos / ellas / ustedes	entienden	prefieren
Subjuntivo		
yo	entienda	prefiera
tú	entiendas	prefieras
él / ella / usted	entienda	prefiera
nosotros / nosotras	entendamos	prefiramos
vosotros / vosotras	entendáis	prefiráis
ellos / ellas / ustedes	entiendan	prefiráis
Imperativo		
tú	entiende	prefiere*
usted	entienda	prefiera*
vosotros / vosotras	entended	preferid*
ustedes	entiendan	prefieran*

§19 IRREGULAR PRESENT TENSE (o / u ⇨ ue)

There are verbs in which the [o] or [u] in the root become [ue] in some persons of the **present tense, but only** when the stressed accent falls on the verb root.

The forms of the imperative marked with an asterisk (*) below are very rarely used.

Some verbs which show this irregularity are: *sonar, acostarse, colgar, volar,* and *doler,* as well as other uncommon verbs.

	VOLVER	PODER	JUGAR
Indicativo			
yo	vuelvo	puedo	juego
tú	vuelves	puedes	juegas
él / ella / usted	vuelve	puede	juega
nosotros / nosotras	volvemos	podemos	jugamos
vosotros / vosotras	volvéis	podéis	jugáis
ellos / ellas / ustedes	vuelven	pueden	juegan
Subjuntivo			
yo	vuelva	pueda	juegue
tú	vuelvas	puedas	juegues
él / ella / usted	vuelva	pueda	juegue
nosotros / nosotras	volvamos	podamos	juguemos
vosotros / vosotras	volváis	podáis	juguéis
ellos / ellas / ustedes	vuelvan	puedan	jueguen

	VOLVER	PODER	JUGAR
Imperativo			
tú	vuelve	puede*	juega
usted	vuelva	pueda*	juegue
vosotros / vosotras	volved	poded*	jugad
ustedes	vuelvan	puedan*	jueguen

§20 OTHER IRREGULAR VERBS IN THE PRESENT TENSE

a) **Verbs with an irregular first person form in the present tense.** These are verbs that also have an irregular form in the present subjunctive, much like that of the first person singular indicative. The imperative forms for *tú, usted* and *ustedes* of the verbs *salir, poner* and *hacer* are also irregular.

Other verbs with the same irregular pattern as **salir** are *sobresalir, valer* and *equivaler;* others with the same pattern as **poner** are *componer, exponer, imponer, oponer, posponer, proponer, reponer* and *suponer;* others with the same pattern as **hacer** are *deshacer, rehacer* and *satisfacer.*

	SALIR	PONER	HACER
Indicativo			
yo	salgo	pongo	hago
tú	sales	pones	haces
él / ella / usted	sale	pone	hace
nosotros / nosotras	salimos	ponemos	hacemos
vosotros / vosotras	salís	ponéis	hacéis
ellos / ellas / ustedes	salen	ponen	hacen
Subjuntivo			
yo	salga	pongo	haga
tú	salgas	pongas	hagas
él / ella / usted	salga	ponga	haga
nosotros / nosotras	salgamos	pongamos	hagamos
vosotros / vosotras	salgáis	pongáis	hagáis
ellos / ellas / ustedes	salgan	pongan	hagan
Imperativo			
tú	**sal**	**pon**	**haz**
usted	salga	ponga	haga
vosotros / vosotras	salid	poned	haced
ustedes	salgan	pongan	hagan

Another verb with the same irregular pattern as **caer** is *recaer,* just as *atraer* and *distraer* show the same pattern as **traer.** The verb *saber* shows the same irregular pattern as **caber:** *yo quepo, tú cabes, etc. / yo quepa, tú quepas, etc.*

	CAER	TRAER	SABER
Indicativo			
yo	ca**igo**	tra**igo**	**sé**
tú	caes	traes	sabes
él / ella / usted	cae	trae	sabe
nosotros / nosotras	caemos	traemos	sabemos
vosotros / vosotras	caéis	traéis	sabéis
ellos / ellas / ustedes	caen	traen	saben
Subjuntivo			
yo	ca**iga**	tra**iga**	se**pa**
tú	ca**igas**	tra**igas**	se**pas**
él / ella / usted	ca**iga**	tra**iga**	se**pa**
nosotros / nosotras	ca**igamos**	tra**igamos**	se**pamos**
vosotros / vosotras	ca**igáis**	tra**igáis**	se**páis**
ellos / as / ustedes	ca**igan**	tra**igan**	se**pan**
Imperativo			
tú	cae	trae	sabe
usted	ca**iga**	tra**iga**	se**pa**
vosotros / vosotras	caed	traed	sabed
ustedes	ca**igan**	tra**igan**	se**pan**

Other verbs with the same irregular pattern as **conducir** are *deducir, introducir, producir, reducir, relucir, seducir* and *traducir*, just as others like **agradecer** are *parecer, conocer, merecer, nacer* and *reconocer*. All the verbs that end in **–uir** follow the same pattern as **construir**, such as *atribuir, concluir, constituir, disminuir* and *huir*, among others.

	CONDUCIR	AGRADECER	CONSTRUIR *
Indicativo			
yo	condu**zco**	agrade**zco**	construyo
tú	conduces	agradeces	construyes
él / ella / usted	conduce	agradece	construye
nosotros / nosotras	conducimos	agradecemos	construimos
vosotros / vosotras	conducís	agradecéis	construís
ellos / ellas / ustedes	conducen	agradecen	construyen
Subjuntivo			
yo	condu**zca**	agrade**zca**	construya
tú	condu**zcas**	agrade**zcas**	construyas
él / ella / usted	condu**zca**	agrade**zca**	construya
nosotros / nosotras	condu**zcamos**	agrade**zcamos**	construyamos
vosotros / cosotras	condu**zcáis**	agrade**zcáis**	construyáis
ellos / ellas / ustedes	condu**zcan**	agrade**zcan**	construyan
Imperativo			
tú	conduce	agradece	construye
usted	condu**zca**	agrade**zca**	construya
vosotros / vosotras	conducid	agradeced	construid
ustedes	condu**zcan**	agrade**zcan**	construyan

* The verb *construir* is included here due to its external appearance and its pronunciation, though it is a regular verb. This is clarified by noticing that the root ends in the vowel [i] as shown: *construi*+ir. This vowel is eliminated when it appears next to another i: *construi*+ir ⇨ *construir*; *construi*+ís ⇨ *construís*; *construi*+imos ⇨ *construimos*; the i is retained when the root is followed by a consonant: *construi*+d ⇨ *construid*; and it changes to the consonant **y** when a different vowel follows it: *construi*+o ⇨ *construyo*; *construi*+es ⇨ *construyes*; *construi*+e ⇨ *construye*; *construi*+en ⇨ *construyen*; *construi*+a ⇨ *construya*; *construi*+as ⇨ *construyas*; etc.

b) Verbs that show two irregularities in the present tense. A few verbs, such as *decir* and *tener*, not only show the subjunctive irregularity in the first person indicative, but also have a vowel change (e>i, in **decir**) and (e>ie, ein **tener**) in the second and third persons singular and the third person plural in the present indicative. The verb *oír* is irregular in the first person singular in the present tense, but its other forms are regular, just as those verbs that follow the same pattern as *construir*.

Other verbs with the same irregular pattern as **decir** are *bendecir, maldecir* and *predecir*, and take on regular imperative forms: *bendice, predice,* and *maldice.* Other verbs like **venir** are **intervenir** and **prevenir**.

	DECIR	VENIR
Indicativo		
yo	digo	vengo
tú	dices	vienes
él / ella / usted	dice	viene
nosotros / nosotras	decimos	venimos
vosotros / vosotras	decís	venís
ellos / ellas / ustedes	dicen	vienen
Subjuntivo		
yo	diga	venga
tú	digas	vengas
él / ella / usted	diga	venga
nosotros / nosotras	digamos	vengamos
vosotros / vosotras	digáis	vengáis
ellos / ellas / ustedes	digan	vengan
Imperativo		
tú	**di**	**ven**
usted	diga	venga
vosotros / vosotras	decid	venid
ustedes	digan	vengan

Other verbs with the same irregular pattern as **tener** are *contener, detener, entretener, mantener, obtener, retener* and *sostener*, just as another with the same pattern as **oír** is *desoír*.

	TENER	OÍR
Indicativo		
yo	ten**g**o	oi**g**o
tú	ti**e**nes	o**y**es
él / ella / usted	ti**e**ne	o**y**e
nosotros / nosotras	tenemos	oímos
vosotros / vosotras	tenéis	oís
ellos / ellas / ustedes	ti**e**nen	o**y**en
Subjuntivo		
yo	ten**g**a	oi**g**a
tú	ten**g**as	oi**g**as
él / ella / usted	ten**g**a	oi**g**a
nosotros / nosotras	ten**g**amos	oi**g**amos
vosotros / vosotras	ten**g**áis	oi**g**áis
ellos / ellas / ustedes	ten**g**an	oi**g**an
Imperativo		
tú	**ten**	o**y**e
usted	ten**g**a	oi**g**a
vosotros / vosotras	tened	oíd
ustedes	ten**g**an	oi**g**a

§21 IRREGULARITIES IN THE PAST TENSE

a) Irregularity in all the past tense forms. One group of verbs shows special irregularities in all the forms of the *pretérito indefinido* (simple past tense). The accent falls on the root in the first and third persons singular. Notice how some gerunds show the same irregularity as the third person plural form of this past tense.

Pretérito indefinido de indicativo	ANDAR	DECIR	PODER
yo	and**uve**	d**ije**	p**ude**
tú	and**uviste**	d**ijiste**	p**udiste**
él / ella / usted	and**uvo**	d**ijo**	p**udo**
nosotros / nosotras	and**uvimos**	d**ijimos**	p**udimos**
vosotros / vosotras	and**uvisteis**	d**ijisteis**	p**udisteis**
ellos / ellas / ustedes	and**uvieron**	d**ijeron**	p**udieron**
Gerundio			
	andando	diciendo	p**udiendo**

Pretérito indefinido de indicativo	PONER	QUERER	SABER
yo	p**use**	qu**ise**	s**upe**
tú	p**usiste**	qu**isiste**	s**upiste**
él / ella / usted	p**uso**	qu**iso**	s**upo**
nosotros / nosotras	p**usimos**	qu**isimos**	s**upimos**
vosotros / vosotras	p**usisteis**	qu**isisteis**	s**upisteis**
ellos / ellas / ustedes	p**usieron**	qu**isieron**	s**upieron**
Gerundio			
	poniendo	queriendo	sabiendo

Pretérito indefinido de indicativo	TRAER	VENIR	TENER
yo	tra**je**	v**ine**	t**uve**
tú	tra**jiste**	v**iniste**	t**uviste**
él / ella / usted	tra**jo**	v**ino**	t**uvo**
nosotros / nosotras	tra**jimos**	v**inimos**	t**uvimos**
vosotros / vosotras	tra**jisteis**	v**inisteis**	t**uvisteis**
ellos / ellas / ustedes	tra**jeron**	v**inieron**	t**uvieron**
Gerundio			
	tra**y**endo	v**iniendo**	teniendo

b) Irregularity in the third person forms of the past tense. This irregularity can be seen in the third person singular and plural forms of the *pretérito indefinido* (simple past tense) and in the gerund of some frequently used verbs.

Pretérito indefinido de indicativo	PEDIR	SERVIR	REÍR
yo	pedí	serví	reí
tú	pediste	serviste	reíste
él / ella / usted	p**i**dió	s**i**rvió	r**i**ó
nosotros / nosotras	pedimos	servimos	reímos
vosotros / vosotras	pedisteis	servisteis	reísteis
ellos / ellas / ustedes	p**i**dieron	s**i**rvieron	r**i**eron
Gerundio			
	p**i**diendo	s**i**rviendo	r**i**endo

Pretérito indefinido de indicativo	SENTIR	DORMIR
yo	sentí	dormí
tú	sentiste	dormiste
él / ella / usted	s**i**ntió	d**u**rmió
nosotros / nosotras	sentimos	dormimos
vosotros / vosotras	sentisteis	dormisteis
ellos / ellas / ustedes	s**i**ntieron	d**u**rmieron
Gerundio		
	s**i**ntiendo	d**u**rmiendo

§22 MIXED IRREGULARITY IN THE PRESENT TENSE

In addition to the vowel-change irregularity in the present tense (e>i, e>ie, o>ue), the verbs in the following chart also show an irregularity in the third person of the past tense (e>i, o>u) and in the first and second persons plural forms in the subjunctive.

Presente de indicativo	PEDIR	REPETIR
yo	pido	repito
tú	pides	repites
él / ella / usted	pide	repite
nosotros / nosotras	pedimos	repetimos
vosotros / vosotras	pedís	repetís
ellos / ellas / ustedes	piden	repiten
Presente de subjuntivo		
yo	pida	repita
tú	pidas	repitas
él / ella / usted	pida	repita
nosotros / nosotras	pidamos	repitamos
vosotros / vosotras	pidáis	repitáis
ellos / ellas / ustedes	pidan	repitan
Imperativo		
tú	pide	repite
usted	pida	repita
vosotros / vosotras	pedid	repetid
ustedes	pidan	repitan

Presente de indicativo	PREFERIR	DORMIR
yo	prefiero	duermo
tú	prefieres	duermes
él / ella / usted	prefiere	duerme
nosotros / nosotras	preferimos	dormimos
vosotros / vosotras	preferís	dormís
ellos / ellas / ustedes	prefieren	duermen
Presente de subjuntivo		
yo	prefiera	duerma
tú	prefieras	duermas
él / ella / usted	prefiera	duerma
nosotros / nosotras	prefiramos	durmamos
vosotros / vosotras	prefiráis	durmáis
ellos / ellas / ustedes	prefieran	duerman
Imperativo		
tú	prefiere	duerme
usted	prefiera	duerma
vosotros / vosotras	preferid	dormid
ustedes	prefieran	duerman

Other verbs with the same irregular pattern as **pedir** are *reír, seguir, repetir, servir,* and *vestir,* as well as other uncommon verbs. Others with the same pattern as **preferir** are *advertir, arrepentirse, divertir, herir, hervir, mentir, sentir,* and *sugerir,* as well as other uncommon verbs. Another verb with the same pattern as **dormir** is *morir.*

§23 IRREGULARITY IN THE FUTURE TENSE

Some very frequently used verbs show different types of irregularities in the future tense, including the future simple and the conditional. As seen in the chart below, some elements are omitted (e> $\emptyset$), while others are not ($\emptyset$ > d).

	CABER	QUERER
Modelo de irregularidad	e $\Rightarrow$ $\emptyset$	e $\Rightarrow$ $\emptyset$
yo	cabré	querré
tú	cabrás	querrás
él / ella / usted	cabrá	querrán
nosotros / nosotras	cabremos	querremos
vosotros / vosotras	cabréis	querréis
ellos / ellas / ustedes	cabrán	querrán

	PONER	HACER	DECIR
Modelo de irregularidad	e $\Rightarrow$ $\emptyset$ + $\emptyset$ $\Rightarrow$ d	e $\Rightarrow$ $\emptyset$ + c $\Rightarrow$ $\emptyset$	ci $\Rightarrow$ $\emptyset$ + e $\Rightarrow$ i
yo	pondré	haré	diré
tú	pondrás	harás	dirás
él / ella / usted	pondrá	hará	dirá
nosotros / nosotras	pondremos	haremos	diremos
vosotros / vosotras	pondréis	haréis	diréis
ellos / ellas / ustedes	pondrán	harán	dirán

Other verbs with the same irregular pattern in the future forms as **caber** are **querer** (shown in the chart due to its different phonetic pattern), *haber, saber* and *poder.*

Other verbs with the same irregular pattern in future forms as **poner** are the verbs *tener* and *valer.* The verbs *salir* and *venir* show a difference: i > $\emptyset$ + $\emptyset$ > d.

There are no other verbs with the same pattern of irregularity in the future tense as **hacer** and **decir**.

§24 THE VERBS *IR, SER, ESTAR,* AND SPECIAL PARTICIPLES IN THE CONJUGATION OF SOME VERBS

The verbs *ir, ser* and *estar* show special irregularities.

Apéndice gramatical
Grammar appendix

Presente de indicativo	IR	SER	ESTAR
yo	voy	soy	estoy
tú	vas	eres	estás
él / ella / usted	va	es	está
nosotros / nosotras	vamos	somos	estamos
vosotros / vosotras	vais	sois	estáis
ellos / ellas / ustedes	van	son	están

Presente de subjuntivo	IR	SER	ESTAR
yo	vaya	sea	esté
tú	vayas	seas	estés
él / ella / usted	vaya	sea	esté
nosotros / nosotras	vayamos	seamos	estemos
vosotros / vosotras	vayáis	seáis	estéis
ellos / ellas / ustedes	vayan	sean	estén

Pretérito imperfecto	IR	SER	ESTAR
yo	iba	era	estaba
tú	ibas	eras	estabas
él / ella / usted	iba	era	estaba
nosotros / nosotras	íbamos	éramos	estábamos
vosotros / vosotras	ibais	erais	estabais
ellos / ellas / ustedes	iban	eran	estaban

Pretérito indefinido	IR	SER	ESTAR
yo	fui	fui	estuve
tú	fuiste	fuiste	estuviste
él / ella / usted	fue	fue	estuvo
nosotros / nosotras	fuimos	fuimos	estuvimos
vosotros / vosotras	fuisteis	fuisteis	estuvisteis
ellos / ellas / ustedes	fueron	fueron	estuvieron

When forming compound verb tenses, some verbs show a special form in the participle that has to be memorized. Below are some examples.

Personas	VOLVER	ESCRIBIR
yo	he **vuelto**	he **escrito**
tú	has **vuelto**	has **escrito**
él / ella / usted	ha **vuelto**	ha **escrito**
nosotros / nosotras	hemos **vuelto**	hemos **escrito**
vosotros / vosotras	habéis **vuelto**	habéis **escrito**
ellos / ellas / ustedes	han **vuelto**	han **escrito**

The most common irregular participles of this type are: **visto** (ver), **puesto** (poner), **dicho** (decir), **hecho** (hacer), **abierto** (abrir), **descubierto** (descubrir), and **muerto** (morir).

■ THE USE OF SOME TENSES AND VERB PHRASES (§25-§29)

Below is a reminder of the most common verb tenses you have learned up to use up to now at this level.

§25 THE PRETÉRITO PLUSCUAMPERFECTO (PAST PERFECT)

This tense is normally used to express actions that happened before another moment in the past, which serves as a point of reference.
> Luis salió a las 10. Juan llamó a las 12. Cuando Juan llamó, Luis ya **había salido.**
> Ya **había terminado** de trabajar cuando me llamaron para ir a una reunión.

§26 THE FUTURE SIMPLE

This is one of the verb tenses used to express actions that are going to happen in the future.
> Esta noche **iré** al teatro a ver una obra de Valle Inclán.

1. It is used to express predictions or assumptions.
> **Cambiarás** de trabajo muy pronto.
> Creo que no **terminará** a tiempo.

2. It is also used to express orders emphatically.
> **Harás** esto porque te lo mando yo.

§27 USES OF THE IMPERATIVE

1. We use the imperative to give orders to the speaker or request that the speaker do something..
> **Arregla** la habitación.
> **Abre** la ventana por la noche.
2. It is used to offer someone something.
> **Toma** un poco de café.
> **Coge** otro bombón.

3. It is also used to give permission.
> ¿Puedo abrir la puerta?
> No, **abre** la ventana.

4. To express negative orders, offers or permission, the present subjunctive is used.
> No **cantes...** (tú)
> No **cante...** (él / ella / usted)
> No **cantéis...** (vosotros / vosotras)
> No **canten...** (ellos / ellas / ustedes)

§28 USES OF THE PRESENT TENSE OF THE SUBJUNCTIVE

Some of the following intentions, among others, are expressed using the present tense forms of the subjunctive:

1. To show desires in different circumstances.
*¡Que **descanses**!*
*¡Que lo **pases** bien!*
*¡Ojalá me **escriba** Juan!*

Note: The sentences above would be said in
English:
Get some rest!
Have fun!
Let' s hope Juan writes me!
But literally, the structure qué + subjunctive is:
(I hope) that you get some rest.
(I hope) that you have fun.
And the structure ojalá is another form of
expressing a hope or wish.

*Deseo que **vuelvas** pronto.*
*Espero que Juan **se cure** pronto.*
*Espero que **haga** buen tiempo en Madrid.*

2. To express assumptions, along with expressions such as *quizás* and *tal vez*, which express uncertainty.
*Quizás Juan **conozca** a María.*
*Tal vez Juan **sepa** dónde vive María.*

3. With expressions such as *qué raro*, *qué extraño*, *es raro*, etc., which express concern.
*Qué raro que Juan **llame** por teléfono a estas horas.*
*Es extraño que Juan **no diga** cómo se encuentra.*
*Me preocupa que Juan **no diga** dónde está.*

4. When repeating an imperative message.
*Come todo lo del plato. No me has oído. (Te he dicho) **Que comas** todo.*
*Abre la ventana. **Que abras** la ventana (me ha dicho Juan).*

5. The present subjunctive is also used in the following structure: es + [adjective] + *que* + [subjunctive].
*Es interesante que **visites** el museo.*
*Es difícil que **llegues** a las cinco, si sales ahora.*

§29 VERB PHRASES

You already know that in Spanish we can express different meanings and nuances for an action with the infinitive (*estudiar*) and gerund (*estudiando*) by using different verbs (*tener, haber, deber, empezar, andar, etc.*) conjugated in the corresponding tense and either joined to another verb by a linking word (*que, a, de*) or directly to the infinitive, gerund or participle of the other verb. Below are some of the more common constructions.

1. Indicates the beginning of an action:
— **empezar a** + [infinitivo].
*El lunes **empiezo a estudiar** en la universidad.*
— **poner(se) a** + [infinitivo].
*Juan **se puso a escribir** la carta al instante.*
— **comenzar a** + [infinitivo].
*Juan **comenzó a escribir** el cuento en la clase.*
— **acabar de** + [infinitivo].
*Juan **acaba de salir** a pasear con María.*

2. Indicates the end of an action:
— **terminar de** + [infinitivo].
*Juan **terminó de escribir** el cuento en casa.*
— **dejar de** + [infinitivo].
*La semana pasada **dejé de ir** al médico porque ya estaba recuperada.*

3. To express an obligation to do something:
— **tener que** + [infinitivo].
*Hoy **tengo que terminar** el informe.*

4. To talk about future plans:
— **pensar** + [infinitivo].
***Pienso viajar** a Marruecos para estudiar árabe.*

5. To show need or obligation:
— **tener que** + [infinitivo].
***Tengo que viajar** a Marruecos para estudiar árabe.*
— **deber** + [infinitivo].
***Debo viajar** a Marruecos para estudiar árabe.*

6. To show an action in progress:
— **seguir** + [gerundio].
*Jane **sigue estudiando** español para hablar mejor.*
— **estar** + [gerundio].
*Juan **está viajando** por Marruecos para aprender árabe.*

■ SPATIAL AND DURATION REFERENCES (§30-§31)

§30 SPATIAL REFERENCES

Location can be established in relation to something mentioned in the conversation or the speaker.

To talk about the location of an object, different linguistic forms and structures are used. The most common indicators of location are:

Cerca / lejos (de)
Dentro / fuera (de)
Delante / detrás (de)
Encima / debajo (de)
Enfrente (de)
Al otro lado (de)
A la derecha / a la izquierda (de)
En el centro (de)
En medio (de)
Alrededor (de)
Al lado (de)

The general word order in the sentence is the following:

1. Indicator of location + (**de** + (determiner) + noun)
*El cine está **lejos** del auditorio y **cerca** de mi casa.*
*Sácalo de **dentro** de la bolsa y déjalo **fuera**.*
*Luis está **delante** de Juana.*
***Detrás** del sillón está la pelota.*
*Tus zapatos están **debajo** de la cama.*
*El cenicero está **encima** de la mesa.*
*Mira **al otro lado** de la calle.*
*Lola está **enfrente** de Julián.*

The preposition **de** doesn't appear when the point of reference has already been mentioned or is known.
*El cine está **lejos**, y el teatro, **cerca**.*
*Sácalo de **dentro** y déjalo **fuera**.*
*Luis está **delante** y Juana **detrás**.*

2. *En / a / sobre* + (determiner) + [noun]
*Su primo está **en** la oficina.*
*Su prima está **en** casa.*
*Su casa está **a** la derecha.*
*La cartera está **sobre** la mesa = La cartera está **encima de** la mesa.*

The preposition **en** describes the location of an object. Its meanings can be diverse and are found in the dictionary:
*Juan está **en** Barcelona.*

*El ejercicio está **en** la página 10.*
*Vive **en** las afueras.*
*Hay un reloj **en** la pared de la cocina.*
*El libro está **en** la mesa.*

The preposition **a** is not used as frequently to indicate location or place, but it is used the following way (*junto a, cerca de*) in everyday expressions:
*Juan está **a** la puerta de la calle.*
*María vive **a** la orilla del mar.*

Entre places something between two points of reference. When only one point of reference is mentioned, it means **en medio de** (in the middle of):
*El perro está **entre** tu hermano y mi prima.*
*El museo está **entre** la catedral y el ayuntamiento.*
*El recibo está **entre** los papeles. (en medio de)*

Aquí, **ahí** and **allí** also situate objects in space, but unlike the previous indicators of location, they situate objects with respect to the speaker or listener:
*El perro está **aquí**. (cerca del hablante)*
*El perro está **ahí**. (un poco lejos del hablante)*
*¿Llegaste bien a Roma? ¿Qué tal por **ahí**? (cerca del oyente, al teléfono, por ejemplo)*
*El gato está **allí**, en la esquina. (lejos del hablante)*

§31 INDICATING DURATION

To indicate the duration of an action, a process, situation or state of being, different constructions or indicators are used:

1. llevar + [gerund] + [amount of time]
💬 *¿Cuánto tiempo llevas viviendo aquí?*
 💬 ***Llevo viviendo cinco años** en Madrid.*
***Llevo corriendo dos horas** y ya estoy cansado.*

2. llevar + [amount of time] + [gerund]
***Llevo cinco años viviendo** en Madrid.*
***Llevo quince años trabajando** en la misma empresa.*

With the preposition *desde*, we can indicate the beginning of an action, a process, situation or state of being when referring to a specific time, as in **3**, or with an expression equivalent to an unkown or unmentioned moment, as in **4**:

3. desde + [specific date]
💬 *¿Cuánto tiempo lleváis viviendo en España?*
 💬 *Yo, **desde** 1997.*
 💬 *Y yo, desde hace tres semanas.*

💬 *¿Cuánto tiempo llevas esperando aquí?*
   💬 **Desde las tres.**

4. desde hace + [amount of time]
   💬 *¿Cuánto tiempo lleváis viviendo en España?*
      💬 *Yo, desde 1997*
      💬 *Y yo, **desde hace tres semanas.***

   💬 *¿Cuánto hace que estudias español?*
      💬 *Estudio español **desde hace tiempo** y ya lo domino.*

■ AGREEMENT

§32 AGREEMENT

In Spanish, some words in a sentence agree with the gender (masculine or feminine) and number (singular or plural) of the referent noun, whereas the verb expresses the number and gender of the noun that is the grammatical subject of the sentence. This is called agreement. Below are some examples:

1. The noun and the determiner (article, possessive, demonstrative, indefinite) that it specifies agree in gender and number:

   El *profesor ha leído* **las** *poesías.*
   Esta *profesora ha leído* **la** *poesía.*
   Algunos *profesores han leído* **el** *poema.*
   Nuestras *profesoras han leído* **los** *poemas.*

2. The adjective and the referent also agree in gender and number, although they don't have to be next to each other within the sentence.

   He conocido a un **chico alto** *y a dos* **chicas delgadas.**
   La **chica** *es* **atractiva.**
   Las **chicas** *son* **atractivas.**
   El **chico** *y la* **chica** *son* **atractivos.**
   Julián *anda* **despistado** *últimamente.*
   Begoña y Lola *andan* **despistadas** *últimamente.*
   Julián y Andrew *andan* **despistados** *últimamente.*

3. The verb agrees in number and gender with the subject of the sentence, which comes before the verb.

   Julián está *ensayando.*
   Begoña tiene *un novio de Bilbao.*
   Julián y Begoña estudian *en una escuela de teatro.*
   Los chicos estudian *español en Internet.*
   En España **la gente cena** *a las nueve.*

Todo el mundo se **acuesta** *tarde.*
Mucha gente pasa *el fin de semana fuera.*
Muchas personas disfrutan *del sol y de la playa en verano.*
Me **gusta** *mucho* **este libro.**
Este libro *me* **gusta** *mucho.*
Me **gustan las revistas.**
Las revistas *me* **gustan.**

4. The forms of address *tú*, *usted*, and other expressions that may refer to the second person can be both masculine and feminine. Agreement is established according to the gender of the person referred to.

   Tú *estás* **enfadado.** **Te** *veo* **enfadado.**
   Tú *estás muy* **enfadada.** **Te** *veo muy* **enfadada.**

5. The subject usually comes after the verbs **gustar*, *encantar* and *interesar*, and the verbs appear in the singular, if the subject is a singular noun, and in plural, if the subject is a plural noun.

   Me **gusta salir.**
   Le **encanta comer** *fruta.*
   Me **encantan las patatas fritas.**
   ¿Te **gustan los caramelos?**
   Nos **interesa el** *cine.*
   Les **interesan los problemas** *sociales.*

* Notice the structure used in Spanish with such verbs as *gustar*, *encantar* and *interesar*. The English equivalent would place the subject (a person or a thing) before the verb, and recipient of the action after the verb.

6. The verb *encontrar* may refer to any person (*yo, tú, él, ella, usted,* etc.), and is constructed with adjectives that agree with the noun, just as when the verb *ser* is used.

   –[*Este jersey*] **Lo** *encuentro* **caro.** = *Encuentro que el jersey es caro.*
   –[*Esta falda*] *¿* **La** *encuentras* **cara?** = *¿Encuentras que esta falda es cara?*
   –[*Estos pantalones*] **Los** *encontramos* **caros.** = *Encontramos que estos pantalones son caros.*
   –[*Estas gafas*] **Las** *encuentran* **caras.** = *Encuentran que las gafas son caras.*

7. The verb *parecer* establishes agreement, just like the verb *ser*.

   Este cuadro me parece caro.
   ¿Esta falda te parece cara?
   Estos cuadros le parecen caros.
   Estas faldas le parecen caras.

■ COMMUNICATIVE FUNCTIONS (§33-§43)

All those exchanges in the language show the speaker´s intentions: to say or communicate something, to ask about something or for something, and express an order. These are the most wide-spread intentions, but another specific or personal meaning can be seen. Below are the different, common ways and approaches to show of these implied meanings.

§33 PREVENTING PROBLEMS AND ADVISING PEOPLE

To avoid problems or advise people in Spanish, structures such as the following are used:

1. Si + [verb in present tense] + poder [in present]+ [infinitive]
*Si Juan **come** tanto, **puede enfermar**.*

2. ¡Ojo! / ¡Cuidado! + [clause]
*¡**Ojo**! / ¡**Cuidado**! El suelo está mojado.*

3. ¡Ojo con / Cuidado con + [object] !
*¡**Ojo con / Cuidado con** las tormentas tropicales!*

4. Tener cuidado con + [object]
***Ten cuidado con** las calles poco iluminadas.*

5. [Imperative (affirmative or negative)]
Id a ver la catedral de León.
No os perdáis el anfiteatro.

§34 APOLOGIZING

To apologize for something done or some possible inconvenience caused, constructions or structures such as the following are used:

1. Perdona / Siento + [noun]
***Siento** el retraso.*
***Perdona** la equivocación.*

2. Perdona / Siento que + [subjunctive]
***Perdona** que llegue tarde.*
***Siento** que tengamos que irnos ahora.*

3. Perdóname / Discúlpame / Me sabe mal + (pero) (es que) + [clause]

*Perdóname el retraso, **es que** hay mucho tráfico.*
*Discúlpame, **pero** no he oído tu llamada.*
*Me sabe mal, **pero es que** hoy me duele la cabeza.*

This last case is more polite, and the clause added explains or justifies why something has been done.

§35 EXPRESSING PROBABILITY AND FORMULATING HYPOTHESES

To express the probability of something happening or show suppositions or hypotheses about something, indicators such as the following are used:

1. *A lo mejor* gives information that the speaker considers possible, even if it is negative. It is followed by a verb in the indicative: future, present or past tense.
A lo mejor conoce a María.
A lo mejor ha perdido el tren.

2. *Seguro que / Seguramente* indicate that the speaker is not totally sure of something, but what he says seems very probable. They are followed by a verb in the indicative, future, present or past tense.
Seguro que volverán pronto.
Seguramente iré a Pamplona.

3. *Supongo que / Creo que / Me imagino que* are also followed by a verb in the indicative: future, present or past tense.
Supongo que llamará mañana.
Creo que está trabajando en ello.
Me imagino que vino ayer.

4. *Igual* is used in an informal context. It's a possibility that the speaker does not expect to really happen.
Igual no viene a casa.

5. *Quizás / Tal vez / Probablemente* can be followed by a verb in the indicative or subjunctive to indicate that an assumption is more or less sure.
Quizás están / estén en el bar de la esquina.
Tal vez tiene / tenga algún problema.
Probablemente llamó / llame a casa.

6. *Puede ser que / Es probable que* must be followed by a subjunctive verb.
Puede ser que no funcione el teléfono.
Es probable que no quiera.

§36 EXPRESSING FEAR

To express fear, the following structures are used. Notice the noun agreement.

1. Me da(n) miedo / ¡Qué miedo me da(n) / Me horroriza(n) + [noun] / [infinitive]
Me da miedo equivocarme en esto.
¡Qué miedo me da este hombre!
Me horroriza ir al dentista.

Me dan miedo las inyecciones.
¡Qué miedo me dan las inyecciones!
Me horrorizan los hospitales.

2. Tener miedo + a / de que / de + [noun] / [subjunctive] / [infinitive]
Tengo miedo a los perros grandes.
Tengo miedo de que lleguemos tarde.
Tengo miedo de llegar tarde.

§37 EXPRESSING CONCERN

To express concern, the following structure is used:

Me preocupa + [noun] / [infinitive] / que + [subjunctive]
Me preocupa tu actitud.
Me preocupa llegar tarde mañana.
Me preocupa que no diga nada.

§38 EXPRESSING POSSIBILITY AND IMPOSSIBILITY

To ask if something is possible or not and respond in the affirmative (with *si*) or negative (with *no*), the following constructions or structures can be used:

1. ¿Poder + [infinitive]?
¿Puedo coger tu chaqueta?

2. ¿Se + puede(n) + [infinitive]?
¿Se puede ir en tren hasta allí?
¿Ya se pueden reservar los billetes de avión?

3. Sí, / Claro, + [imperative]
Sí, abre la botella.
Claro, ábrela.

4. No + [negative imperative]
No, no abras la botella.

5. No se + puede + [infinitive]
No se puede ir en tren, pero en coche sí.

6. No + poder + [infinitive]
No podéis quedaros en mi casa.

§39 GIVING INSTRUCTIONS

To give instructions on how to do something, constructions or structures such as the following can be used:

1. No + hace falta + [infinitive]
No hace falta correr. Tenemos tiempo.

2. No + tener + que + [infinitive]
No tienes que estar nerviosa. Estamos de vacaciones.

3. [Imperativo (affirmative o negative)]
Relájate Lola, estamos de vacaciones.
No corran tanto, por favor.

§40 GIVING ADVICE

To give advice about something or some action that the speaker must do, constructions or structures such as the following can be used:

1. ¿Por qué no + [clause in the present indicative]?
¿Por qué no estudias un poco más?

2. Intenta / Procura + [clause in the infinitive]
Intenta estudiar más.
Intenta estudiar por las noches.

3. Si [clause], + [imperative] / (No) debes + [infinitive]
Si estás muy cansado, descansa.
Si tienes colesterol, no comas huevos fritos.
Si estás muy cansado, no debes trabajar más.

4. Cuando [context], (no) es conveniente / (no) debes / (no) conviene + [infinitive]
Cuando se tiene colesterol, no es conveniente comer huevos.
Cuando se tiene colesterol, hay que comer verdura.
Cuando se tiene colesterol, no conviene comer muchas grasas.

5. Es + [adjective] + [infinitive]
Es bueno pasear por el campo.
Es necesario estudiar español.
Es interesante trabajar en grupo.

Es importante pensar en los demás.
Es recomendable comer mucha fruta.
Es conveniente abrir las ventanas por la noche.

6. Te aconsejo + [infinitive]
Te aconsejo tener un poco de paciencia.

7. Yo que tú / vosotros, + [imperfect]
Yo que tú, hacía más deporte.

8. Yo en tu lugar / vuestro lugar + [imperfect]
Yo en tu lugar, hacía más deporte.

§41 EXPRESSING DOUBT

To express doubt or ignorance about something or a situation, the first construction (**1**) is used, and to show indecision when you have two choices or possibilities, use the following (**2**):

1. No sé + si / cuándo / dónde / cómo / cuánto + [clause]
No sé si vive con María.
No sé cuándo llegó Juan a la reunión.
No sé dónde perdí la cartera.
No sé cómo había tanta gente.
No sé cuánto cuesta el billete de avión.

2. No sé si + A o B
No sé si ha ido a casa de Juan **o** de Enrique.
No sé si María estudia **o** trabaja.
No sé si ir a la calle **o** quedarme en casa.

§42 EXPRESSING OPINIONS AND EVALUATIONS

To express opinions or evaluations about something, the following can be used:

1. Using the *yo* or *a mí* shows that you are contrasting your opinions with those of others.
(A mí) Me parece que las mujeres ganan menos que los hombres.
(Yo) Opino que este trabajo no está bien pagado.
Para mí, el número de horas semanales de trabajo tiene que ser 35.
En mi opinión, las mujeres trabajan muchas horas.
A mi modo de ver, el mercado laboral es muy rígido.

Desde mi punto de vista, atravesamos un buen momento económico.

2. Introducing an idea as if you are not sure about it.
Tengo la impresión de que algunas personas no quieren trabajar.

3. Showing that you are completely sure of what's been said requires a verb in the indicative.
Estoy convencido de que la gente no **tiene** seguridad.
Está claro que la reducción de la jornada laboral **es** una buena idea.
Creo que llegará pronto.
Creo que no llegará pronto.
Pienso que hay pocos parques en la ciudad.
Estoy seguro de que ha venido mucha gente.
Me da la impresión de que nunca has ido en bicicleta.

4. In the indicative or subjunctive according to whether one is more or less sure about what's been said.
Tal vez quiere / quiera hablar con nosotros.
En el futuro tal vez todo el mundo **viva** en grandes ciudades.

5. With the following structure:
es + [adjective] + que + [subjunctive]
Es fantástico que haya parques.
No *es necesario que vengas* esta tarde.
Es probable que no lo **haga** nadie.

§43 EXPRESSING FEELINGS AND PREFERENCES

To express feelings and preferences, the following structure is used in such a way that, if the noun is plural, the verb is also plural, or if the noun is singular, the verb is also singular.

$$
\left.\begin{array}{l}
\text{(a mí) me} \\
\text{(a ti) te} \\
\text{(a él / ella / usted) le} \\
\text{(a nosotros / as) nos} \\
\text{(a vosotros / as) os} \\
\text{(a ellos / ellas / ustedes) les}
\end{array}\right\} + \left\{\begin{array}{l}
\text{interesa} \\
\text{preocupa} \\
\text{molesta} \\
\text{alegra} \\
\text{irrita} \\
\text{gusta}
\end{array}\right\} + \left\{\begin{array}{l}
\text{[nombre singular]} \\
\text{[infinitivo]} \\
\text{[subjuntivo]}
\end{array}\right.
$$

NOTE!
In Spanish these structures are followed by either a noun, an infinitive or the subjunctive.

Notice that in Spanish structure for expressing feelings and preferences, a person is always the object of the sentence, even though it comes at the beginning of the sentence. While the examples above show that this is possible in English, it is more common to put the person who feels or prefers as the subject, and to put the person or thing which causes the feeling as the object of the sentence:

I am interested in….
You are worried about…, etc.

Me interesa asistir *a la reunión de dirección.*
Te preocupa que tarden *tanto en dar una respuesta.*
Le molestan los ruidos.
A nosotras nos alegra esta visita *tan inesperada.*
Os irrita viajar *en segunda clase.*
A ellas les gusta que vayan *tan elegantes.*

■ SENTENCE WITH AN INDEFINITE AGENT (§44)

§44 SENTENCES WITH AN INDEFINITE SUBJECT

This type of clause allows you to introduce information without mentioning who is doing the action, or mentioning it, but without relating the information directly with the subject. Sometimes the subject in the sentence is unknown, other times it is known, but you don't want to say who it is. In the first structure, the speaker is referring to himself, but is giving the idea that the information refers to people in general. In the second, the person speaking wants to implicate the listener, but at the same time refer to people at large. In the third structure, the information is presented as a universal value without excluding anyone from the sphere of reference.

1. Si + uno + [verb in 3rd person singular]
Si uno *no vigila, le puede pasar cualquier cosa.*

2. Cuando + [verb in 2nd person singular]
Cuando estás *nervioso no te puedes concentrar.*

3. Se puede / No se puede + [infinitive]
(No) se puede *llegar tarde.*

4. Se + [verb]
Se dice *que Lola y Andrew salen juntos.*
Se supone *que el avión llega a las cinco, ¿no?*

5. Dicen que + [clause]

Dicen que *éste es el mejor bar de la ciudad.*

6. Hace falta + [infinitive]
Hace falta *llegar pronto.*

■ ADJECTIVE CLAUSES OR THE RELATIVE PRONOUN (§45)

§45 ADJECTIVE CLAUSES OR THE RELATIVE PRONOUN

This type of clause functions as an adjective in that it modifies a noun, and it is introduced by the relative pronoun (*que*, when referring to persons or things; *quien*, when referring to people) or a relative adverb (*donde*, which refers to a place; *cuando*, which refers to a moment in time; *como*, which refers to a way of doing something; and *cuanto*, which refers to quantity).

Notice the transformation in the statements below when two sentences combine to form one.
Sale **con un chico**. **El chico** *parece muy buena persona.*
⇩
El chico **con el que** *sale parece muy buena persona.*
Sale **con un chico** *que parece muy buena persona.*

1. If a preposition is joined with the relative pronoun *que*, an article is usually inserted:
[preposition] + [article] + *que*
El bar **al que** *van es muy tranquilo.*
No encuentro el bolígrafo **con el que** *escribí la carta.*
El restaurante **en el que** *están ofrece un espectáculo de magia.*

2. If the noun is removed, it is replaced by the combination of an article placed before *que*:
[article] + que
💬 *¿Qué camisa quieres?*
💬 **La que** *vi ayer.*

3. No article appears between prepositions (*a, con, para, por*) and the pronouns *quien* and *donde*:
Éste es el chico **a quien** *di los papeles.*
¿Tú eres la chica **con quien** *hablé por teléfono?*
En esta foto verás al hombre **para quien** *trabajo.*

Éste es el sitio **de donde** *salen los camiones.*
Éste es el lugar **desde donde** *saqué la foto.*
Ésta es la calle **por donde** *pasamos cada día para ir al trabajo.*

■ ASKING / EXPRESSING IF SOMETHING OR SOMEONE IS KNOWN (§46-§47)

§46 ASKING IF SOMETHING OR SOMEONE IS KNOWN

We can ask questions in reference to an entire sentence in order to find out if something or someone is known, by using structures such as the following. Notice that in the first two examples the object of the question is the whole clause introduced by que, while in the third structure, the main object is only one part of the statement.

1. ¿Sabe/s + **que** / **si** + [**clause**]?
   ¿Sabes que a José le encanta bailar?
   ¿Sabes que Juan ha venido?
   *¿Sabe usted que Juan ha llegado el
      lunes?*
   ¿Sabes si a Pepe le gusta el cine?
   ¿Sabe usted si Juan está de vacaciones?

2. ¿Te has
   ¿Se ha
   ¿Os habéis   enterado } + **de que** + [**clause**]?
   ¿Se han
   ¿Te has enterado de que a José le encanta bailar?
   ¿Te has enterado de que Juan ha venido?

3. The question focuses on one element (*dónde, cuándo, cómo, qué…*):
   ¿Sabe usted dónde vive María?
   ¿(Tú) Sabes cuándo viene Juan?
   *¿(Él / ella / usted) Sabe cómo es el novio de
      Ángela?*
   ¿Sabes cuál es el vestido de Andrea?
   ¿Saben en qué ciudad vive Santiago?
   ¿Sabéis qué libros lee Ana?

4. The listener's curiosity can be aroused before giving him information:

¿A que no + { sabes sabe sabes saben } + { quién *ha venido?* con quién *sale Marta?* dónde *ha estado Pedro?* de quién *es el libro?* }

§47 EXPRESSING IF SOMETHING OR SOMEONE IS KNOWN

You can also express whether something or someone is known with a complete clause. Notice that the first structure expresses surprise and the following two show certainty:

1. Yo creía que + [clause]
   Yo creía que María no tenía novio.

2. Estar seguro + de que + [clause]
   Estoy seguro de que Juan trabaja en el campo.

3. Seguro que + [clause]
   Seguro que Pedro trabaja en la televisión.

■ REPORTED SPEECH (§48)

§48 REPORTED SPEECH

When you want to report what someone else said, one of the following cases appears:

1. Reporting information that another person has said.
   Dice / Me ha dicho / Me explica + que + [indicative]
   Dice que espera un hijo.
   Me ha dicho que llamará mañana.
   Me explica que sale con una compañera del trabajo.

2. Reporting a question asked by someone else.
   (Me) pregunta / Me ha preguntado + si / qué / cuándo / por qué + [indicative]
   Me pregunta si vas a venir a la fiesta.
   Me pregunta qué quieres para cenar.
   Me pregunta cuándo volverás.
   Me ha preguntado por qué estás triste.
   Me ha preguntado dónde vive el hermano de Luis.

3. Reporting a request or order made by another person.
   Alguien + decir / pedir / mandar + que + [subjunctive]
   Begoña dice que vayas a cenar a su casa.
   Julián dice que bajéis un poco el volumen de la tele.
   Me ha pedido que te lo diga yo.

4. Telling someone to relay a request to another person.
   Dile que + [subjuntivo]
   Dile que llame mañana.

When you report another person's information, question or order, some changes in the verb form may occur.

The idea is said for the first time:	The idea can be reported in...
Presente *Tengo una duda.*	**Presente o Imperfecto** *Dice que tiene una duda.* *Dijo que tenía una duda.*
Futuro *Iré mañana.*	**Futuro o Condicional** *Dice que irá mañana.* *Dijo que iría mañana.*
Pretérito indefinido *Fue músico.*	**Pretérito indefinido o Pluscuamperfecto** *Dicen que fue músico.* *Dijeron que había sido músico.*
Imperativo *Deja de jugar.*	**Presente de subjuntivo** *Dice que dejes de jugar.*

■ SUBORDINATE ADVERBIAL CLAUSES (§49-§54)

§49 TIME CLAUSES WITH THE INDICATIVE AND SUBJUNCTIVE

A circumstance related to a moment in time or when something happens can be expressed with a clause in the indicative if referring to the past, or the subjunctive if referring to the future, using the time markers in black below:

1. [Indicative = not future]
En cuanto llegué a casa, vi la ventana rota.
Cuando me lo explicó, no me lo creí.

2. [Subjunctive = not future]
En cuanto hable con ella, todo se arreglará.
Cuando veas a tu abuela, dale recuerdos.
Vete a casa antes de que se enfade.
Echa el azúcar después de que se caliente el agua.

§50 EXPRESSING PURPOSE

The purpose for which someone carries out an action is indicated with the forms in bold-faced type in these examples:

🗨 *¿Por qué / Para qué estudias ruso?*
🗨 *Para ir a estudiar a Moscú.*

Siéntate y ponte cómodo para trabajar bien.

§51 ASKING – ABOUT CAUSE

To ask why something happened, we use the general and neutral form *¿Por qué…?*. We can also use *¿Cómo es qué…?* to show surprise in a question.
¿Por qué no vienes al cine?
¿Cómo es que no quieres salir?

§52 EXPLAINING CAUSE

Porque is the most general and explicit way to explain cause. It is usually found in the middle of a sentence. When you are responding to a question, it goes at the beginning of the sentence. *Es que* indicates cause as a pretext or an excuse. *Ya que* (since) can go at the beginning or middle of the sentence. The general structure is the following:

1. [Effect] + porque / es que / ya que + [cause]
No voy a la fiesta porque estoy cansada.
🗨 *¿Por qué se lo dijiste?*
🗨 *Porque creía que era lo mejor.*
No me encuentro bien. Es que he comido demasiado.
Invítame al cine, ya que has cobrado.

Other structures and forms to express cause are the following: *Como* usually comes at the beginning of a sentence. *Debido a, a causa de, ya que* are used in writing or when speaking more formally and can go at the beginning or middle of the sentence:

2. Como / Debido a / A causa de / Ya que + [cause], [effect]
Como me duele la cabeza, no voy a salir.
Debido al mal tiempo, suspendieron la excursión.
A causa de un apagón de luz, no pudieron ver la película.
Ya que has cobrado, invítame a comer / Invítame a comer, ya que has cobrado.

§53 CONSEQUENCES

Consequences are expressed with the following structures and markers. *Así que* is one of the most common forms to indicate consequences. *Por lo tanto* unscores more the relation between cause and effect. *De manera que* results in the consequences of an account or the conclusion of a line of reasoning.

Apéndice gramatical
Grammar appendix

[**cause**] + así que / por lo tanto / de manera que / por eso / que + [**effect**]

> *Ayer no me encontraba muy bien, **así que** me quedé en casa.*
> *Tenía que levantarme temprano. **Por lo tanto**, me fui a dormir pronto.*
> *Salí hasta muy tarde, **de manera que** no pude ir a clase al día siguiente.*
> *Tenía dos invitaciones para la exposición; **por eso** invité a Pepe.*
> *Hacía tanto frío **que** nos quedamos en casa.*

§54 THE CONDITIONAL

The conditional sentence (not tense) is formed by the marker si and the following structure:
Si + [present], + [present] / [imperative] / [future]

> *Si queréis, **reservo** mesa en un restaurante mexicano muy bueno.*
> *Si te gusta este plato, **toma** nota de los ingredientes.*
> *Si venís pronto, **prepararemos** algo para cenar.*

■ PUNCTUATION (§55-§66)

Punctuation marks are used to avoid textual ambiguity and in order to organize speech and make a speech. Some uses of punctuation marks are automatic; others are not perfectly defined and may have one or more possibilities of use. The punctuation marks in Spanish are:

The period	.
The comma	,
The semicolon	;
The colon	:
Ellipsis	...
Question marks	¿ ?
Exclamation points	¡ !
Parentheses	( )
Brackets	[ ]
Quotation marks	" " / « »
The hyphen	-
The dash	—

§55 THE PERIOD

The period indicates a pause and is indicated with descending intonation. There are three types of periods: one indicates the end of a sentence (*punto y seguido*), another the end a paragraph (*punto y aparte*), and finally one period indicates the end of a complete text (*punto final*). All of these are considered the same in English.

The period is also used after abbreviations:
> *Sra. (Señora)*
> *Dto. (Descuento)*
> *Ej. (Ejemplo)*

§56 THE COMMA

Within an utterance, the comma indicates a shorter pause than the period.

It is used to separate objects or people when presented in a list, except for the last one if it is preceded by the conjunctions *y, e, ni, o, u* (and, or, nor).
> *Begoña se ha comprado una blusa, un jersey, una camisa y unas gafas de sol.*

We use a comma before the conjunctions *y, e, ni, o, u* only if the sequence which follows the conjunction does not form a part of the utterance and instead carries with it a different value than the one uttered in the sequence before the conjunction.
> *Compraron arroz, marisco y carne, y la paella les quedó riquísima.*

When we use a proper name to personally address an individual, it is separated from the other part of the utterance by a comma.
> *Lola, no llegues tarde.*
> *¿Sabes, Begoña, que Andrew ayer no durmió en casa?*

Commas are also used to separate interruptions, which add or explain extra information.
> *El nuevo alumno, que llegó ayer de Bruselas, es muy simpático.*

Discursive connections, complements and markers which come at the beginning of a clause (*sin embargo, es decir, en primer lugar, generalmente...,*) are usually followed by a comma.
> *Es decir, Toni no vendrá a la fiesta.*

When a verb is omitted, we write a comma in its place.

Julián es simpático; Andrew, divertido.

In the heading of a letter, a comma is used to separate the city and date.
Tarragona, 13 de enero de 2001.

A comma should not come between the subject and the predicate unless a clause separates the two.
Los alumnos de primero, son muy simpáticos.
Los alumnos de primero, que trabajan mucho, son muy simpáticos.

§57 THE COLON

The colon is used at the beginning of a list:
Begoña ha estado en tres países americanos: Brasil, Costa Rica y Estados Unidos.

Before quoting what someone else wrote:
Picasso dijo: "La inspiración existe, pero llega trabajando".

In letters, colons are written after the introductory greeting:
Querida Begoña:
Te escribo para decirte lo mucho que te quiero...

§58 THE SEMICOLON

The semicolon indicates a pause in an utterance, which is less than a period and greater than a comma.

It is used to indicate the beginning of a list if a comma is already used in the different items listed:
Julián es simpático; Andrew, divertido; Lola, trabajadora y Begoña, presumida.

It is used to separate different clauses which form part of a complex clause. It is especially recommended if commas have already been used in the different parts of the complex clause. In these cases it is also possible to separate them into two sentences using a period.
Andrew, preocupado, escribió una carta a Begoña; ésta la leyó entusiasmada.

A semicolon is usually placed before pero, aunque, sin embargo, por tanto, and other similar connectors.
Julián ama a Lola; pero no quiere reconocerlo.

§59 ELLIPSIS

They can also appear in the middle of a clause, creating expectation or showing doubt about what continues.
Ya sabía yo…

They can also appear in the middle of a clause, creating expectation or showing doubt about what continues.
Creo que… vendré.
Yo que tú… no lo haría.

When making a list of items, they can be used instead of the word etcetera.
Begoña tiene todo tipo de ropa: camisetas, camisas, blusas, vestidos, faldas,…

When they appear between parentheses (…) or brackets […], they indicate that part of the text has been omitted.

If necessary, any other type of punctuation point can follow elipsis except a period, which finishes a sentence.

§60 QUESTION MARKS AND EXCLAMATION POINTS

Question marks and exclamation points come at the beginning (upside down) and end (right side up) of an utterance in Spanish.
¿Qué hicieron los chicos ayer?
¡Qué vestido más bonito llevas!

A period never goes after a question mark or an exclamation point.

It's possible that only part of an utterance forms a part of the question or exclamation. In this case, these two punctuation marks are only written in that part of the sentence which asks a question or makes an exclamation.
Si Chema viene, ¿qué harás?
Ana ha vuelto, ¡qué alegría!

§61 PARENTHESES

Parentheses are used to insert explanatory elements (dates, places, authors, citations, and elements which are not closely connected to the rest of the sentence).
Los hechos sucedieron en Valencia (España).
El tío de Antonio (que en su juventud había sido un actor famoso) dio una conferencia en la escuela.

Parentheses are also used to indicate alternations or variants in a text.

> La(s) autora(s) puede(n) enviar los textos a la redacción del periódico.
> Busca a un(a) buen(a) alumno(a).

As with ellipsis, parentheses around three periods means that part of the text has been omitted.

§62 BRACKETS

Brackets are used to add information, which complements the rest of the text, just like parentheses. If it is necessary to introduce an explanation within another explanation, which is already placed within parentheses, brackets must be used.

> El tío de Antonio (que actuó en el estreno en Madrid de La vida es tuya [1978]) dará una conferencia en la escuela.

Just as with parentheses around three periods (…), brackets which enclose three periods […] are used to signal that some portion of the text has been omitted.

§63 QUOTATION MARKS

Despite the fact that in Spanish there are many types of quotation marks, we can use them all in much the same way. When one portion of a text has already been placed within quotation marks, and you want to quote another element within that text, a different type of quotation mark is used.

Quotation marks are used to reproduce word-for-word what someone has said.

> Las palabras de Lola fueron: "¿Es que nadie va a ordenar la casa?".
> Y Begoña dijo: "No, no me caso con Chema".

Quotation marks are also used to indicate that a word or expression is being used ironically or to mean something other than a standard definition, or to talk about a word in terms of its function within the language itself. In addition, we use quotations marks when we use a foreign word which is not generally used in our own language.

> Es que hemos pasado la noche en la "beach"; ¡ay!, quiero decir en la playa.
> En nuestro viaje a California alquilamos un "car"; perdón, quiero decir un coche.

Quotations are used to cite titles and chapters from books.

> Begoña, a ti te ha tocado interpretar "La voz a ti debida" de Salinas.
> Julián, ¿has leído "La colmena" de Cela?

The current standard in publishing is to cite titles of books, indicate a non-standard definition of a word, or bold-face a foreign word using italics rather than quotation marks.

If an utterance is in quotes, the period comes after the quotes. Likewise, any other punctuation mark in the text comes after the quotation marks.

> Julián declaró: "No he visto nada raro".
> Dime, Begoña, ¿qué significa "exterior"?

§64 THE HYPHEN

The hyphen is used to separate the syllables of a word which comes at the end of a line.

> Lola fue a comprar al supermercado de la esquina; compró tanto que se olvidó una bolsa en la caja.

Between two numbers (12-19), a hyphen is used to indicate that all numbers which fall between those figures are included in the reference.

> Lo puedes consultar en la enciclopedia (pp. 13-71).

§65 THE DASH

The dash is used in a dialogue each time a different speaker says something but he is not identified specifically and, therefore, what he says is not placed within quotation marks.

> —¿Quién ha llegado?
> —No lo sé. Nadie ha contestado.

When the narrator speaks, what she says is preceded by a dash. If after the narrator's voice stops and the character continues to speak, the voice of the narrator goes between dashes.

> —¿Quién ha llegado? —preguntó Lola con voz cansada.
> —No lo sé —contestó Begoña—. Nadie ha contestado.

If we make these utterances appear more directly like a dialogue to show who is speaking, they are written in the following way:

> LOLA: ¿Quién ha llegado?
> BEGOÑA: No lo sé. Nadie ha contestado.

Just as with commas and parentheses, dashes can be used to introduce clarifications or an interruption.

El tío de Antonio —que actuó en el estreno de Madrid de La vida es tuya (1978)— dará una conferencia en la escuela.

The different options depend on the extent of the connection that we want to show between the different parts.

§66 USING INTONATION WITH THE MAIN PUNCTUATION MARKS

The following charts summarize the intonation of syllables appearing before the most common punctuation marks. In the pronunciation exercises found in the book, which focus on intonation, the same symbols are used to show intonation, and a recording is available in the listening section to allow the student to do imitation exercises.

Punctuation mark	Period .		
Meaning	End of an utterance	Intonation	⇓
	Viven en una casita a las afueras del pueblo.⇓		

Punctuation mark	Comma ,		
Meaning	Preceding complement	Intonation	⇑
	Los niños, cuando llegaron,⇑ se fueron a jugar al jardín.		
Meaning	Preceding complement	Intonation	↓
	Los niños, cuando llegaron,↓ como era tarde,⇑ se fueron a la cama.		
Meaning	Before interruption or dislocation	Intonation	→
	Los niños,→ cuando llegaron, se fueron a jugar al jardín.		
	Tengo 50 años,→ es decir, el doble que tú.		
Meaning	Mentioning the name of the person being adressed and juxtaposition	Intonation	↓
	Me molesta,↓ Juan,↓ que rompas el jarrón.		
	Así,↓ así se escribe la historia.		
Meaning	Listing things	Intonation	↓
	Hay calidad en Alfonso,↓ Kiko,↓ De la Peña,↓ Celades↑ y compañía.		
Meaning	Before *que* when explaining	Intonation	↓
	Los jugadores del Barcelona,↓ que venían de Brasil,↓ llegaron tarde.		
Meaning	Before apposition	Intonation	↓
	El presidente,↓ José María Aznar,↓ viaja mañana a Roma.		

Punctuation mark	Semicolon ;		
Meaning	End of a clause	Intonation	↓
	Unos tienen que marcharse;↓ otros están cansados.		

Punctuation mark	Colon :		
Meaning	Conjunction	Intonation	↓
	He pasado toda la mañana en la piscina:↓ # hacía muchísimo calor.		
Meaning	Addressing someone	Intonation	↓
	Querido amigo:↓ # Perdona.		
Meaning	Before a list	Intonation	↓
	Los números⇑ son:↓ # uno,↓ tres,↓ cinco,↑ y siete.		
Meaning	Before clarification	Intonation	→
	Como dicen los ingleses:→ muchos cocineros estropean el caldo.		

Punctuation mark	Parenthesis ( )		
Meaning	Inciso marginal	Intonation	↓
	No le gusta ir sola↓ (ya lo ha dicho varias veces)↓ al parque.		

Punctuation mark	Hyphens — —		
Meaning	Especific interruption	Intonation	↓
	Los celtíberos⇑↓ # —no siempre habían de ser juguetes de Roma—↓ ocasionaron la muerte de los dos Escipiones.		

Punctuation mark	Question ¿ ?		
Meaning	Pronoun	Intonation	⇑ ... ⇓
	¿Por qué⇑ sales tarde?⇓		
Meaning	Absolute	Intonation	⇑ ... ↓⇑
	¿Te veré⇑ maña↓na?⇑		
Meaning	Relative	Intonation	↑ ... ↑↓
	¿Nos queda↑mos a ver↑lo?↓		

Punctuation mark	Admiration ¡ !		
Meaning	Delight and surprise	Intonation	⇑ ... ⇓
	¡Qué⇑ maravilla!⇓		
Meaning	Emphatic command	Intonation	⇑ ... ⇓
	¡Már⇑chate de aquí!⇓		
Meaning	Indignation	Intonation	⇑ ... ⇓
	¡Qué⇑ vergüenza!⇓		
Meaning	Contradiction	Intonation	↑ ... ↓
	¡Qué↑ le vamos a hacer!↓		
Meaning	Surprise	Intonation	↑ ... ⇑↓
	¡Pero si es↑ muy tar⇑de!↓		
Meaning	Great surprise	Intonation	↑↓ ... ⇑↓
	¡Vir↑gen↓ santí⇑sima!↓		

■ ABBREVIATIONS

§67 ABBREVIATIONS

To write faster or save space, some words can be written in an abbreviated form by writing letters which stand for the word. Often there is more than one possibility and, moreover, some letters are used to abbreviate more than one word.

Notice that some abbreviations have a period (.) at the end while others don't. Abbreviations can also be written with capital or lower case letters, depending on the word they represent.

Atte.	Atentamente
Av.; avd.; avda.	Avenida
C/	Cargo / Cuenta / calle
C.P.	Código postal
D., D.ª	Don, doña
DNI	Documento nacional de identidad
D. P.	Distrito postal
Dr., Dra.;Dr.ª	Doctor, doctora
Ej.	Ejemplo
Entlo.	Entresuelo
Etc.	Etcétera
IVA	Impuesto sobre el valor añadido
Izdo., izda; izq.; izqdo, izqda.	Izquierdo, izquierda
NIF	Número de identificación fiscal (España)

p. ej.	Por ejemplo
pl.; plza.; pza.	Plaza
Pta., pts.	Peseta, pesetas (moneda oficial en España hasta enero de 2002)
P.V.P.	Precio de venta al público
Rte.	Remitente
S.ª; Sra.	Señora
S.A.	Sociedad anónima
s.n.; s/n	Sin número
S.P.	Servicio público
Sr.	Señor
tel.; teléf.; Tfno	Teléfono
U.; Ud.; V.; Vd.	Usted
v.	véase

transcripciones de los audios

tapescripts

BLOQUEUNO1

lecciónuno1
¡CADA UNO ES COMO ES!

1.4

BEGOÑA: Esta noche he quedado con Diego.
LOLA: ¿Y quién es Diego?
BEGOÑA: Es un chico que conocí el otro día.
LOLA: ¿Y cómo es?
BEGOÑA: Guapísimo.
LOLA: ¿Y de carácter?
BEGOÑA: Simpático, amable y muy cariñoso. ¡Un encanto!
LOLA: ¿De dónde es?
BEGOÑA: No sé de dónde es, no se lo he preguntado.
LOLA: ¿Y vas a salir con él?
BEGOÑA: Sí, no me parece importante saber de dónde es un chico para salir con él.
LOLA: ¿A qué se dedica?
BEGOÑA: No sé a qué se dedica, creo que trabaja en una oficina.
LOLA: ¿Cuántos años tiene?
BEGOÑA: No sé exactamente cuántos años tiene, unos veinticinco años.
LOLA: ¿Dónde vive?
BEGOÑA: Pues tampoco sé dónde vive.
LOLA: ¿Tiene aficiones?
BEGOÑA: No sé si tiene aficiones, supongo que alguna.
LOLA: Pero, Begoña, para salir con un chico necesitas saber cuáles son sus aficiones. ¿Sabes si le gusta bailar?
BEGOÑA: No sé si le gusta bailar, me parece que sí.
LOLA: Y leer, ¿le gusta?
BEGOÑA: Ni idea, no sé si le gusta leer.
LOLA: ¿Y tiene coche? Eso es importante.
BEGOÑA: No lo sé. No se lo he preguntado. No me parece importante saber si tiene coche o no.
LOLA: ¿Y…?
BEGOÑA: ¡Basta ya, Lola! Esto parece un interrogatorio.

1.5

LOLA: ¿Sí?
 (…)
 Hola Chema, sí, soy Lola, me estaba…
 (…)
 No está.
 (…)
 No lo sé. No sé dónde está. Espera, sí, ya me acuerdo, está en clase. Tiene ensayo.
 (…)
 Ah, ¿sí? No lo sabía. Celebráis muy pronto las fiestas, ¿no?
 (…)
 Ah, bueno, pero si aún faltan dos meses. No te preocupes.
 (…)
 Mira, yo ahora tengo…
 (…)
 Tengo que salir, Chema, se me hace tarde.
 (…)
 Muy bien. Se lo diré. Se pondrá muy contenta.
 (…)
 Adiós Chema.

JULIÁN: Precioso. Muy bonito. Precioso.
LOLA: ¿Qué pasa?
JULIÁN: Hace un día precioso.
LOLA: ¿Sí? Qué bien. Tengo prisa. ¿Sabes si está Ana? ¿Podrías avisarla?
JULIÁN: No, señorita. No la he visto. Pero venía dispuesto a relajarme. Una bonita sesión de relajación. ¿Qué te parece?
LOLA: Perfecto. Sí.
JULIÁN: ¿Nos relajamos juntos?

LOLA: Me esperan en la tele. Tengo que ir a la tele. Me voy a la tele.
JULIÁN: ¿Estás segura?
LOLA: Segura.
JULIÁN: Simpática. Sí, muy simpática.

1.12

LOLA: ¿Sabes si Juan siempre es tan tímido?
BEGOÑA: Ni idea, no lo conozco mucho, pero siempre está solo y muy serio; nunca se ríe.
LOLA: Estoy segura de que es un chico muy aburrido y triste, por eso no tiene amigos.
BEGOÑA: Sí, pero parece educado, porque siempre me saluda y me abre la puerta.
LOLA: ¿Sabes cuál es el chico más antipático que conozco?
BEGOÑA: ¿Cuál?
LOLA: Paco, el amigo de María, ese que nunca saluda.
BEGOÑA: ¿Ah sí?
LOLA: Es un imbécil; nunca entiende lo que le digo y protesta por todo. Además, siempre está de mal humor. ¿Sabes quién es muy simpático y amable?
BEGOÑA: ¿Quién?
LOLA: El chico que me presentaste ayer, tu amigo.
BEGOÑA: Te presenté a dos, ¿de cuál me hablas, de Manolo o de José?
LOLA: De José.
BEGOÑA: Sí, es un chico muy sociable y alegre, sobre todo me gusta porque es muy optimista y agradable.

leccióndos2
¡BUEN VIAJE!

2.3

BEGOÑA: Chicos, ¿conocéis Portugal?
JULIÁN: Yo no lo conozco, pero dicen que es muy bonito.
ANDREW: Yo, de Portugal, sólo conozco el vino, ¡qué bueno es!
LOLA: Sí, lo más famoso son el vino y los fados, también en Oporto organizan muchas actividades culturales: ópera, danza, teatro,…
BEGOÑA: Sí. Y además es muy barato. Cuando eres joven y no tienes mucho dinero, es un buen lugar para ir de vacaciones.
LOLA: Es verdad. Y si uno quiere divertirse, en Oporto y Lisboa hay muchos bares y discotecas para disfrutar de las *noites longas*.
ANDREW: ¿Las qué?
BEGOÑA: Las *noites longas*, que en español significa las *noches largas*. No se sabe a qué hora vas a acabar de bailar.
ANDREW: ¡Qué bien! Yo quiero ir de vacaciones a Portugal.
JULIÁN: ¿Y qué os parece si nos vamos de vacaciones en septiembre? Se pueden encontrar mejores ofertas porque la mayoría de la gente viaja en agosto. ¿Qué os parece? Podemos viajar más tranquilos, sin prisa.
LOLA: Yo, en septiembre, trabajo, no puedo viajar.
JULIÁN: Vaya. ¿Y tú, Begoña? ¿Puedes viajar en septiembre?
BEGOÑA: Sí, claro. En agosto voy a ver a mi familia, pero en septiembre ya estoy aquí.
JULIÁN: Andrew, ¿tú puedes venir o no?
ANDREW: Claro que puedo.
JULIÁN: Estupendo. Lola, ¿estás segura de que no puedes pedir una semana de vacaciones? Es sólo una semana.
LOLA: No lo sé, tengo que hablar con mi jefe. Pero últimamente no se puede hablar de este tema porque hay mucho trabajo.

2.4

LÁZARO: Hay que tenerlo todo previsto. Si se despista uno, está perdido. Y bien, ¿qué habéis decidido?
ANDREW: Yo sigo pensando que antes de meternos en un lío hace falta avisar a la policía.
LÁZARO: Mira Andrew, no sé qué va a pasarnos, pero hay que arriesgarse. Me lo dice mi sexto sentido.

BEGOÑA: Yo estoy con Lázaro.

JULIÁN: Hay que ser valiente. Estamos preparados para lo que haga falta.

LOLA: Al menos deberíamos intentarlo.

LÁZARO: ¿Qué dices Andrew?

ANDREW: Está bien. Si en cuatro días no lo conseguimos, avisamos a la policía.

LÁZARO: Hecho. Yo llevo la dirección. Vosotros organizaos por parejas. Llamad a los hospitales y después acercaos a todas las estaciones y observad.

BEGOÑA: ¿A todas?

LÁZARO: A todas. Tren, metro, autobuses, aeropuerto,...

2.8

HIJA: ¿Diga?

MADRE: ¡Hola! Soy mamá. ¿Cómo va todo?

HIJA: Bien, preparando las vacaciones.

MADRE: ¿Y qué tal?

HIJA: Muy bien mamá. Estoy haciendo las maletas.

MADRE: No olvides llevar un bronceador, recuerda que allí el sol es muy fuerte.

HIJA: Sí, mamá... ya lo he metido. Me tratas como a una niña.

MADRE: Sólo me preocupo por ti, nada más. ¡Ah! No descuides la cartera, ni lleves mucho dinero en ella.

HIJA: Sí, mamá. Recuerda que ya he viajado antes y no olvides que tengo diecisiete años.

MADRE: Agradece que tienes una madre que se preocupa por ti. Vigila también lo que comes, porque te puedes poner enferma.

HIJA: ¡Ay, mamá! Me parece que estás exagerando.

MADRE: Bueno, bueno. Está bien. Ya no digo más. Sólo recuerda que tus padres te quieren, cuídate mucho, llama por teléfono de vez en cuando y diviértete con tus amigos.

HIJA: Muchas gracias mamá. Si puedo, llamo, pero no te aseguro nada. ¡Adiós!

MADRE: ¡Adiós, hija! ¡Buen viaje!

leccióntres3
APRENDER UNA LENGUA

3.3

JULIÁN: ¿Qué te pasa que estás tan nerviosa?

BEGOÑA: ¡Nerviosa yo? ¡Qué va! Estoy muy contenta porque ya he solucionado mi problema con el inglés.

JULIÁN: ¿Ah, sí? Ahora es con el ruso, ¿no?

BEGOÑA: ¡Muy gracioso! He solucionado mi problema porque ahora tengo un profesor particular, que está a punto de llegar. Pero... en realidad no sé si es la solución. ¿Tú qué crees?

JULIÁN: Mira, para empezar intenta no obsesionarte, todo lleva su tiempo. No todo el mundo tiene la misma facilidad con las lenguas.

BEGOÑA: Pero... ¿tú qué me recomiendas?

JULIÁN: Procura divertirte, disfruta aprendiendo la lengua y, sobre todo, ten paciencia. ¿Por qué no intentas ir a Gran Bretaña una temporada? Es muy práctico.

BEGOÑA: Sí, ya lo he pensado, pero no tengo tiempo ni dinero.

JULIÁN: ¿Y practicar por Internet? Ahora hay unos cursos fantásticos y van muy bien.

BEGOÑA: ¡Me parece una idea estupenda! Lo voy a hacer.

3.4

LÁZARO: ¿Qué pasa, colegas? ¿Se puede?

LOLA: Claro. ¿Qué sabes?

BEGOÑA: ¿Pasa algo malo?

LÁZARO: No nos pongamos nerviosos. No hace falta precipitarse. Os comunico la desaparición oficial de Ana.

ANDREW: ¿Oficial? ¿Lo has denunciado?

LÁZARO: De momento no conviene precipitarse.

ANDREW: Yo de ti lo denunciaba.

LÁZARO: Lo de Ana es cosa mía.

JULIÁN: Y ¿qué piensas hacer?

LÁZARO: Vamos a buscarla, chavales. Todos. Lo tengo muy claro. Vamos a montar el mejor equipo de detectives del barrio. ¡Vale? No hace falta decirlo ahora, ¿eh? Pero pensadlo. Nos vemos.

LOLA: Lázaro, ¿tú qué crees que es mejor?

LÁZARO: Como dice Ana: no dejes para mañana lo que puedas hacer hoy. Cuando se tiene un problema, hay que actuar rápido. ¡Hasta luego, chavales!

3.10

BEGOÑA: Oye Andrew, ¿tú cómo aprendes español?

ANDREW: ¡Con mucha paciencia!

BEGOÑA: ¿Por qué? ¡Estudias mucho?

ANDREW: Sí, bastante. He empezado con un curso muy bueno de autoaprendizaje. Todos los días estudio un poco. Bueno, no siempre es así, algunas lecciones son más difíciles y ese día tengo que estudiar más.

BEGOÑA: Claro. O sea que estás estudiando todos los días, de lunes a viernes.

ANDREW: ¡O más! A menudo, los sábados o los domingos escucho música española. Pero eso para mí no es estudiar, porque me gusta mucho.

BEGOÑA: ¿De verdad? Pues yo no oigo esa música en casa.

ANDREW: ¡Sí! Incluso a veces canto. ¡Me he comprado un *karaoke* con muchas canciones de Gloria Estefan, Julio Iglesias, Ricky Martin...!

BEGOÑA: ¡Pero qué dices! ¡Nunca lo he visto!

ANDREW: Bueno, nunca lo utilizo cuando estáis vosotros... Ya sabes que soy un poco vergonzoso.

BEGOÑA: ¿Y qué más haces para aprender español?

ANDREW: De vez en cuando voy al cine a ver una película española.

BEGOÑA: ¿Y para hablar?

ANDREW: Bueno, practico todos los días. Ayuda mucho estar en el propio país.

BEGOÑA: Pues yo no entiendo lo que me pasa. En la escuela de inglés casi siempre entiendo todo lo que dice el profesor, pero cuando tú hablas por teléfono con tus amigos americanos, ¡casi nunca entiendo nada de lo que dices!

ANDREW: ¡Ajá...! ¡Así que escuchas mis conversaciones telefónicas!

BEGOÑA: Ejem... ¡No! ¡Es sólo para practicar mi inglés!

BLOQUEDOS2

leccióncuatro4
¡YA LLEGA EL FIN DE SEMANA!

4.3

JULIÁN: El próximo fin de semana podríamos hacer una excursión en bicicleta, ¿no?

BEGOÑA: Sí, ¡qué buena idea!

JULIÁN: ¿Y tú? ¿Qué dices, Lola?

LOLA: Conmigo no contéis.

JULIÁN: ¿Cómo es que no quieres venir?

LOLA: Es que no me apetece.

BEGOÑA: ¡Venga, Lola! Dinos la verdad. ¿Por qué no vienes con nosotros?

LOLA: Es que no tengo bici, por eso no puedo ir.

JULIÁN: Eso no es problema. Yo conozco una tienda donde alquilan bicicletas, de manera que ya no tienes ningún motivo para no venir con nosotros.

LOLA: ¡Vale! Voy con vosotros.

JULIÁN: Tenemos que preparar todo lo que necesitamos.

BEGOÑA: Como en la montaña no podemos comprar nada, lo más importante son los bocadillos y las bebidas.

JULIÁN: Sí, y una tienda de campaña para acampar por la noche.

LOLA: También necesitamos sacos de dormir y una linterna, porque por la noche no se ve nada.

JULIÁN: Creo que ya no necesitamos nada más.

LOLA: No, creo que no.

BEGOÑA: Sí, necesitamos una cosa más. Una mochila para llevarlo todo.
LOLA: Sí, es verdad.
JULIÁN: Y mi cámara para hacer un gran reportaje. Lo titularé *Excursión a las montañas*.
BEGOÑA: También tenemos que invitar a Andrew.
LOLA: Claro que sí; seguro que se anima.

4.4

1
🗨 ¡Mira cuántas personas!
🗨 Sí, hay muchísima gente. ¿Qué pasará?
🗨 Ya sé lo que pasa. Que hoy empiezan las rebajas.
🗨 ¡Es verdad!

2
🗨 Oye. ¡Fíjate en ese edificio! ¡Es precioso!
🗨 Sí, es muy bonito. Es la casa Milá.
🗨 ¿Sabes quién lo hizo?
🗨 Sí, Gaudí.

3
🗨 ¿Has visto qué cuadro tan raro?
🗨 Sí, es rarísimo.
🗨 A mí los cuadros así no me gustan.
🗨 Ya. A mí tampoco, porque no los entiendo.

4
🗨 ¡Fíjate en este libro! A ti no sé, pero a mí me encanta.
🗨 Sí, yo lo encuentro fascinante.

4.7
BEGOÑA: A él le encanta la ópera.
ANDREW: Ah, ¿sí?
BEGOÑA: Le apasiona. Siempre que puede viaja a Milán.
ANDREW: Qué interesante…, ¿o… no?
BEGOÑA: Mira, cuando era pequeña cantaba en un coro. Mi padre me obligaba a cantar. Y yo iba, qué remedio. Y aprendí solfeo y canto. También tocaba el piano… ¿Y sabes una cosa? Lo aborrecí. Era un rollo. ¿Y la ópera? Uf, a mí la verdad, me aburre. Me pone nerviosa. A ti, ¿te gusta?
ANDREW: No. No me gusta nada. Nada.
BEGOÑA: Ah, ¿no?
ANDREW: A mí me gustan los musicales, el cine.
BEGOÑA: Como a mí. Del cine me gusta todo. El olor a palomitas, las butacas, las taquillas, sacar la entrada… ¿Te cuento un secreto?
ANDREW: ¡Claro!
BEGOÑA: Guardo todas las entradas de cine.
ANDREW: ¿En serio? ¿Todas?
BEGOÑA: Todas.
ANDREW: ¿Te cuento un secreto?
BEGOÑA: ¿Qué…?
ANDREW: Yo también.
BEGOÑA: ¿De verdad?
ANDREW: Y, ¿sabes para qué?
BEGOÑA: Para hacer cuadros llenos de entradas de cine.
ANDREW: Sí…, y exponerlos. ¿Cómo lo sabes?
BEGOÑA: Es uno de mis sueños.

leccióncinco5
HISTORIAS DEL PASADO

5.3
LOLA: Oye, Begoña, ¿cómo eras tú de pequeña?
BEGOÑA: Pues… no sé. Creo que era un poco traviesa.
LOLA: ¿De verdad?

BEGOÑA: Sí, ¿por qué te extraña? A menudo tenía problemas en la escuela porque a veces me portaba bastante mal.
LOLA: Pues yo pensaba que tú de pequeña eras una niña muy tranquila y muy buena.
BEGOÑA: ¿En serio? ¿Por qué? ¿Es que soy así ahora?
LOLA: No, pero tampoco te imagino haciendo locuras.
BEGOÑA: ¡Vaya! Pues no sé por qué no. Yo, cuando era una niña, a veces hacía cosas que no estaban bien.
LOLA: ¿Ah, sí? ¿Por ejemplo…?
BEGOÑA: ¿De verdad quieres que te explique cosas de mi infancia?
LOLA: Cuenta, cuenta.
BEGOÑA: Mira, una vez puse un cubo con pintura azul encima de la puerta de la cocina.
LOLA: ¿Y qué pasó?
BEGOÑA: Pues que cuando mi padre abrió la puerta, el cubo se le cayó encima y…, bueno, imagínatelo, me castigaron durante una semana sin televisión.
LOLA: ¡Sólo una semana! A mí por una cosa parecida me castigaron un mes sin televisión y tres meses sin clases de baile. ¡Con lo que me gustaban las clases de baile! Si quieres, te explico lo que hice.
BEGOÑA: Sí, dime, dime.
LOLA: Pues, un día, cuando tenía doce años, una amiga y yo empezamos a tirar papeles encendidos por el balcón de mi casa.
BEGOÑA: ¿En serio?
LOLA: Sí. Pero lo peor fue que mi vecina pasaba por debajo del balcón justo en ese momento y uno de los papeles le cayó en la cabeza y se le quemó la peluca.
BEGOÑA: ¡No me digas!
LOLA: Sí, fue divertidísimo.
BEGOÑA: ¡Qué horror! Pobre mujer.

5.4
INÉS: Creo que Begoña se ha enfadado con su novio.
LAURA: ¿Cómo lo sabes?
INÉS: Porque estaba hablando por teléfono con él y no te puedes imaginar cómo gritaba.
LAURA: ¿Y qué hacías tú escuchando la conversación?
INÉS: Hombre…, pues pasaba por delante de la cabina y como gritaba tanto…
LAURA: Vamos, que pusiste la oreja para escuchar lo que decían.
INÉS: Bueno… sí, pero tú también lo haces, no me digas que no…
LAURA: Bueno, bueno, y de qué te enteraste.
INÉS: Creo que él quiere casarse y ella no quiere. Dice que es muy pronto y que ahora lo que más le preocupa es su carrera.
LAURA: O sea, seguro que está con otro. Lo está engañando.
INÉS: ¿Tú crees que lo está engañando?
LAURA: La verdad es que algunas personas me han dicho que la han visto con Andrew en diferentes sitios. Es decir, que es bastante probable.
INÉS: ¿De verdad? Pues ya se sabe, si lo dicen por ahí… Pero mejor no se lo explicamos a nadie, ¿vale? Ya sabes que la gente habla mucho. Imagínate que es mentira.
LAURA: O sea que no se lo puedo explicar ni a mi madre.
INÉS: Exacto, a nadie.

5.6
BEGOÑA: Mira, cuando era pequeña cantaba en un coro. Mi padre me obligaba a cantar. Y yo iba, qué remedio. Y aprendí solfeo y canto. También tocaba el piano… ¿Y sabes una cosa? Lo aborrecí. Era un rollo. ¿Y la ópera? Uf, a mí, la verdad, me aburre. Me pone nerviosa. A ti ¿te gusta?

LOLA: Necesito hablar con vosotros. Estoy muy asustada.
ANDREW: ¿Qué pasa?
LOLA: He pasado por los archivos de la tele, y luego he ido a la hemeroteca y he estado consultando informaciones tenebrosas sobre desapariciones y todo eso y… la verdad es que la mayoría de veces acaban muy mal.

BEGOÑA: Yo creo que es bueno que cosas tan importantes, y quizá nunca oídas ni vistas, sean escuchadas por muchos y no se olviden…

TONI: Pero ¿qué te pasa? Si ya habías conseguido el ritmo.

LOLA: Pues puede ser que alguno que las…, las

TONI: Escuche.

LOLA: … escuche encuentre algo que le guste y a otros…

TONI: Quizá diviertan.

LOLA: … quizá diviertan…

TONI: ¡Lola, por favor! ¿Qué haces? Si casi te lo sabías; si ya lo habías casi memorizado.

JULIÁN: Por esa razón dice Platón que no hay libro, por malo que sea, que no tenga algo bueno…

TONI: No puedo creerlo. Julián, ¿no habíamos quedado ayer en otra cosa?

lecciónseis6
¡Cuánto tiempo sin verte!

6.3

LOLA: ¡Hola Carmen! ¿Qué tal?

CARMEN: ¡Hola Lola! Bien, ¿y tú?

LOLA: Bien. ¡Cuánto tiempo sin verte!

CARMEN: Sí, es verdad, hace mucho que no nos vemos.

LOLA: Ven, vamos al comedor.

CARMEN: Vale. ¡Qué casa tan bonita tienes!

LOLA: ¿Sí? ¿Tú crees?

CARMEN: Sí.

TODAS: ¡Sorpresaaaaaa!

CARMEN: ¡Chicas! ¿Qué hacéis aquí? Pero, si estáis todas... ¡Qué sorpresa más grande! Gracias chicas.

LOLA: Claro, Carmen, todas queremos celebrar tu despedida de soltera.

MARÍA: Sí, Carmen. Muy pronto vas a ser una señora casada.

JUANA: Dejad de hablar y vamos a brindar.

LOLA: Sí. Carmen, toma tu copa.

MARÍA: A tu salud, Carmen. ¡Que seas muy feliz!

TODAS: Chinchín.

CARMEN: Gracias, chicas. Muchas gracias por esta sorpresa.

LOLA: Y ahora mira qué te hemos traído.

CARMEN: ¡Qué amables sois! ¡No teníais que haberos molestado!

MARÍA: ¡Ábrelo ya! A ver si te gusta.

CARMEN: ¡Oh! ¡Qué bonito! ¡Es un camisón precioso! Gracias, chicas. Muchas gracias. Os lo agradezco mucho. De verdad, gracias. Sois...

LOLA: De nada, Carmen. No tiene importancia.

MARÍA: Y ahora, a bailar.

TODAS: ¡Síííí!

6.4

LOLA: ¿Hola?
(…)
Hola Chema.
(…)
Ahora no está. Trabajando…, en el teatro quiero decir. ¿Quieres que le deje algún recado?
(…)
Ah, vaya, lo siento.
(…)
Qué pena. Qué pena. Vaya
(…)
Se lo diré
(…)
Sí, ya se sabe, la Audiencia Nacional. En fin. Lo siento.
(…)
Sí, sí. No te preocupes.
(…)
No hay de qué.
(…)
Adiós. Que descanses.

6.11

1

🗨 ¿Cuándo vamos a comprar ropa para ti? ¿Esta tarde?

🗨 A mí ahora no me apetece. Estoy muy cansado. Mejor otro día.

🗨 ¿Qué tal mañana por la tarde?

🗨 Bueno, vale. A las cinco. Quedamos delante de la puerta de las galerías *Mundo Moda*.

2

🗨 ¿Por qué no venís a cenar a casa el sábado?

🗨 Muchas gracias. Pero este sábado no podemos. Es que ya tenemos las entradas para ir al teatro. ¿Por qué no otro día?

🗨 ¿El sábado de la semana que viene?

🗨 Perfecto.

🗨 ¿A las ocho os va bien?

🗨 Perfecto. A las ocho en tu casa.

3

🗨 Hemos quedado con Manolo para ir a hacer una barbacoa en su casa a las dos. ¿Quieres venir con nosotros?

🗨 Vale, contad conmigo. ¿Cuándo es?

🗨 El domingo.

🗨 ¿Este domingo? ¡Qué pena! No puedo ir. Es el cumpleaños de mi hermana. Otra vez será.

4

🗨 ¿Te apetece ir al cine este fin de semana?

🗨 Perfecto. ¿Cómo quedamos?

🗨 ¿Quedamos el domingo a las seis?

🗨 ¿No puede ser un poco más tarde?

🗨 ¿A las siete te va bien?

🗨 Estupendo. A las siete en mi casa.

5

🗨 Consulta del doctor Gómez. Buenas tardes.

🗨 Buenas tardes. Llamaba para pedir hora para el miércoles.

🗨 A ver, un momento... Mire, el miércoles 18 está lleno. Tiene que ser el jueves.

🗨 Bueno, vale, el jueves.

🗨 Está libre a las cuatro y media.

🗨 ¿No puede ser un poco más tarde? Es que a esa hora trabajo.

🗨 ¿A las siete menos cuarto?

🗨 Perfecto, a las siete menos cuarto.

🗨 ¿Me dice su nombre, por favor?

BLOQUETRES3

lecciónsiete7
¡Vaya fiesta!

7.3

LÁZARO: Ay, Ana, ¿dónde estás? ¿Cuándo vendrás? ¿Vendré a verte yo a ti…?

ANDREW: Mira, Julián, está delirando. Uy, me siento un poco raro, me siento extraño…

LÁZARO: Ana…, Ana…, vendré, vendrás, vendremos…

JULIÁN: Lázaro, Lázaro, escucha; voy a tocarte un bolero precioso. Musicoterapia para el alma.

LÁZARO: A lo mejor ha llegado Ana, y yo aquí… quizá esté preocupada…, quizá…

JULIÁN: Lo que faltaba, Andrew, Andrew...

ANDREW: *Do you speak English? Do you speak English?*

JULIÁN: No sé si voy a poder con tanto enfermo. Andrew, Andrew…, creo que me estoy poniendo malo… ¡Ay madrecita! Andrew, despierta.

ANDREW: Julián…, tengo que ir al lavabo…

JULIÁN: El lavabo es por allí.

LÁZARO: ¿Ha llegado Ana? ¿Ya está aquí?

JULIÁN: Quizá nos hemos intoxicado. Ay, ay, ay. Será eso…, seguramente será eso; ay… que nos quedamos solitos…, sin chicas y enfermos.

7.4

LOLA: Hola, buenos días.

PITONISA: Hola, ¿qué tal?

LOLA: No muy bien. Verá, me gustaría saber cómo será mi futuro. Por favor, ¿me puede ayudar?

PITONISA: Vamos a ver tu mano… Bien… Aquí veo que harás un viaje hacia el sur de España, largo…, y dentro de poco, en abril más o menos.

LOLA: Y ya de paso, ¿me podría mirar cómo está mi trabajo?

PITONISA: Aquí veo que cambiarás de trabajo dentro de poco.

LOLA: ¿Será mejor que el actual?

PITONISA: Al principio será un poco duro, pero después seguro que te alegrarás.

LOLA: Y ya que estamos, ¿qué hay de mi carrera?

PITONISA: ¿Eres actriz?

LOLA: Lo intento.

PITONISA: Tendrás suerte en el mundo del teatro, lo veo… Sigue estudiando porque al final lo conseguirás… Y no veo nada más.

LOLA: ¿Y del amor?

PITONISA: Conocerás a alguien muy especial.

LOLA: ¿Cuándo?

PITONISA: Pronto, no te preocupes. Todavía eres muy joven.

LOLA: Bueno, pues muchas gracias.

PITONISA: A ti.

LOLA: ¡Adiós!

PITONISA: ¡Que la suerte te acompañe!

lecciónocho8
PONTE EN FORMA

8.3

LOCUTORA: Hola, buenos días, ¿en qué puedo ayudarle?

OYENTE 1: Hola, mire, soy una persona un poco obesa. ¿Me podría decir qué tengo que hacer para solucionarlo?

LOCUTORA: Tiene que hacer deporte y sobre todo no comer grasas.

(…)

LOCUTORA: Hola, ¿qué tal?

OYENTE 2: No muy bien. Mire, resulta que tengo muchos problemas de asma. Cada día más.

LOCUTORA: ¿Usted fuma?

OYENTE 2: Bueno, sí... De vez en cuando.

LOCUTORA: Pues tiene que dejar de fumar. Para no empeorar su problema de asma, deje los cigarrillos. Verá cómo mejora.

(…)

LOCUTORA: ¿Cuál es su problema?

OYENTE 3: Pues mire, mi mujer dice que mi problema es el alcohol, pero yo no lo creo. Es que tengo una úlcera y cada día me duele más.

LOCUTORA: ¿Bebe usted mucho?

OYENTE 3: No, tres o cuatro cervezas al día y un par de copas de ginebra.

LOCUTORA: Es demasiado. Para curar esa úlcera, olvídese del alcohol para siempre.

(…)

LOCUTORA: Buenas tardes. ¿Dígame?

OYENTE 4: Hola. Yo llamo porque mi hija tiene muchas varices y sólo tiene 25 años.

LOCUTORA: ¿Es su hija deportista?

OYENTE 4: ¿Mi hija? ¡Qué va, está siempre estirada en el sofá viendo la tele! Y no camina nada, siempre va en coche.

LOCUTORA: Seguro que no tiene una buena circulación sanguínea. Para no tener más varices, su hija necesita hacer ejercicio.

(…)

LOCUTORA: Hola, ¿me explica su problema?

OYENTE 5: Sí, claro. Mire, mi hijo tiene anemia y no sé qué hacer para evitarlo.

LOCUTORA: ¿Lleva una dieta sana?

OYENTE 5: ¿Sana? No, come fatal, y sólo lo que le gusta.

LOCUTORA: Para no tener anemia, tiene que comer de todo y hacer una dieta lo más completa posible.

(…)

LOCUTORA: Buenas noches.

LOLA: Buenas noches. Llamo porque me encuentro fatal; creo que tengo la gripe.

LOCUTORA: Para poder ayudarla tengo que saber cuál es exactamente su problema. ¿Por qué no va al médico?

LOLA: Es que me dan miedo los médicos. Me horroriza el dolor. Me da miedo ir al médico porque creo que relaciono a los médicos con el dolor. Además, seguro que me receta inyecciones, ¡qué miedo me dan las inyecciones!

LOCUTORA: Pues me temo que yo no puedo hacer nada hasta que no sepa cuál es exactamente su problema. Lo siento.

8.4

BEGOÑA: ¿Qué pasa? Pero… ¿Qué pasa…?

JULIÁN: Estamos fatal, muy malitos.

BEGOÑA: ¡Qué raro! Los tres enfermos… ¡Qué extraño…! Tal vez esto sea una epidemia. Es probable que sea peligroso. ¿Habéis llamado al médico?

ANDREW: Agua…

LÁZARO: Ana…

JULIÁN: Me siento tan solo…

BEGOÑA: Primero agua. ¿Queréis agua? Después llamaré al médico… Ay, ay, ¿dónde está la cocina? Todo me da vueltas… me… mareo.

JULIÁN Y ANDREW: ¡Begoña!

LÁZARO: ¿Ana?

8.7

1

🗨 ¡Uf! ¡Qué hambre tengo! ¡Oh, no!

2

🗨 ¿Qué te parece si le compramos éste?

🗨 No, éste no, porque tiene un par de discos de esta cantante, pero no sé cuáles son.

3

🗨 ¿Sí, diga? Hola. ¿Quién llama?

4

🗨 Ven, vamos a visitar a Toni.

🗨 Creo que no está.

🗨 ¡Qué raro que no esté! Me dijo que estaría en casa.

5

🗨 Oye, ¡mira eso!

🗨 ¿Qué es?

🗨 No lo sé. Es la primera vez que lo veo.

6

🗨 Perdona, ¿cómo se llama el profesor de arte dramático?

🗨 Sergio Pascual.

🗨 ¿Y la de danza?

🗨 Julia, Julia Morantes.

lecciónnueve9
¿QUÉ ME CUENTAS?

9.3

BEGOÑA: ¿Diga?

MADRE DE LOLA: ¡Hola, Begoña! ¿Está Lola?

BEGOÑA: Hola, ¿cómo está? Lola no se puede poner, está en la ducha.

MADRE DE LOLA: Mejor, porque quiero hablar contigo. Estoy muy preocupada, ¿está Lola enfadada conmigo y con su padre? No sabemos nada de ella.

BEGOÑA: Yo no sé, pero últimamente está muy ocupada. Nosotros tampoco la vemos mucho.

MADRE DE LOLA: ¿Y con su hermana Laura?

BEGOÑA: No sé, pero, de verdad, yo creo que es porque tiene mucho trabajo.

MADRE DE LOLA: Gracias por tu información, Begoña. Ahora ya estoy más tranquila. Una cosa más, dile, por favor, que mañana es el cumpleaños de su padre y dile también que me llame hoy mismo. Gracias, Begoña. Adiós.

BEGOÑA: Vale, ahora se lo diré. Adiós.

[…]

BEGOÑA: Acaba de llamar tu madre.

LOLA: ¿Y qué te ha dicho?

BEGOÑA: Me ha dicho que está muy preocupada. Me ha preguntado si estás enfadada con ella y con tu padre. Me ha dicho que no saben nada de ti. También me ha preguntado si estás enfadada con Laura.

LOLA: Mañana la llamaré.

BEGOÑA: Me ha pedido que te diga que mañana es el cumpleaños de tu padre.

LOLA: ¡Es verdad! ¿Te ha dicho alguna cosa más?

BEGOÑA: Sí, me ha dicho que la llames hoy mismo.

9.4

BEGOÑA: ¡Qué bien que cocines así! Cocinar es todo un arte.

LOLA: Mi madre me enseñó. La verdad es que aprendí mirándola.

BEGOÑA: Claro, yo nunca he visto a mi madre cocinar…

LOLA: Bueno, no te preocupes, aprenderás. ¿Sabes? Estoy muy contenta: me han invitado a una grabación en el canal 27. ¿Qué te parece?

BEGOÑA: ¿De verdad? Es fantástico que vayas. ¿Qué programa?

LOLA: El de Pablo Ramírez. Me han dicho que les lleve unos vídeos míos para ver… ¿Qué te parece?

BEGOÑA: ¡Guau! ¡En serio! ¡No me digas!

LOLA: Pablo Ramírez es buenísimo, ¿te imaginas?

BEGOÑA: Y guapísimo.

JULIÁN: A la mínima ya estáis con los hombres. No podéis vivir sin nosotros.

LOLA: Ja.

ANDREW: Mmmm, ¡qué bien huele! ¿Qué has preparado?

LOLA: Oh, lo siento…

BEGOÑA: No queda nada.

LOLA: Estamos en guerra…

JULIÁN: No cantéis victoria, que sólo es la primera batalla…

9.5

ANDREW: ¿Diga?

CHEMA: ¡Hola! ¿Está Begoña?

ANDREW: No, no está. ¿Quién es?

CHEMA: Soy Chema, su novio. ¿Dónde está? ¿Cuándo va a volver?

ANDREW: No sé. ¿Quieres dejarle algún recado?

CHEMA: Sí, por favor. El próximo sábado jugamos ahí, en vuestra ciudad. Me voy a quedar todo el fin de semana y así podremos vernos y salir. Díselo, por favor.

ANDREW: Vale, ¿alguna cosa más?

CHEMA: Sí, por favor. Dile que me llame esta noche, que llame a casa de mi hermana porque voy a cenar allí. Gracias, Andrew. Adiós.

ANDREW: Adiós.

BLOQUECUATRO4

leccióndiez10
EN LA CIUDAD

10.3

JULIÁN: Me encantan las margaritas. Cogeré unas cuantas para decorar el salón.

BEGOÑA: Creo que no debes hacer eso. Si todos hacemos lo mismo, no quedarán flores en los parques.

JULIÁN: ¡Qué más da! En esta ciudad hay centenares de parques y además tienen miles de flores.

BEGOÑA: Pues yo opino que no hay tantos parques y algunos de ellos no tienen tantas flores. De todos modos, tienes que cuidarlos más, ¿no te parece?

JULIÁN: ¡Es que odio los parques! Siempre están llenos de niños, de perros y de papeles.

BEGOÑA: ¡Pero qué dices! ¡Sin parques la ciudad sería feísima!

JULIÁN: Pues yo no lo veo así. Los parques están llenos de insectos, de gente chillando a todas horas y de césped lleno de restos de comida y de papeles.

BEGOÑA: ¡Qué va! No tienes razón. ¿Y además crees que arrancando las flores contribuyes a mejorarlos? Es mejor que recojas alguno de esos papeles que ensucian el césped.

JULIÁN: Puede que tengas razón, pero a mí me parece que los parques no son necesarios.

BEGOÑA: No estoy de acuerdo. Pienso que es necesario que existan zonas verdes en la ciudad. En cualquier caso, deja de arrancar margaritas.

10.4

1

BEGOÑA: Yo creo que, en fin… pienso que, vaya que, no…, así no. Lola, he decidido volver a Bilbao con Chema.

LOLA: Pero… es imposible que hagas eso.

2

BEGOÑA: Pues yo creo que algo japonés sería muy original…

LOLA: Es difícil que les guste algo así, son muy castizos.

3

JULIÁN: Una mujer muy interesante. Yo creo que rondando los cuarenta. Pero guapa, muy guapa.

LOLA: Ya.

JULIÁN: Estoy seguro de que me hará desnudar.

10.6

LOLA: ¿Qué os parece, chicos?

BEGOÑA: Me da la impresión de que este escritor no ha alquilado nunca una bicicleta.

JULIÁN: Sí, es verdad, pero pienso que, y hablando en serio, los coches no deben desaparecer.

LOLA: ¿Por qué no? A mí no me gusta nada conducir. Y, además, por la ciudad puedes desplazarte en metro o en autobús, o incluso puedes ir andando o en bicicleta.

BEGOÑA: ¿Y fuera de la ciudad?

LOLA: Pues en tren, en avión, en barco,…

JULIÁN: Ya, pero hay millones de sitios adonde no llegan ni trenes, ni aviones, ni barcos.

LOLA: Bueno, en ese caso, creo que tenéis razón. Si no puedes andar y necesitas llegar a un sitio al que sólo se puede llegar en coche… Ahora bien, en momentos así, a mí también me gusta pensar que se comercializarán esos coches con motores de agua o con placas solares. Así habrá menos contaminación y menos ruido, como dice la revista. Eso está bien, ¿no?

JULIÁN: Sí, pero para eso pienso que es necesario que el petróleo se agote y que los fabricantes empiecen a fabricar coches de esas características.

BEGOÑA: Sí, y que vengan los Reyes Magos y nos regalen un cochecito de ésos a cada uno por Navidad…

LOLA: ¡Mujer!

JULIÁN: Desgraciadamente, tiene razón. Creo que ese día tardará en llegar.

LOLA: Total, que hasta entonces es mejor soñar, ¿no?

JULIÁN: Sí, quizás sí.

Transcripciones de los audios
Tapescripts

lecciónonce 11
BUEN PROVECHO

11.3
CHEMA: Hola, Begoña. Soy yo, Chema.
BEGOÑA: Hola, Chema.
CHEMA: ¿Cómo va todo?
BEGOÑA: Bien. Como siempre. Y por Bilbao, ¿qué tal?
CHEMA: Bien, con mucho trabajo, pero ya falta poco para el fin de semana. Oye, ¿este fin de semana vamos a estar juntos? Vas a venir a Bilbao, ¿verdad?
BEGOÑA: No puedo; lo siento, Chema, pero es que tengo que quedarme a preparar las pruebas para la obra de teatro. Ya sabes que para mí son muy importantes.
CHEMA: Sí, claro, pero es que te echo de menos y tengo muchas ganas de verte. Como hace tiempo que no nos vemos...
BEGOÑA: ¿Ah sí? Vaya. Me sabe mal no poder estar contigo, pero el curso ya se acaba y tengo que aprovechar los últimos días.
CHEMA: Es una lástima que no vengas. Había reservado mesa en un restaurante nuevo de la ciudad. Ya sabes, una cena romántica…, con buena comida…, vino…, velas…
BEGOÑA: ¡Qué lástima! Es una pena. Bueno, pues tenemos que hacer una cena los dos solos otra vez. Entiéndeme, Chema. Yo quiero subir. La culpa es de esas malditas pruebas.
CHEMA: Tranquila, Begoña. Ahora ya falta poco. Todos confiamos en ti. Seguro que lo haces muy bien.
BEGOÑA: No sé, tanto esfuerzo y si después no me seleccionan… ¡Qué decepción!
CHEMA: No, mujer. Ya verás cómo vas a tener suerte.
BEGOÑA: Gracias por animarme, Chema. Eres un sol.
CHEMA: Te mando un beso.

11.4
LOLA: Vaya, vaya… ¡Cómo se lo han pasado los enamorados!
BEGOÑA: El amor… no tiene edad.
LOLA: Vaya, mira, una carta para ti, y no es de Chema. Toma, me voy a dar una ducha.
BEGOÑA: ¿Andrew? No es posible que me escriba una…
ANDREW: *"Querida Begoña, Begonia, mi flor española…"*
BEGOÑA: ¡Ostras!
ANDREW: *"… mi ángel de amor, ¿recuerdas?…"*
BEGOÑA: Ay, ay, ay…
ANDREW: *"… Si te vas, Begoña, dejarás a un americano enamorado y triste soñando con la flor más hermosa. Andrew. Mil besos."*
BEGOÑA: ¡Ay! Qué bien escribe. Mi amor americano…

11.5
JULIÁN: Chicos, ¿os acordáis de que mañana por la noche es la cena sorpresa de Ana y Lázaro?
BEGOÑA: Sí, sí, pero es que con las pruebas para la obra de teatro de la semana que viene no hemos tenido tiempo para nada.
JULIÁN: Pues hoy por la tarde vamos a comprar.
LOLA: Un momento. Es mejor que nos organicemos por parejas. Dos compran y los otros dos se quedan en el piso para organizar y limpiar un poco. Está todo hecho un desastre, y si cenan aquí, tiene que estar ordenado.
JULIÁN: Si queréis, encargo la cena en un restaurante mexicano muy bueno que conozco. Tienen servicio de comida a domicilio.
LOLA: ¡Ni hablar! Julián, ya decidimos que tú te encargabas de cocinar. No hay nada como un menú mexicano preparado por un cocinero mexicano.
JULIÁN: Está bien, pero ya sabéis que hay mucho trabajo por hacer.
LOLA: Yo sí puedo, te ayudaré. Dentro de una hora tengo que ir a la escuela a hablar con Antonio, pero si salgo pronto, vendré a ayudarte.
BEGOÑA: Pues si vosotros dos os encargáis de la cena, Andrew y yo iremos a comprar la comida, la bebida y el postre.
JULIÁN: Estupendo. Lola, por favor, si puedes, toma nota de los ingredientes que necesitamos. Así Begoña y Andrew sabrán qué tienen que comprar.
LOLA: Vale. Ahora mismo, ya tengo papel y bolígrafo. Dime.
JULIÁN: Aguacates, chiles, limón, ajo y cebollas.
ANDREW: Y tequila, ¿no?
JULIÁN: Claro, me olvidaba. El tequila es la bebida perfecta para acompañar cualquier menú mexicano.
BEGOÑA: Si todos colaboramos y nos organizamos bien, será una cena fantástica.

leccióndoce 12
¿BUSCAS TRABAJO?

12.3
1
LOLA: Para reducir el paro tenemos que reducir la jornada, pero mantener el mismo salario.
BEGOÑA: ¿Quieres decir que debemos trabajar menos horas y ganar lo mismo?
LOLA: Claro que sí.
BEGOÑA: Pues yo no lo veo así, eso que dices no es posible.

2
JULIÁN: Opino que dos meses de vacaciones son necesarios, ¿no?
ANDREW: O sea que, aparte de las vacaciones que tenemos, añadirías un mes más.
JULIÁN: Exacto. ¿Qué opinas tú?
ANDREW: A mí me parece que es demasiado.

3
JULIÁN: Tengo la impresión de que se hacen muchos contratos basura y por eso hay tantos problemas sociales.
BEGOÑA: A ver si lo he entendido bien; dices que la inestabilidad laboral crea malestar social.
JULIÁN: Sin duda.

4
ANTONIO: Los jóvenes se quejan de los contratos basura, pero en realidad no están bien formados.
LOLA: A ver si lo he entendido bien, ¿no se pueden hacer mejores contratos a los jóvenes que empiezan su experiencia laboral?
ANTONIO: Sin ninguna duda.
LOLA: Yo no estoy en absoluto de acuerdo. ¡Esto es inadmisible!

5
LOLA: Gano mucho dinero pero trabajo tantas horas que no aguanto. Quiero cambiar de trabajo.
ANDREW: ¿Quieres decir que si encuentras un trabajo de menos horas en el que ganaras menos dinero lo cambiarías?
LOLA: De ninguna manera. Si cambio de trabajo, quiero ganar el mismo dinero.

6
BEGOÑA: El problema de la liberación de la mujer es que ahora tiene que trabajar el doble.
LOLA: Es decir, que tú crees que las mujeres no estamos mejor que antes.
BEGOÑA: Exacto.
LOLA: Pues yo no estoy en absoluto de acuerdo.

12.4
BEGOÑA: Lo hice fatal. Estoy convencida. Estoy segura. ¿A que sí?
ANDREW: No, no, no. No estoy de acuerdo.
BEGOÑA: Me temblaba la voz y las piernas, me temblaba todo. Es el peor día de mi vida. No soporto las pruebas.
LOLA: No te tortures…

BEGOÑA: Quieres decir que he fracasado, ¿verdad?

LOLA: No…, quiero decir que… me preocupa verte así.

BEGOÑA: Déjalo. No tengo futuro aquí. Me voy a Bilbao.

LOLA: Begoña, espera, espera. Esta tarde sabremos los resultados.

BEGOÑA: No quiero oírlos.

LOLA: Además, ¿qué voy a hacer si te vas? ¿Compartir piso con estos dos? Me alegraría oír que te quedas.

12.7

LOLA: ¿Qué piensas acerca de los sueldos españoles, Andrew?

ANDREW: En mi opinión están bien; no sé de qué se quejan los trabajadores.

LOLA: No sé si lo he entendido bien. ¿Quieres decir que los españoles ganan mucho dinero y no tiene derecho a quejarse?

ANDREW: No, yo no quería decir eso. Yo me refería a que los sueldos se ajustan al nivel de vida. Los salarios no son muy altos, pero el nivel de vida tampoco. A mí me empieza a gustar España. En mi opinión aquí se vive muy bien.

(…)

BEGOÑA: ¿Qué opinas sobre la dieta mediterránea, Julián?

JULIÁN: En mi opinión no es tan buena y sana como dicen.

BEGOÑA: No sé si lo he entendido bien; ¿piensas que la dieta mediterránea no es sana?

JULIÁN: No, yo no quería decir que la dieta mediterránea fuese mala, sino que no es tan sana como dicen. Yo dejaré de comer ajos. Me sientan fatal.

(…)

JULIÁN: ¿Qué opinas acerca de los tópicos, Andrew?

ANDREW: En mi opinión, los tópicos son ciertos y muestran la realidad del país.

JULIÁN: A ver si lo he entendido bien. En tu opinión, una manera de conocer un país es a través de sus tópicos.

ANDREW: No, yo no quiero decir que puedas conocer un país por sus tópicos. Yo me refiero a que la mayoría de los tópicos tienen algo de cierto, y yo pienso viajar mucho para descubrirlo.

(…)

BEGOÑA: A mi modo de ver, los exámenes son una pérdida de tiempo, no sirven para nada.

LOLA: No sé si te he entendido bien. ¿Quieres decir que a los alumnos no se les tiene que evaluar?

BEGOÑA: No, no quiero decir que a los alumnos no se les tiene que evaluar. Yo me refiero a que los exámenes no reflejan realmente los conocimientos de un alumno. Los profesores tienen que valorar otros factores además de los exámenes, como la asistencia a clase, el esfuerzo,…

12.10

Comenzamos en la recta de los *estados de ánimo*:

   Casilla 1: Cuando alguien está llorando, está…

   Casilla 2: Cuando alguien se ríe mucho, está…

   Casilla 3: Si tienes muchos nervios, estás muy…

Atención, la curva de las *descripciones físicas*:

   Casilla 4: ¿Cómo tiene el pelo el chico de la ilustración A?

Cuidado, manchas de aceite en *aficiones*:

   Casilla 5: ¿Cuál es tu afición favorita?

   Casilla 6: A alguien que lee libros constantemente le gusta la…

Zona tranquila: *vocabulario*:

   Casilla 7: Las entradas del cine las compramos en la…

   Casilla 8: Los cuadros de artistas famosos están en los…

   Casilla 9: El femenino de actor es…

Zona de adelantamiento: *imperativos*. Escribe la segunda persona del singular en imperativo de los siguientes verbos:

   Casilla 10: Comer…

   Casilla 11: Saltar…

   Casilla 12: Ir…

Llegamos a la recta de *los cuantificadores*. Escribe lo contrario de…

   Casilla 13: Mucho…

   Casilla 14: Todo…

   Casilla 15: Alguien…

   Casilla 16: Alguno…

   Casilla 17: Muchísimo…

Atención curvas: *acentos*. Escribe las siguientes palabras sin olvidarte de sus acentos:

   Casilla 18: Árbol.

   Casilla 19: Canción.

   Casilla 20: Gramática.

Cuidado, manchas de aceite: *edificios públicos*.

   Casilla 21: Las bodas religiosas se celebran en la…

   Casilla 22: Los presos están en la…

   Casilla 23: Los enfermos están en el…

Peligro, la curva de *las abreviaturas*. Abrevia estas palabras:

   Casilla 24: Kilogramo.

   Casilla 25: Centímetro.

   Casilla 26: Doña.

   Casilla 27: Código Postal.

   Casilla 28: Izquierda.

Zona tranquila, *vocabulario*:

   Casilla 29: ¿Qué es una pera: una fruta o una verdura?

Atención, acelera: *Recta de llegada*. Escribe si las siguientes frases son correctas o incorrectas:

   Casilla 30: ¿Irás el sábado pasado?

   Casilla 31: ¿Se puede pasar?

   Casilla 32: ¿Has ido el sábado que viene?

   Casilla 33: ¿Vas a ir el sábado que viene?

   Casilla 34: La gente comen a las dos…

   Casilla 35: Vas a la fiesta el año pasado…

   Casilla 36: Enhorabuena, has llegado a la…

Comprueba ahora las soluciones, suma los puntos y averigua tu clasificación.

soluciones

answer key

lecciónuno1

1
1-c   2-e   3-b   4-a   5-d

2
1 chaqueta, camiseta, pantalón   3 camiseta, jersey, pantalón
2 jersey, falda, medias   4 camiseta   5 camisa

3a
1 treinta y cinco   2 medía   3 unos   4 canoso   5 afeitar   6 seguro
7 mejilla   8 finos   9 qué   10 cómo

3b
1 ¿Sabe cómo era el ladrón?
2 ¿Puede describirlo?
3 ¿Recuerda cómo era físicamente?
4 ¿Sabe si tenía alguna marca o cicatriz?
5 ¿Sabe cómo era su boca o su nariz?
6 ¿Sabe de qué color eran sus ojos?
7 ¿Sabe cómo iba vestido?
8 ¿Algún dato más?

4a
Físico: guapísimo.
Edad: unos 25 años.
Carácter: simpático, amable y muy cariñoso.
Residencia: no lo sabe.
Procedencia: no lo sabe.
Aficiones: a Begoña le parece que le gusta bailar, pero no sabe si le
   gusta leer.
Profesión: cree que trabaja en una oficina.
Coche: no lo sabe.

4b

Begoña sabe	Begoña no está segura	Begoña no sabe
físico carácter	profesión edad aficiones (bailar)	procedencia residencia aficiones (leer) si tiene coche

5a
1 No lo sé. No sé dónde está.
2 Sí, ya me acuerdo, está en clase.
3 ¿Ah, sí? No lo sabía.
4 ¿Sabes si está Ana?
5 ¿Estás segura?
6 Segura.

5b
1 No lo sé. No sé dónde está.
2 ¿Ah, sí? No lo sabía.
3 Segura.

5c
Dice que es muy simpática.

6a
1 tuya   2 mía   3 mi   4 Míos   5 tuyos   6 mío   7 su
8 tuyas   9 mías   10 vuestras   11 nuestras   12 suyas

6b
1 camiseta   2 zapatos   3 vestido   4 sandalias   5 chaquetas

7
1 inteligente   2 constante   3 creativo   4 optimista   5 aventurero

8
1 ¿Cuándo?   2 ¿Dónde?   3 ¿Cómo?   4 ¿Para qué?   5 ¿Por qué?

9
1 buena   2 duelen   3 poco   4 mucha   5 todos   6 algunos   7 gusta
8 Lo   9 Algunas   10 todas   11 fuertes   12 gustan

10a
Venezuela 3   Nicaragua 2   Colombia 1   Perú 4

10b
1 señor   2 cara   3 nariz   4 patillas   5 barba / bigote
6 bigote / barba   7 pelo   8 orejas   9 bigote   10 nariz   11 boca
12 ojos   13 barba   14 pelo   15 bigote   16 patillas   17 cejas

11
Ejemplo de posible solución:

El ladrón tenía entre 20 y 30 años. Llevaba un jersey amarillo, unos
pantalones rojos y unos zapatos negros. Pesaba unos 70 kilos y medía
1,60. Era bastante bajito y gordito. Era rubio y llevaba el pelo largo, liso,
con bigote y barba. La cara era redonda y la piel pálida. Tenía pecas y
una cicatriz bastante larga en la nariz. La boca era pequeña y la nariz
chata. Los ojos eran azules y tenía las cejas muy gruesas.

12a

José   Juan   Paco

12b
Juan es tímido, serio, aburrido, triste y educado.
Paco es antipático, imbécil.
José es simpático, amable, sociable, alegre, optimista y agradable.

13
Estar desnudo: *estar en paños menores*.
Ir muy bien vestido: *ir de punta en blanco*.
Estar en el límite de la paciencia: *estar hasta el moño*.
Estar algo gordo: *estar de buen año*.

14
Ser como dos gotas de agua significa parecerse mucho o ser idénticos.
Parecerse como un huevo a una castaña significa no parecerse o ser
diferentes.

15
1 Puedo   2 tristes   3 azules   4 brazos   5 besé   6 quería
7 Cómo   8 ojos   9 mirada   10 corazón   11 voz   12 oído
13 cuerpo   14 claro   15 quiero   16 corto

evaluación

1
1 conoces   2 gusta   3 seguro   4 rojas   5 las joyas   6 agradezco   7
suya   8 enterado   9 simpática   10 Todos   11 quién   12 bonita
13 cómo   14 el tuyo   15 si   16 Me gusta

2
1 tiene   2 Empieza   3 cierra   4 todo   5 gusta   6 sociable   7 Su
8 tímido   9 encantan   10 construye   11 sus   12 atractivos

leccióndos2

1a
Están preparando un viaje.

1b
1 Lola 2 Julián 3 Andrew 4 Begoña

2a
Verdaderas (V): 1, 2 y 5
Falsas (F): 3, 4 y 6

2b
a: 1 cruceros 2 islas 3 turísticas 4 dinero 5 coger
b: 1 llena 2 turistas 3 paz 4 encontrar
c: 1 cantidad 2 pueden 3 enfermos
d: 1 algunos 2 griego

3a
1 dicen que 2 organizan muchas actividades 3 Cuando eres joven y
no tienes 4 Y si uno quiere divertirse 5 Se pueden 6 no se puede
hablar

3b
1 En septiembre. Porque la mayoría de la gente viaja en agosto.
2 Porque trabaja.
3 Sí, pueden contar con ella.
4 Sí, puede ir de vacaciones.
5 No lo sabe, tiene que hablar con su jefe.

4a
No, no han avisado a la policía.

4b
Da instrucciones para buscar a Ana.

5a
1 Hace falta llegar 2 No se puede hacer 3 No se puede salir
4 hace falta ir 5 No se puede conducir 6 Hace falta consultar

5b
Infinitivo (*cantar*)

6
1 reservar pronto los billetes 2 tener visado 3 es mejor el hotel
Caribean 4 está todo incluido en el precio 5 hace mucho calor
6 llevar ropa muy fresca 7 el servicio de habitaciones es excelente.

7
a: 1 Viaje 2 Disfrute 3 Llame 4 se pierda
b: 1 Conoces 2 Báñate 3 esperes 4 ven
c: 1 vaya 2 Conozca 3 Viaje 4 Disfrute 5 coma 6 baile 7 Llame

8
1 No olvides 2 recuerda 3 No descuides 4 ni lleves 5 no olvides
6 Agradece 7 Vigila 8 recuerda 9 cuídate 10 llama 11 diviértete

9
1a Haz la maleta. / Haga la maleta. 1b Hazla. / Hágala.
2a Pide el taxi ya. / Pida el taxi ya. 2b Pídelo ya. / Pídalo ya.
3a Lleva el coche al taller. / Lleve el coche al taller. 3b Llévalo al taller. /
   Llévelo al taller.
4a Busca las direcciones. / Busque las direcciones. 4b Búscalas. / Búsquelas.
5a Compra la guía de Venezuela./ Compre la guía de Venezuela.
   5b Cómprala. / Cómprela.
6a Entrega los trabajos lo antes posible. / Entregue los trabajos lo antes
   posible. 6b Entrégalos lo antes posible. / Entréguelos lo antes posible.

10
1 llámalos 2 léenoslo 3 Estoy repasándolas/ Las estoy repasando
4 te la traigo 5 estoy revisándola / la estoy revisando
6 está contándoselo / se lo está contando 7 llamarlo 8 explícanosla
9 píntala 10 regarlas

11
1 aeropuerto 2 Este 3 tren 4 barco 5 acera 6 avión 7 coche
8 Norte

12
1 grande 2 primera 3 antiguos 4 pequeñas 5 magníficas 6 ideal
7 tranquilas 8 buena 9 amable

13
1 Francis Bacon
2 Miguel de Cervantes
3 René Descartes
4 George W. Curtis
5 Benjamín Disraeli

14a
Medios de transporte: coche, tren, autocar, avión, caravana, barco.
Lugares donde alojarse: paradores nacionales, hoteles, pensiones,
   campings, albergues, casas de turismo rural.

14b
1 coches 2 tren, autocar 3 avión 4 caravana 5 barco
6 paradores nacionales 7 hoteles 8 pensiones, campings
9 albergues 10 casas de turismo rural

evaluación

1
1 ¡Cuidado con el tráfico! 2 No te olvides 3 se lo he contado
4 Hace falta llegar antes de las cinco. 5 puede 6 Suba / pregunte
7 Uno 8 podemos hacer 9 hazla

2
1 transporte 2 coches de alquiler 3 moneda 4 enfermedades
5 vacuna 6 visado 7 permisos 8 parques 9 exótico 10 información

leccióntres3

1a
Estudiar gramática.
Tener un profesor particular.
Tomar notas en una libreta.
Estudiar en casa.
Tener amigos que hablan el idioma que quieres aprender.
Hacer ejercicios.

1b
Solución libre.

2

¿Quién habla?	¿De qué lengua habla?	Es fácil	Es difícil
Begoña	De la inglesa.	la gramática.	hablar
Andrew	De la española.	el vocabulario.	la pronunciación y los verbos.
Julián	De todas las lenguas en general.	hablar.	escribir.
Lola	De la alemana.	la pronunciación.	la gramática.

Soluciones
Answer key

3a
Verdaderas (V): **2, 4 y 5**
Falsas (F): **1 y 3**

3b
1 No sé si es la solución.   2 ¿Tú qué crees?   3 Intenta no obsesionarte.
4 ¿Tú qué me recomiendas?   5 Procura divertirte.   6 Disfruta aprendiendo.
7 Ten paciencia.   8 ¿Por qué no intentas ir a Gran Bretaña?

3c

Indica una duda	Pide consejo	Ofrece consejo
No sé si es la solución.	¿Tú qué crees?	Intenta no obsesionarte.
	¿Tú qué me recomiendas?	Procura divertirte.
		Disfruta aprendiendo.
		Ten paciencia.
		¿Por qué no intentas ir a Gran Bretaña?

4a
No hace falta precipitarse.
No conviene precipitarse.
No hace falta decirlo ahora.
Cuando se tiene un problema hay que actuar rápido.

4b
¿Tú qué crees que es mejor?

5a
1 Porque necesita hablar en inglés.
2 Tres años.
3 Dos veces por semana.
4 Hablando con Andrew.
5 Es traductora.

5b
1 Intenta / Procura participar en *chats* en inglés.
2 Intenta / Procura leer libros adaptados a tu nivel de inglés.
3 Intenta / Procura ver películas en versión original.
4 Intenta / Procura hablar con gente de habla inglesa.
5 Intenta / Procura viajar a países de habla inglesa.
6 Intenta / Procura escribir correos en inglés.

6
1 Yo que tú / Yo en tu lugar escuchaba los consejos de los veteranos.
2 Yo que tú / Yo en tu lugar preguntaba todo lo que no sabes.
3 Yo que tú / Yo en tu lugar no tomaba café de la máquina, ¡está malísimo!
4 Yo que tú / Yo en tu lugar llegaba puntual.
5 Yo que tú / Yo en tu lugar apuntaba todo lo que no sabes.
6 Yo que tú / Yo en tu lugar no estaba nerviosa. Todos sabemos que eres nueva.

7a
Solución libre.

7b
Solución libre.

8
1-c   2-e   3-a   4-b   5-d

9

1	**a** 2 puntos	**b** 0 puntos	**c** 1 punto
2	**a** 2 puntos	**b** 1 punto	**c** 0 puntos
3	**a** 2 puntos	**b** 1 punto	**c** 0 puntos
4	**a** 2 puntos	**b** 1 punto	**c** 0 puntos
5	**a** 2 puntos	**b** 1 punto	**c** 0 puntos
6	**a** 1 punto	**b** 0 puntos	**c** 2 puntos
7	**a** 2 puntos	**b** 1 punto	**c** 0 puntos
8	**a** 2 puntos	**b** 0 puntos	**c** 1 punto

De 16 a 11 puntos
Para ti aprender nuevas lenguas, especialmente la española, es un placer. Siempre te ha encantado cómo suena, su melodía. Dedicas mucho tiempo a esta actividad. Además, es un pequeño truco para impresionar a tus amigos y tener éxito personal.

De 10 a 6 puntos
De pequeño ibas de vacaciones a las playas de países hispanoamericanos, y al final pensaste: "bueno, será cuestión de entender lo que la gente de aquí dice".
Pero aprendes español como una afición, no le dedicas mucho tiempo; sólo estudias un poquito de vez en cuando, pero es suficiente.

De 5 a 0 puntos
Para ti estudiar cualquier cosa es un sacrificio, pero por cuestiones de trabajo necesitas hablar español (entre otras lenguas). En la empresa os pagan un cursillo todos los años, pero para ti es una tortura asistir a él.
Nunca haces los deberes, pero reconoces una cosa: te gusta mucho el cine español y a veces alquilas alguna película de vídeo de Almodóvar.

10
1 Todos los días.   2 A menudo.   3 a veces
4 De vez en cuando.   5 casi siempre

11
Horizontales: → aprendizaje → estudiar → profesor
Verticales: ↓ examen ↓ gramática ↓ diccionario ↓ leer

12
1 leer   2 estudiar   3 escuchar   4 repetir   5 hablar   6 escribir
7 memorizar   8 practicar

13a
1-e   2-d   3-b   4-a   5-c

13b
Escuela y colegio.

13c
1 Por la multitud de información a la que tienen acceso los alumnos.
2 Depende de si se traslada la forma de enseñar y de si se ponen las nuevas tecnologías al servicio de una pedagogía adaptada a la nueva situación.
3 La información de Internet, la conexión entre aulas de diferentes escuelas en tiempo real y el uso de videoconferencias en las propias pantallas del ordenador.

13d
Dar tiempo: conceder a alguien el tiempo necesario para que haga algo.
Llevar a cabo: hacer, realizar, ejecutar.
Impartir: dar una clase.

evaluación

1
1 aprende   2 toma   3 corras   4 Leer   5 Es   6 Nunca   7 tu
8 intenta   9 si   10 si

2
1 lenguas   2 explica   3 idioma   4 camarero   5 sabía   6 significa
7 significados   8 hablar   9 conocer   10 decir

evaluaciónbloque1

1
1 recomienda   2 intenta   3 Cree   4 Dicen   5 procure   6 bueno
7 Puedo   8 innecesario   9 lugar   10 cuidado   11 recomendaciones

2
1 De qué   2 Casi nunca   3 se dice   4 iba   5 Tenga cuidado
6 Puedo ayudarte   7 recomiendas   8 duelen   9 debes comer
10 La bolsa roja grande.

3
1 No, no lo sabía. ¿Sabes si lo van a construir pronto?   2 No lo sé. Ni idea. ¿Con José Sacristán?   3 ¡Ah, sí? Yo creía que eran una especie de parques.   4 ¿Qué dices? Habla más alto, que no te oigo.   5 Estoy segura de que le gusta. Le encantan todos los deportes.   6 Después de comer, es mejor no bañarse.

leccióncuatro4

1a
1 Ana   2 Andrew   3 Lola   4 Lázaro   5 Begoña

1b
1 Andrew   2 Lázaro   3 Ana   4 Lola   5 Begoña

2a
1 Julián y Begoña.
2 Julián piensa que la película es genial, fantástica.
3 Begoña piensa que es malísima, horrible.
4 Según Lola, todo el mundo dice que la película es muy buena.
5 Begoña piensa que Almodóvar siempre hace lo mismo. Lo encuentra aburrido.
6 Lola opina que los actores son maravillosos.

2b
1 A la película.   2 A la película.   3 A la película.   4 A la película.
5 A los actores.   6 A Almodóvar / A este director.

3a
1 ¿Cómo es que no quieres venir?
2 Es que no me apetece.
3 ¡Venga, Lola! Dinos la verdad. ¿Por qué no vienes con nosotros?
4 Es que no tengo bici, por eso no puedo ir.
5 Eso no es problema. Yo conozco una tienda donde alquilan bicicletas, de manera que ya no tienes ningún motivo para no venir con nosotros.
6 Como en la montaña no podemos comprar nada, lo más importante son los bocadillos y las bebidas.
7 También necesitamos sacos de dormir y una linterna, porque por la noche no se ve nada.

3b
Verdaderas (V): 1, 3 y 5
Falsas (F): 2, 4 y 6

3c
Para preguntar y hablar sobre la causa y la consecuencia de algo.

4a

3

4

1

2

4b
1 Mira cuántas personas.
2 El edificio es precioso.
3 El cuadro es raro.
4 El libro es fascinante.

5
Verdaderas (V): 1 y 4
Falsas (F): 2 y 3

6a
Cine: la pantalla, la película, los subtítulos, los musicales, las palomitas, la butaca, la taquilla, la entrada.
Teatro: el escenario, los musicales, la obra, la butaca, la taquilla, el decorado, la entrada.
Concierto: la actuación musical, los instrumentos, la orquesta, la butaca, la ópera, la taquilla, el coro, el piano, la entrada.
Museo: la exposición, el cuadro, la taquilla, la entrada.

6b
1 cine y concierto.
2 coro, piano, ópera, musicales, palomitas, butacas, taquillas, entradas, cuadros.

7a
Opinión positiva: extraordinaria, genial, maravillosa, estupendamente, buena, fabulosa
Opinión negativa: fatal, aburrida, una birria, horrorosa, porquería

7b
fabulosa, extraordinaria, aburrida, no es tan buena, una birria, una verdadera porquería, fatal, horrorosa, genial, maravillosa

8a
Afirmativo: Cómo no, Por supuesto, Desde luego, Claro que sí, Sin duda
Negativo: De ninguna manera

8b
1 Sí (*Cómo no*).
2 Sí (*Por supuesto*).
3 Sí (*Desde luego*).
4 No (*De ninguna manera*).
5 Sí (*Claro que sí. Sin duda*).

9a
1 pasea   2 queda   3 se levantan   4 tienen   5 va   6 trabajan
7 echan   8 va

9b
Mucha gente / Todo el mundo + verbo en singular.
Muchas personas + verbo en plural.

10
1 porque el autocar salía a las seis
2 y por eso salimos tan temprano
3 a causa de los nervios y las prisas
4 que hice muchas fotos
5 Como sabía que no tenía mucho tiempo

11
1 escenario   2 cine   3 protagonista   4 actor   5 actriz
6 director   7 taquilla

12
1 pintor   2 artista

13
1 Fernando Trueba   2 Pedro Almodóvar
3 Luis Buñuel   4 José Luis Garci

Soluciones
Answer key

14
1 Seis años.
2 Por el rugby.
3 En la Escuela de Artes y Oficios.
4 De dibujante publicitario.
5 Una productora.
6 Ha recibido el Fotogramas de plata en 1993 y 1995; el Goya en 1993 y 1995; la Concha de plata en 1994 y el premio del Círculo de Escritores Cinematográficos en 1995.
7 En *Antes que anochezca*.
8 Reinaldo Arenas.

evaluación

1
1 porque   2 Como/Porque   3 así que   4 Mira   5 toma   6 supuesto
7 Como   8 encantado   9 va   10 visto
2
1 espectáculos   2 película   3 actores   4 teatro   5 obra   6 actrices
7 butaca   8 pantalla   9 escenario   10 excursión

lección cinco 5

1a
1 Fotos.
2 Están mirando unas fotografías.
3 Contentos.

1b
1 De cuando eran pequeños.
2 Sorpresa.

2a
1 Lola está interesada en saberlo.
2 Lola se sorprende.
3 Lola quiere que le explique más cosas.
4 Lola quiere saber por qué.
5 Lola quiere saber más cosas.

2b
1 Sí, dime, dime.   2 ¡No me digas!   3 ¿Y qué pasó?
4 ¿Y eso?   5 ¡Sigue, sigue!

3a
1 ¿De verdad?   2 ¿En serio?   3 ¡Vaya!   4 ¿Ah, sí?   5 Cuenta, cuenta.
6 ¿Y qué pasó?   7 Sí, dime, dime.   8 ¿En serio?   9 ¡No me digas!

3b
1 Era un poco traviesa.
2 Lola pensaba que Begoña era una niña muy tranquila y muy buena.
3 El cubo de pintura azul se le cayó encima.
4 Un mes sin televisión y tres meses sin clases de baile.
5 Tiraron papeles encendidos por el balcón.
6 Se quemó.

4a
Verdaderas (V): 1, 2 y 3
Falsas (F): 4

4b
1-d   2-c   3-a   4-b

5
1 O sea, que no viene a la fiesta.
2 Es decir, que vas a llegar tarde al concierto.

3 Vamos, que si no estudias más, no vas a aprobar.
4 Vamos, que no me vas a decir nada.
5 O sea, que no me vas a devolver el dinero hasta el mes que viene.

6a

¿En qué diálogo...	Primer diálogo	Segundo diálogo	Tercer diálogo
... el director está enfadado porque los chicos actúan muy mal?			✓
... alguien habla de cosas que hacía cuando era pequeña?	✓		
... alguien ha buscado información?		✓	

6b
1: 1 era   2 pequeña   3 obligaba   4 iba   5 tocaba
2: 1 pasado   2 ido   3 consultando
3: 1 habías   2 habías   3 memorizado   4 habíamos

7a
1 salir   2 ver un sobre   3 coger   4 abrir   5 meter   6 entrar
7 detener   8 sacar   9 salir

7b
Posible solución:
1 Carolina salió de su casa. Estaba nevando y hacía frío.
2 Vio un sobre.
3 Lo cogió.
4 Lo abrió y vio que dentro había muchísimo dinero.
5 Metió el dinero en el bolso. No había nadie a su alrededor.
6 Entró en el metro. Estaba muy nerviosa.
7 En el metro unos policías la detuvieron.
8 Los policías sacaron el dinero de su bolso. Ella no sabía lo que estaba pasando.
9 Al día siguiente, salió de la comisaría. Estaba muy cansada.

8a, 8b

25 de enero de 1989

1 Elena era una de las mejores amigas de mi hermano mayor. Cuando venía a casa, siempre decía que tenía que estar con ellos.
2 Hablaba mucho conmigo. Yo estaba seguro de que se había enamorado locamente de mí, pero yo no estaba enamorado de ella. Se lo expliqué a Javier, mi mejor amigo, y él se rió de mí.
3 Sin embargo, yo estaba seguro de que ella me quería. Había decidido decirle a Elena una mentira: que se tenía que olvidar de mí porque yo había conocido a otra persona y me había enamorado.
4 Javier me dijo que no tenía que hacer eso porque iba a quedar en ridículo. Yo no le hice caso, porque ya lo había preparado todo. Era domingo. Fui a su casa y se lo expliqué.
5 Ese domingo fue el peor día de toda mi vida. Me dijo que ella no se había enamorado de mí y que lo sentía mucho, que yo era un niño para ella.
6 Lo peor fue saber que Javier había grabado la conversación en vídeo. Se la enseñó a todos nuestros amigos. Nunca he pasado tanta vergüenza. Fue horroroso.

8c
Falsas (F): 1 y 3
Verdaderas (V): 2 y 4

9
El orden de las oraciones es indiferente.
1 no había fregado los platos.
2 no había limpiado la mesa.
3 no había vaciado los ceniceros.
4 no había sacado las bolsas de basura.

doscientos cincuenta y cuatro

5 no había ordenado el salón / los discos.
6 no había barrido el suelo.
7 no había tendido la ropa.
8 no había recogido los discos / el salón / la basura del suelo.

10
1 época **2** meses **3** día **4** ayer **5** año **6** hoy
7 trimestre **8** semana

11a
1 hace varios meses **2** al día siguiente **3** desde que pasó eso
4 El año pasado **5** dos meses más tarde **6** al cabo de dos días

11b
al cabo de un mes, un año después y a la mañana siguiente.

12
TONI
1 Ha paseado por la playa de madrugada porque durante el día había demasiada gente y hacía un calor insoportable.
2 Además ha estado dos semanas en un pueblo de montaña porque quería comer buen jamón y respirar un poco de aire puro.
JULIÁN
1 Ha estado casi todo el tiempo en casa porque tenía que estudiar.
2 Ha ido a los museos de la ciudad que todavía no conocía porque necesitaba descansar.
3 Ha ido al cine y al teatro porque no le apetecía quedarse en casa por la noche.

13a
1 Severo Ochoa **2** Picasso **3** A. Gaudí

13b
1 Severo Ochoa **2** recibió **3** Picasso **4** había pintado
5 A. Gaudí **6** había muerto

13c
1 sabía **2** necesité / he necesitado

14
1 construyó **2** descubrió **3** ensayó **4** inventó

15
1 estudió **2** estaba **3** observó **4** imaginó **5** consiguió **6** tenía
7 movía **8** prometió **9** fue **10** creó **11** construyó **12** fue

evaluación

1
1 o sea, que **2** cuenta, cuenta **3** se habían marchado **4** hablaba / entró
5 al día siguiente **6** el otro **7** ¿Y qué ha pasado?
8 habían peleado / habían llevado **9** el **10** Es decir,

2
1 iba, perdí **2** ¿De verdad? **3** había acabado **4** era, sabía
5 he ido / hemos encontrado **6** Vamos, que **7** El otro día
8 al cabo de dos días **9** había preparado **10** cuenta, cuenta.

lecciónseis6

1a
1 Begoña. **2** Andrew. **3** Julián. **4** Lola.

1b
1 Andrew. **2** Julián. **3** Begoña. **4** Lola.

2a
SRA. LÓPEZ: Dígame.
LOLA: Hola, ¿puedo hablar con María, por favor?
SRA. LÓPEZ: Sí, un momento, ¿de parte de quién?
LOLA: De Lola, una amiga.
SRA. LÓPEZ: Un momento, ahora se pone María.

2b
1 Por favor, trátame de tú.
2 ¿Te apetece venir a comer a casa un día?
3 Vale, gracias.

2c
Día: el jueves.
Hora: a las seis.
Lugar: en la puerta de las galerías *La última moda*.

3a
1 hace mucho que no nos vemos.
2 ¿Sí? ¿Tú crees?
3 ¡Que seas muy feliz!
4 ahora mira qué te hemos traído.
5 ¡Es un camisón precioso!
6 Os lo agradezco mucho.
7 No tiene importancia.

3b
Falsas (F): **1 y 3**
Verdaderas (V): **2 y 4**

3c
Chinchín

4a
1 ¿Hola? **2** Hola Chema. **3** Ahora no está. Trabajando... en el teatro quiero decir. ¿Quieres que le deje algún recado? **4** Ah, vaya, lo siento.
5 Qué pena. Qué pena. Vaya. **6** Se lo diré. **7** Si, ya se sabe, la Audiencia Nacional. En fin. Lo siento. **8** Sí, sí. No te preocupes. **9** No hay de qué.
10 Adiós. Que descanses.

4b
Que descanses.

5
1 Silvia y Fernando. **3** A las 11 horas.
2 El próximo 25 de mayo. **4** En la Catedral de Sevilla.

6a
1 novios **2** se casan **3** bodas civiles **4** lista de boda
5 banquete **6** invitados

6b
Posible solución:
Querida Silvia:

Muchas gracias por tu invitación, pero lamento decirte que no puedo asistir a tu boda porque precisamente la semana siguiente tengo un examen muy importante en la escuela. La verdad es que me encantaría estar allí y acompañarte en esos momentos, pero ya sabes que para mí ahora son muy importantes mis estudios y no puedo hacer un viaje tan largo a Sevilla.

Espero que pases un día maravilloso y que seas muy feliz.

Un beso muy fuerte,

Lola

7
1 que te mejores. **2** que vaya bien. **3** que descanses. **4** que aproveche.
5 que seas muy feliz. **6** que tengas suerte **7** que os guste.

8
1 El conde Salazar y doña Elena Martínez de Villalba.
2 Religiosa.
3 Los invitados.
4 El intercambio de anillos.
5 Marisco, cochinillo y tarta nupcial.

9

El que llama:
Ya volveré a llamar.
¿A qué hora llegará?
¿Le puede decir que me llame?
¿Está Juan?

El que contesta:
¿De parte de quién?
Espere un momento.
Un momento, ahora se pone.
Ahora no está.
Volverá más tarde.
Me parece que se equivoca.

10
1 Que te salga bien / Que te vaya bien **2** Que te vaya bien **3** Que tengas suerte / Que te vaya bien **4** que tenga buen viaje **5** que te mejores.

11a

Diálogo	Para qué actividad	¿Pueden quedar?
1	Comprar ropa.	Sí.
2	Cenar en casa.	Sí.
3	Ir a hacer una barbacoa.	No.
4	Ir al cine.	Sí.
5	Ir a la consulta del doctor.	Sí.

11b

Diálogo	Día de cita	Hora de la cita	Lugar de la cita
1	Mañana.	A las cinco.	Delante de la puerta de las galerías *Mundo Moda*.
2	El sábado de la semana que viene.	A las ocho.	En tu casa.
3	El domingo.	A las dos.	En casa de Manolo.
4	El domingo.	A las siete.	En mi casa.
5	El jueves.	A las siete menos cuarto.	En la consulta del doctor.

12
1 casarse **2** banquete **3** padrino **4** testigo **5** madrina
6 matrimonio **7** novio **8** invitado **9** novia

13
1 Que se enamoraron locamente.
2 En Teruel.
3 Porque Diego no tenía bienes.
4 Que Isabel era la esposa de otro hombre, el señor de Albarracín.
5 De dolor.
6 Al día siguiente, en los funerales de Diego.
7 En la iglesia de San Cosme y San Damián.

1
1 tenías **2** llueva **3** pases **4** mucho **5** de qué **6** seas
7 de **8** dejar **9** apetece **10** crees **11** descanses **12** va

2
1 boda civil **2** ceremonia **3** invitados **4** novios **5** banquete
6 tarta nupcial **7** recién casados **8** viaje de novios

evaluaciónbloque2

1
1 Se fueron tan pronto a causa del mal tiempo que hacía.
2 ¿Ah, sí? Pues no hace tanto tiempo de eso como yo creía.
3 Pues fíjate en ese otro grupo. Creo que van disfrazados.
4 Bueno, no era tan interesante como pensaba.
5 Dale recuerdos de mi parte.
6 ¿Gustarme? ¡La encontré genial!
7 Vamos, que es más peligroso viajar en coche que en avión.
8 Lo siento mucho, pero es que tengo algo de prisa. Tal vez otro día.
9 ¡No me digas! ¿Y cómo está?
10 ¿Puede ser un poco más tarde?

2
1 nos **2** pareció **3** cómo **4** teníamos **5** Después **6** comprar
7 Así que **8** Qué **9** hace **10** eso **11** Contad

3
1 fue **2** haberte **3** has cambiado **4** Hace **5** mejores
6 llamaste / había acabado **7** el otro día **8** No hay de qué **9** tengas

leccsiónsiete7

1a
1 Celebran una fiesta.
2 Elegantes.
3 Una copa de cava.

1b
1-c 2-d 3-b 4-a

2a
Sobre los planes que tienen para Semana Santa.

2b
Verdaderas (V): **1, 5, 6 y 7**
Falsas (F): **2, 3 y 4**

3a
1 Lázaro **2** Andrew **3** Julián

3b
Que está preocupado por Ana y se pregunta qué le puede pasar.

3c
1 A lo mejor **2** Quizá **3** Quizá **4** Seguramente

4a
Solución libre.

4b
1, 3, 5, 7

5a
1 llegarás 2 habrá 3 estaré 4 cogeremos 5 querrás
6 estarás 7 te encantará

5b
1 querer 2 haber

5c
Querido Antonio:

¿Cómo van los preparativos del viaje? Supongo que ya lo tienes todo listo, porque pronto llegarás a España.

Te escribo para avisarte de que no es necesario que busques alojamiento. Mis compañeros de piso van a estar fuera durante las vacaciones de Semana Santa, o sea que en el piso habrá sitio de sobra para los dos.

El domingo, tal y como quedamos, estaré en el aeropuerto sobre las seis de la tarde, un poco antes de que llegue tu vuelo. Desde allí cogeremos el tren hasta el centro, donde tenemos el piso.

Seguramente el lunes querrás descansar. Te entiendo, después de un viaje tan largo es normal, pero me imagino que el martes o el miércoles ya estarás preparado para empezar a conocer este país.

Tengo muchos planes para ti. Durante las vacaciones de Semana Santa y en todas las ciudades se celebran actos muy interesantes: procesiones, misas, representaciones teatrales sobre la vida de Jesús, etc.

¡Hay tantos sitios por visitar y tantas cosas por conocer! Estoy seguro de que esto te encantará.

¡Hasta pronto!

Julián

6a
1 coger, nosotros/as 2 querer, tú 3 practicar, yo 4 vivir, vosotros/as
5 conocer, él/ella/usted 6 quedarse, nosotros/as 7 ir, ellos/ellas/ustedes
8 llegar, tú 9 estar, vosotros/as 10 casarse, ellos/ellas/ustedes

6b
Llegar: llegaré, llegarás, llegará, llegaremos, llegaréis, llegarán
Coger: cogeré, cogerás, cogerá, cogeremos, cogeréis, cogerán
Vivir: viviré, vivirás, vivirá, viviremos, viviréis, vivirán

6c
Las terminaciones de *futuro* son las mismas para los tres grupos de verbos: *llegar, coger* y *vivir*.

7
1 Hay vasos dentro del microondas. / Dentro del microondas hay vasos.
2 Los discos están debajo del sofá. / Debajo del sofá están los discos.
3 Las botellas están encima de las estanterías. / Encima de las estanterías están las botellas.
4 Hay un trozo de pizza detrás de la puerta. / Detrás de la puerta hay un trozo de pizza.
5 Dentro de la nevera sólo hay una botella de agua. / Sólo hay una botella de agua dentro de la nevera.
6 Dentro de la nevera no hay comida. / No hay comida dentro de la nevera.
7 Los vasos de plástico están encima del sofá. / Encima del sofá están los vasos de plástico.

8
1 En medio de 2 Encima de 3 Alrededor de 4 Delante de
5 Detrás de 6 debajo de 7 enfrente del

9a
1a primer 1b primero 2a tercero 2b tercer 3a algún 3b alguno
4a Ningún 4b ninguno 5a malo 5b mal 6a bueno 6b buen
7a grande 7b gran

9b
pierden la –o final.

10a
1-c 2-d 3-a 4-b

10b
De la distancia que hay entre las personas que hablan respecto a un mismo objeto.

11
1 La Feria de Abril 2 San Fermín 3 La verbena de San Juan
4 Semana Santa 5 San Isidro

12
1 El 1 de noviembre.
2 Se visita y se adorna el cementerio. / Se visitan y se adornan los cementerios.
3 La Corrida de Caballos y el vuelo de los Barriletes Gigantes.
4 En las montañas de los Cuchumatanes.
5 Está situado a 30 km de la ciudad de Antigua Guatemala.
6 Un tipo de cometas que miden alrededor de 2 m de diámetro.
7 Sirven para hacer saber a sus difuntos cómo están y para enviar peticiones especiales a Dios.
8 Que las dos fiestas terminan con una comida tradicional.

evaluación

1
1 Dentro del 2 En medio del 3 tercer 4 primer 5 eso
6 aquello / dentro 7 debajo de 8 Algún 9 buen 10 harás
11 construiré 12 vendrán

2
1 tendré 2 es 3 Van a venir 4 podrá 5 llamo

lecciónocho8

1a
1 Andrew. 2 Antonio y Julián. 3 Lola y Begoña.

1b

Para tener una buena salud: Hacer natación, llevar una dieta equilibrada, montar en bici, beber mucha agua, andar mucho.
Para tener una mala salud: Fumar, comer muchos dulces, beber alcohol, tomar mucho café, comer poca fibra.

2a
1 Está enferma.
2 No, está peor.
3 Le duele la cabeza y el estómago.
4 Sí, le duele la cabeza.
5 Porque a Begoña no le duele tanto como a ella.

2b

Para preguntar por el estado de salud	Para responder
¿Qué tal te encuentras?	Me duele la cabeza.
¿Qué te pasa?	Estoy peor.
¿Sigues igual que esta mañana?	Me siento débil.
	Estoy fatal.
	Tengo dolor de cabeza.

3a
Sobre cómo mejorar la salud.

3b
1 me dan miedo los médicos   2 Me horroriza el dolor
3 Me da miedo ir al médico   4 ¡qué miedo me dan las inyecciones!

3c
1-e   2-a   3-b   4-c   5-d

4a
Le preocupa la situación.

4b
1 Están enfermos.
2 Sí, a Begoña le preocupa que los tres estén enfermos.
3 Sí, está preocupada porque tal vez sea una epidemia.
4 Sí, está preocupada porque es probable que sea peligroso.
5 No, todavía no ha llamado al médico.

5
1 Cuando llegue el cartero, abridle la puerta.
2 En cuanto llegue la factura del gas, id al banco a pagar.
3 Antes de que se rompa la persiana del salón, intentad arreglarla.
4 Cuando llaméis al extranjero, apuntadlo en la libreta.
5 Antes de que se queje la vecina de la música, ponedla baja.

6
1 quedaste   2 me recupere, estés   3 pediste   4 salga   5 termines
6 vi   7 te duela   8 termines   9 llegué   10 te fuiste

7a
a Alguien   b algo   c nada   d ningún   e nadie   f alguno

7b
Diálogo 1: frase c   Diálogo 4: frase e
Diálogo 2: frase f   Diálogo 5: frase b
Diálogo 3: frase a   Diálogo 6: frase d

7c
1 nada   2 nadie   3 ninguno

8
1 mucho   2 demasiado   3 todo   4 bastante   5 pocos   6 varios

9
1 Le duele el oído.
2 Le duele la cabeza.
3 Tiene dolor de estómago.
4 Tiene fiebre.
5 Tiene dolor de muelas.
6 Está resfriada.
7 Tiene tos.
8 Se ha roto un brazo.
9 Se ha quemado.

10
Verdaderas (V): 1, 5 y 6
Falsas (F): 2, 3, 4 y 7

11
Carta ejemplo

¡Hola Julián!

¿Cómo estás? Espero que ya estés bien. El mes pasado yo también estuve enferma, tuve anginas. Me dolía mucho la garganta, tenía fiebre, tos y no podía tragar. A mí tampoco me gustan los médicos, pero tuve que ir. ¡Y me recetó antibióticos! Ya sabes que no me gustan los antibióticos, pero tuve que tomármelos. Y, además, tuve que estar seis días en cama; no pude ir al colegio. Mis amigos vinieron a visitarme a casa. Ahora, ya me he recuperado; ya estoy muy bien.

Bueno, Julián, espero que tú también estés totalmente recuperado.

Hasta pronto.

Un beso,

Marta

12
1 jarabe   2 venda   3 calmante   4 alcohol   5 tirita   6 pomada

13
1 médico   2 paciente

14
1 Por la falta de respuestas adecuadas de los gobiernos y de la sociedad.
2 Cuatrocientos millones de personas en todo el mundo.
3 Un millón de suicidios todos los años.
4 Porque a veces las enfermedades reales no están reconocidas como enfermedades reales.
5 Se dedica un uno por ciento del dinero asignado a los gastos médicos.
6 Para poder prevenir los suicidios.

15a
1 mano   2 mano   3 cabeza   4 pie   5 brazos
6 cabeza   7 pies   8 codos   9 pies

15b
a-1   b-9   c-8   d-6   e-3   f-7   g-4   h-2   i-5

evaluación

1
1 fui   2 vuelva   3 vio   4 termines   5 nadie   6 esté   7 para
8 los brazos   9 igual   10 bastante   11 llegue   12 me dan miedo

2
1 leí   2 me da miedo   3 te preocupa   4 esté   5 enfermedades
6 no sé   7 algo   8 nada   9 mucho   10 dolor

lecciónnueve9

1a
1 Begoña, Julián y Andrew.   2 Sí, a todos.

1b
Andrew prefiere Internet.   Julián, la televisión.
Begoña, el periódico.   Y Lola, la radio.

1c
1-d   2-a   3-b   4-c

2a
1 dile que baje   2 Begoña dice que bajes   3 dice que le
4 me ha preguntado   5 si te toca   6 Julián dice que
7 pregunta si puede   8 Andrew dice

2b
Transmite ordenes, información y preguntas de sus compañeros.

3a

1 ha dicho que   2 si   3 Me ha dicho   4 ha pedido   5 que la llames

3b

dile que...

3c

1 me ha dicho que...   2 me ha preguntado si...   3 me ha pedido que...

4a

1 Qué bien   2 ¿De verdad?   3 Es fantástico   4 ¿En serio?
5 ¡No me digas!   6 lo siento

4b

Expresar alegría	Expresar sorpresa	Expresar pena
Qué bien	¿De verdad?	Lo siento
Es fantástico	¿En serio?	
¡No me digas!		

5a

1 Soy   2 está   3 va a volver   4 jugamos   5 Me voy a quedar
6 podremos vernos   7 llame   8 voy a cenar

5b

1 era   2 estabas   3 ibas a volver   4 juegan   5 se va a quedar
6 podréis veros   7 llames   8 cena

6

1 Sócrates dijo que sólo sabía que no sabía nada.
2 Mae West dijo que las chicas buenas iban al cielo y las chicas malas
iban a todas partes.
3 Hamlet dijo que ser o no ser, ésa era la cuestión.
4 Descartes dijo que pensaba, luego existía.
5 Copérnico dijo que no era el Sol el que giraba alrededor de la Tierra,
sino la Tierra alrededor del Sol.

7

1 era   2 había estudiado   3 había trabajado hasta ahora   4 quería
cambiar de trabajo   5 tenía experiencia en ese sector   6 me gustaba

8

1 Lo   2 lo   3 lo   4 lo   5 lo   6 lo

9a

Verdaderas (V): 2, 4 y 6
Falsas (F): 1, 3 y 5

9b

Posible solución:

Begoña, ha llamado Rodrigo. Dice que el martes tenéis el examen de
expresión corporal y que tiene muchas dudas. Pregunta si le puedes llamar
luego. Dice que va a estar en su casa estudiando. Pregunta qué temas
entran en el examen. Ah, también dice que llames a Nuria porque está un
poco triste por lo que le ha hecho Manuel, y que no te olvides de llevarle
los *compacts* que te dejó.

10a

1 emisora, programa, tertulia
2 telediario, serie, programa, anuncios
3 ordenadores, *chats*, servidor, correo electrónico
4 noticias, titulares, sección, suplemento, cartelera

10b

Televisión: tertulia, serie, programa, anuncios, noticias, telediario
Internet: servidor, ordenadores, anuncios, noticias, *chats*,
   correo electrónico

Radio: emisora, tertulia, programa, anuncios, noticias, serie
Periódico: titulares, anuncios, sección, noticias, suplemento, cartelera

10c

Las palabras comunes son: anuncios y noticias.

10d

Televisión: ver.
Internet: navegar, escribir, leer, escuchar, conectarse, bajar una página.
Radio: escuchar.
Periódico: hojear, leer.

11

Internet, televisión, noticia, anuncio, radio, periódico, titular, publicidad,
cartelera, emisora, espectáculo.

12

1 lectura   2 Internet   3 televisión   4 radio
5 revistas   6 correos electrónicos

13

1 En Barcelona (España).
2 Periodistas de once países, amenazados por realizar su trabajo.
3 Para reflexionar sobre las dificultades para ejercer la profesión de
periodista en varias zonas del mundo.
4 Los temas fueron la situación de la libertad de prensa en todo el
mundo, las dificultades para el ejercicio de esta libertad que hay en
varios países y el hecho de que muchos periodistas tengan que
abandonar su país por razones políticas.
5 No, sólo el 7% de las opiniones que se dan a conocer en los medios
de comunicación son de mujeres.
6 Sobre ocho periodistas que no pudieron asistir a los debates por estar
encarcelados.

evaluación

1

1 fueron   2 estuvieron   3 piensa   4 volveremos   5 van / irán   6 llame
7 vendrá / viene   8 felicite   9 comemos / comeremos   10 traiga

2

1 Me alegro mucho de   2 Qué raro   3 cuánto me alegro   4 Qué pena
5 ¡Por fin!   6 lamento mucho   7 Siento que   8 ¿En serio?

evaluaciónbloque3

1

1 ¿Quién será?
2 Tal vez tengas razón; no hay mucha información sobre el tema.
3 Sigo igual que antes. No mejoro.
4 Sí, pero me dan más miedo las operaciones.
5 Para fortalecer los huesos.
6 ¡Qué va! Al contrario, si yo también la encuentro muy alta.
7 Por supuesto, aquí tienes.
8 Así que dice que vaya a su casa el sábado. Perfecto.
9 ¿Dices que fuiste a los sanfermines el año pasado?

2

1 encuentras   2 ningún   3 Seguramente   4 encontrarás   5 mejor
6 tengas   7 tendrás   8 algún   9 tal vez   10 poco   11 arrepentirás

3

1 creer	6 el libro
2 alegro	7 Cuando
3 alguien	8 alegro
4 primer	9 sorprende
5 lo	10 demás

lección**diez**10

1a
1 Encima de la mesa.
2 Encima de la mesa.
3 No, no me parece correcto. / Sí, me parece correcto.
4 No, no les parece correcto.

1b
1 Julián
2 Lola
3 No la dice nadie.
4 Begoña
5 Andrew
6 No la dice nadie.

2a
Verdaderas (V): 2, 3 y 6
Falsas (F): 1, 4, y 5

2b
Desacuerdo
En eso no estoy de acuerdo.
¡No, hombre, no!
No creo.
¡Qué va!

3a
1 Creo que no...
2 Pues yo opino que...
3 ... pero a mí parece...
4 Pienso que...

3b
1 Creo que no debes hacer eso.
2 Pues yo opino que no hay tantos parques.
3 Puede que tengas razón, pero a mí me parece que los parques no son importantes.
4 Pienso que es necesario que existan zonas verdes en la ciudad.

4a
1 BEGOÑA: Yo creo que, en fin, pienso que, vaya que, no… así no.
LOLA: Pero… es imposible que hagas eso.

2 BEGOÑA: Pues yo creo que algo japonés sería muy original…
LOLA: Es difícil que les guste algo así, son muy castizos.

3 JULIÁN: Una mujer muy interesante. Yo creo que rondando los 40.
LOLA: Ya.
JULIÁN: Estoy seguro de que me hará desnudar.

4b
Es necesario que y me da la impresión de que

4c
1 Diálogo 2
2 Diálogo 3

5
1 sueñe   2 sueñan   3 llegará   4 veamos   5 existirá   6 exista

6a
1 ha alquilado   2 deben   3 regalen   4 tenéis   5 tardará
6 Ahora bien   7 agote   8 Y además

6b
Y además y ahora bien.

6c
1 Begoña tiene la impresión de que el escritor no ha alquilado nunca una bicicleta.
2 No, porque hay millones de sitios adonde no llegan ni trenes, ni aviones, ni barcos.
3 En metro o en autobús, o incluso andando o en bicicleta.
4 Piensa que es necesario que el petróleo se agote y que empiecen a fabricar coches de estas características.

7a
1 O sea que / Total, que / Así que   2 es más / además
3 Total, que / Así que / O sea que   4 Así que / O sea que/ Total, que
5 además / es más   6 Primero   7 Después

7b
1 o sea que; total, que y así que
2 es más y además
3 primero y después

8a
El orden correcto es: a, e, h, d, g, c, b, f

8b
1 Por una parte
2 por otra
3 por eso
4 En cuanto a

8c
1 por una parte y por otra
2 por eso
3 en cuanto a

9
1 Un 20 % de la población vive en el campo.
2 Un 60 % utiliza el transporte público.
3 Un 15 % viaja en coche.
4 Un 5 % se desplaza en bicicleta.
5 Miles de personas invadirán el campo.
6 El presupuesto anual ha aumentado un 10 %.

10
1-c   2-a   3-b

11a
"Sólo nos queda La Habana. Los latinoamericanos hemos visto la pérdida de nuestras ciudades capitales. Caracas ha desaparecido, al igual que Ciudad de México, Bogotá y Río. Quito y Lima ya no son reconocibles. Incluso las más presumidas, Buenos Aires y Santiago de Chile, están siendo sometidas a un asalto que las destruirá."

11b
1 La Habana
2 Caracas
3 Ciudad de México
4 Bogotá
5 Río
6 Quito
7 Lima
8 Buenos Aires
9 Santiago de Chile

11c
Le produce tristeza.

12

HORIZONTALES	VERTICALES
2 contaminación	3 motor
5 urbano	7 mejorar
7 río	10 fábrica
8 papelera	13 población

13a
Diferentes espacios urbanos de la ciudad.

13b
1 centro urbano
2 suburbios
3 centro comercial y cultural
4 zona residencial

13c
1 clases medias
2 clases bajas

13d
1 Hay un centro comercial y cultural que da paso en sucesivos círculos concéntricos a una zona residencial.
2 Los ciudadanos menos favorecidos económicamente.
3 Por una parte, ha podido observarse un progresivo traslado de las clases bajas hacia zonas más cercanas al centro urbano, y, por otra, las clases medias se han trasladado hacia los suburbios.
4 Se los llama nuevas ciudades-estado porque poseen todo lo necesario para su existencia.
5 La antigua ciudad queda fragmentada y los espacios comunitarios de integración social desaparecen paulatinamente.

evaluación

1
1 Yo creo que
2 Es necesario que
3 Es fantástico que
4 después
5 Es más
6 Estoy a favor
7 por ejemplo
8 Es decir
9 Estoy segura de que
10 Total, que
11 Puede que tengas razón
12 Un tercio

2
1 opinión   2 razón   3 parece   4 seguro   5 cree   6 Es más
7 continuación   8 En cuanto   9 Total

leccióncoce 11

1a
1 A Lola
2 A Julián
3 Andrew
4 A Begoña

1b
1 Lola.
2 Lola.
3 Vino.
4 Sí. / No.

2a
1-c   2-a   3-d   4-b   5-d

2b
1-d   2-a   3-c   4-b

2c
Para pedir disculpas.

2d
1 Perdona   2 sabe   3 poder   4 Disculpe   5 siento   6 Siento

3a
1 Lo siento Chema, pero es que tengo que quedarme.
2 Me sabe mal no poder estar contigo.
3 Es una lástima que no vengas.
4 ¡Qué lastima!
5 Si después no me seleccionan... ¡Qué decepción!

3b
Es una lástima que..., ¡Qué lástima!, ¡Qué decepción!

4a
1 Para Begoña.
2 De otra persona.
3 Querida...
4 Enamorado.
5 Mil besos.
6 Personal.
7 Los sentimientos.
8 Le gusta la carta.

4b
Querida Begoña:
Begonia, mi flor española, mi ángel de amor, ¿recuerdas? Si te vas, Begoña, dejarás a un americano enamorado y triste soñando con la flor más hermosa.
Andrew.
Mil besos.

5a
1 tiene   2 encargo   3 ayudaré   4 vendré   5 iremos
6 toma   7 será

5b

Si + [verbo en *presente*] + { [verbo en *presente*] → 1, 2 / [verbo en *imperativo*] → 6 / [verbo en *futuro*] → 3, 4, 5, 7 }

5c
1 mañana por la noche
2 la semana que viene
3 Dentro de una hora

5d
Verdaderos (V): **2, 3, 5 y 6**
Falsos (F): **1 y 4**

6
Orden correcto: 1, 6, 3, 7, 5, 8, 4, 2

7a
Para empezar: Querida..., Distinguidos señores:, ¡Hola...!
Para terminar: Un fuerte abrazo, Atentamente, se despide de ustedes, Besos,

7b
1 Lola.
2 Begoña.
3 Julián.
4 Begoña.
5 Lola.

8a

1-A   2-C   3-Dirección sin carta   4-B

8b

1 plaza = pza.
2 calle = c/
3 avenida = av.
4 Distrito Federal = D. F.
5 señores = Sres.
6 código postal = C. P.

9

Posible solución:

Queridos mamá y papá:

¿Cómo está la familia? Ahora hace tiempo que no tengo noticias vuestras. Y los abuelos, ¿están bien de salud?

Aunque aquí tengo muy buenos amigos y la gente es fantástica, os echo mucho de menos. El tiempo pasa muy deprisa y pronto nos volveremos a ver. A finales de septiembre espero poder visitaros.

Un abrazo a todos. Muchos besos para ti, mamá, y también para ti, papá.

Vuestro hijo,

Julián

10

11a

1-e   2-c   3-b   4-d   5-a

11b

11c

1 perejil   2 limón   3 judía

11d

Posible solución:

P→ plátano, pera, piña, patata, paella, pimiento, pizza, pollo, paté, pastel, pepino, pasta, postre, pulpo,...
E→ espinacas, estofado, espárrago, empanada, ensalada, especia,...
R→ rape, rebozar, ron, riñones, recalentar, rodillo,...
E→ envase, empanadilla, escarola, endivias,...

J→ jamón, judía, jugo, jengibre, jabalí,...
I→ ingrediente, integral, ingerir, indigestión, instantánea,...
L→ lechuga, limón, leche, lasaña, lentejas, levadura, lomo,...

12

Platos típicos	Ingredientes	Región
pulpo a la gallega	pulpo, pimentón, sal y aceite.	La Pampa
pizza bonaerense	maíz, ternera, tomate, queso y pimientos.	Buenos Aires
tarta de frutas	harina, uvas, nueces, naranja y azúcar negro.	La región atlántica
charqui	carne de cerdo, pimientos y maíz.	La región de las altas cumbres
centollo	centollo.	La región helada
sopa paraguaya	pan de harina de maíz blanco con queso paraguayo, cebolla y especias.	La región de los grandes ríos

evaluación

1

1 Querido David   2 Siento no haberte escrito antes
3 por la mañana / por la noche   4 por la noche / por la mañana
5 en ese momento   6 lo siento mucho   7 aquel día   8 Ahora mismo
9 Dentro de una semana   10 Un beso muy fuerte

2

1-d   2-b   3-f   4-g   5-a   6-e   7-h   8-c

leccióndoce 12

1a

1 Antonio es el director de la escuela *Talía* y el profesor de Julián, Begoña, Andrew y Lola.
2 Ana es la portera del piso donde viven nuestros amigos y también la señora de la limpieza del edificio.
3 Lázaro hace de todo un poco, es fontanero, electricista, albañil, mecánico y carpintero.

1b

1-c   2-a   3-b

1c

Antonio: creativo, comunicativo, paciente.
Ana: organizada, agradable con la gente, observadora.
Lázaro: hábil con las manos, con experiencia, dinámico.

2a

1-d   2-e   3-a   4-b   5-f   6-c

2b

Verdaderas (V): **1, 2 y 5**
Falsas (F): **3 y 4**

2c

Expresar opinión: En mi opinión, para mí, estoy convencido de que, desde mi punto de vista, considero
Corregir o aclarar: En otras palabras, no quería decir eso, lo que quiero decir es que, mejor dicho, yo me refería a

3

4 Sobre los jóvenes y los contratos basura.
2 Sobre las vacaciones.

5 Sobre cambiar de trabajo.
3 Sobre los contratos basura y los problemas sociales.
6 Sobre la liberación de la mujer.
1 Sobre cómo reducir el paro.

4a
1 fatal   **2** no está de acuerdo   **3** el peor día de su vida
4 no le gustan nada   **5** los resultados de las pruebas

4b
1 Estoy convencida   **2** No estoy de acuerdo   **3** Es el peor día
4 No soporto las pruebas   **5** Quieres decir que   **6** No quiero oírlos

5
1-c   **2**-f   **3**-g   **4**-b   **5**-h   **6**-a   **7**-d   **8**-e

6a
1 Sí, para Begoña hoy ha sido el mejor día de su vida.
2 Piensa que es el mejor profesor del mundo.

6b
Verdaderas (V): **1, 4 y 5**
Falsas (F): **2 y 3**

7a
1 ¿Qué piensas acerca de los sueldos españoles, Andrew?
2 En mi opinión están bien, no sé de qué se quejan los trabajadores.
3 No sé si lo he entendido bien.
4 ¿Qué opinas sobre la dieta mediterránea, Julián?
5 En mi opinión no es tan buena y sana como dicen.
6 ¿Qué opinas acerca de los tópicos, Andrew?
7 Yo me refiero a que la mayoría de los tópicos tienen algo de cierto.
8 A mi modo de ver, los exámenes son una pérdida de tiempo, no sirven para nada.
9 ¿Quieres decir que a los alumnos no se les tiene que evaluar?

7b
1 A mí me <u>empieza a gustar</u> España. En mi opinión, aquí se vive muy bien.
2 Yo <u>dejaré de comer</u> ajos. Me sientan fatal.
3 Yo <u>pienso viajar</u> mucho para descubrir si los tópicos son verdad.
4 Los profesores <u>tienen que valorar</u> otros factores además de los exámenes, como la asistencia a clase, el esfuerzo, etc.

8a
CURRICULUM VITAE

Datos personales:
Jaime Águilas Estrella.
35 años.
Nacido en Águilas, Murcia, el 1 de enero de 1970.
D.N.I. 56 743 678
Dirección: c/ Flora Tristán, n.° 12
Teléfono móvil: 678 903 456

Estudios:
Primarios (1984)

Idiomas:
Español, catalán, alemán y francés.

Experiencia laboral:
1986: repartidor
1987: redactor de notas de amor.
1988: funda la primera floristería *Flores Extrarrosas*
1991: funda la cadena de floristerías *Flores Extrarrosas*. Director

8b
1 Terminó los estudios primarios en 1984.
2 Dejó de estudiar en 1986.
3 Tenía que trabajar.
4 Empezó a repartir flores.
5 Tenía que escribirlas de nuevo.
6 Empezaron a pedir más y más flores.
7 Tuvo que dejar de repartir para ser redactor.
8 Desde 1991.

8c

Dejar de		
Tener que	+	*infinitivo*
Empezar a		

9a
1 En el bar de una escuela de idiomas.
2 En una oficina.
3 En una estación de autobuses.
4 En el salón de una casa.
5 En un taller mecánico.
6 En una consulta médica.

9b
1 lleva viviendo en España un año.
2 lleva trabajando tres tardes.
3 lleva esperando el autobús desde las tres.
4 lleva hablando más de media hora.
5 lleva arreglándolo toda la mañana.
6 lleva esperando al doctor desde las cinco.

9c
1 empecé a estudiar
2 tiene que estar
3 pienso viajar
4 deja de hablar
5 tenía que estar
6 empezará a visitar

10
1 triste
2 alegre
3 nervioso
4 rubio
5 libre
6 lectura / literatura
7 taquilla
8 museos
9 actriz
10 come
11 salta
12 ve
13 poco
14 nada
15 nadie
16 ninguno
17 poquísimo / nada
18 árbol
19 canción
20 gramática
21 iglesia
22 cárcel
23 hospital
24 Kg
25 cm
26 Dña.

27 C. P.
28 izqda. / izq. / izda.
29 fruta
30 incorrecta
31 correcta
32 incorrecta
33 correcta
34 incorrecta
35 incorrecta
36 meta

11a
1.º Hay que registrarse como usuario.
2.º Completar una solicitud de empleo.

11b
1 agencias de empleo virtuales
2 red
3 búsqueda
4 tecnología
5 base de datos
6 ciberagencias
7 usuario
8 dirección de correo electrónico
9 cargado
10 sitio

11c

1 compañía		3 contratantes	
2 márketing		4 registrarse	

evaluación

1

1 de	6 viviendo
2 deja	7 Tienes
3 llevas	8 desde hace
4 pienso	9 empiezas
5 Hace	10 En cuanto a

2
1 en cuanto a
2 Cómo que
3 a mí me preocupa
4 hace
5 Lo que quiero decir es que
6 ¿me entiendes?
7 empezamos
8 tengo la impresión
9 tenemos que
10 Estoy totalmente de acuerdo contigo

evaluaciónbloque4

1
1 Yo creo que sí. Hago mucho deporte.
2 Distinguidos señores:
3 A mí me parece que es muy sana.
4 A mí me ha dicho que si puede, vendrá.
5 Perdonadme. No ha sido culpa mía. El bus tardó mucho en llegar.
6 Creo que unos 3.000 japoneses al año.
7 El hotel donde dormí la última vez estaba muy bien.
8 ¡Qué decepción! ¡Que nos devuelvan el dinero!
9 Estoy en contra, porque creo que es insuficiente.

2

1 Llevo	5 culpa	9 opinión
2 creo	6 Después	10 segura
3 hablando	7 incluso	11 parece
4 tarde	8 parecen	12 así que

3

1 más	6 quien
2 miles	7 lloviendo
3 más me gusta	8 pero
4 donde	9 mañana
5 60 %	10 nos

esespañol**2**
intermediate**level**